不娇不宠，富养女孩的100个细节

云晓 主编

朝华出版社

图书在版编目(CIP)数据

不娇不宠,富养女孩的100个细节/云晓主编.—
北京：朝华出版社,2012.7(2019.1重印)
(不打不骂教孩子)
ISBN 978-7-5054-3218-5

Ⅰ.①不… Ⅱ.①云… Ⅲ.①女性-家庭教育 Ⅳ.①G78

中国版本图书馆CIP数据核字(2012)第147164号

不娇不宠,富养女孩的100个细节

作　者　云　晓

选题策划　杨　彬　王　磊
责任编辑　姜婷婷
责任印制　张文东
封面设计　荆棘设计

出版发行　朝华出版社
社　　址　北京市西城区百万庄大街24号　邮政编码　100037
订购电话　(010)68413840　68996050
传　　真　(010)88415258（发行部）
联系版权　j-yn@163.com
网　　址　www.blossompress.com.cn
印　　刷　三河市祥达印刷包装有限公司
经　　销　全国新华书店
开　　本　787mm×1092mm　1/16　　字　数　360千字
印　　张　27
版　　次　2012年9月第1版　2019年1月第9次印刷
装　别　平
书　　号　ISBN 978-7-5054-3218-5
定　　价　39.80元

版权所有　翻印必究·印装有误　负责调换

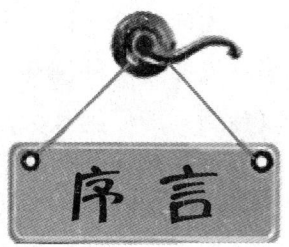

优秀的女孩一定是"富养"出来的

生活中,我们经常能听到女孩家长们这样说:

"我希望我的女儿长大后能够气质出众,品位不凡";

"我希望我的女儿长大以后能够有自己的主见,有自己的看法,不会在诱惑面前轻易迷失自我";

"我希望我的女儿长大后能够像杨澜一样,事业、爱情双丰收";

"我希望我的女儿能够拥有把握幸福和未来的能力";

"我希望我的女儿能够勇敢坚强,即使面对挫折和困难也不会轻言放弃";

……

不错,作为女孩家长,谁都希望自己的女儿能够品位出众,气质不凡,成为一位真正的公主;谁都希望自己的女儿长大后能够生活幸福,能力超群;谁都希望自己的女儿是万千女性之中最优秀的一个,能够从容地面对生活的风雨。

然而,我们又必须明白这样一个道理:**女孩明天究竟会拥有什么样的"人生之果",关键还是看家长在她小的时候为她播下了什么**

样的种子。

这个"优秀之种"如何播下？**"自古富贵多淑女"，"富养"就是一个非常不错的方法。**

为什么这么说？我们可以作这样一些假设——如果一个女孩从小从没穿过一件漂亮的裙子、用过一件有品质的东西，那么我们可以预测，即便她长大成人，事业有成，高雅的气质也很难养成；一个女孩如果从来没收到过什么礼物，也没见过什么世面，那么她长大后很容易就会被别人以小恩小惠骗走；如果女孩从来就没有受到过父母的鼓励，那么她长大之后，也很可能会自卑、缺乏自信；如果女孩从小就没有读过几年书，那么她的识见也必定是浅薄无知的……

"男孩穷着养，女孩富着养"，虽是老生常谈，但我们却不能否认，的确包含着很深刻的家教智慧。曾经有一部热播的电视剧《蜗居》，其中有这样一个情节，也很好地佐证了这一观点：在得知海萍房子的来源后，海萍和海藻的妈妈说："男孩要穷养，女孩要富养。这话不是没道理。现在看起来，我吃亏就在这辈子没钱，没为你们姐妹两个提供好一点的生活环境，但凡你们从小经历过富裕，也不会被眼前的小恩小惠所迷惑。"

仔细想想，不正是如此吗？因为女孩从小没有享受过富足的生活，也没有被灌输过正确的价值观、金钱观，那么，当那些意想不到的糖衣炮弹席卷而来之时，她们就很可能禁不住物质的诱惑，或被花言巧语所击败，而轻率地决定了自己的一生，导致一些无可挽回的悲剧发生。

当然，电视剧里海藻和海萍妈妈"富养"的观点固然有一些道理，然而也有失之偏颇的地方。

富养女孩，并不单纯地指对女孩在物质上要尽量满足，更是指精神上的引导和浇灌。富养女孩，是要理智地养、负责任地养、鼓励地养、智慧地养。就像下面女孩静雅的故事一样——

静雅出生在一个小康之家，父母都是公司的高层，为了培养出一个智慧超群、优秀出众的女儿，在小静雅还在妈妈肚子里时，他们就阅读了很多家教方面的书籍，积累了很多家教知识。

静雅小的时候有些胆小怕生，爸爸妈妈意识到这一点之后，每次出席同事或者朋友间的聚会时都会带上静雅，鼓励她和叔叔阿姨们打招呼。这样的次数多了，经历的大场面多了，静雅慢慢变得大方起来，和同龄人相比，也乖巧懂事得多。

稍大一点儿时，静雅身上出现了攀比虚荣的苗头，看到别的小朋友穿漂亮的衣服，回家就要爸爸妈妈给她买。而面对掌上明珠无休无止的欲望，爸爸妈妈明确地表达了自己的立场——衣服的干净整洁、品位远比价钱更重要，他们不会满足她任何不合理的要求。如果一定想要，那么需要等到特殊的日子，或可以通过自己的努力来得到。比如，帮父母做家务赚取一定的费用；改正自己身上一些不好的毛病来获得父母的奖励等等。

静雅五六岁的时候，妈妈开始有意锻炼静雅的自理能力，让她洗自己的小袜子、小手绢，自己整理小床、书包和文具。

学习生活中，静雅总是会遇到一些小小的麻烦，面对静雅求助的目光，爸爸妈妈总是会坚定地注视着她的眼睛温柔地告诉她："孩子，我们相信你可以自己解决这个难题。"

此外，在生活中父母还很注意开阔静雅的视野，每逢节假日就会带静雅去名山大川旅游，或者带她去博物馆、展览馆参观……这样，静雅的见识也远远高出了同龄孩子。

不仅如此，他们还以身作则，经常带静雅逛书店和图书馆，培养静雅喜欢读书的习惯。

中学毕业之后，静雅考入一所国内知名的大学，不仅在校品学兼优，担任学生会干部的工作，课余时间还在校外做着几份兼职。就这样，优秀出众的静雅还没有走出大学的校门，就已经接到了好几家大型企业的录用通知书。

大学毕业，静雅顺利进入一家大型国有企业，工作几年后，成熟优秀的静雅吸引了诸多成功男士的瞩目，最终与一位年轻有为的

青年才俊组成了自己的家庭。而今，静雅拥有了爱她的丈夫、可爱的孩子，家庭幸福和美，事业蒸蒸日上。

每个看到静雅的人都会为她身上那种积极向上、自信干练、知性稳重的气质所折服。

回忆自己的成长历程，静雅感慨道："是父母正确的培养方式，赋予了我今天的幸福生活。"

在静雅的成长过程中，她的父母并没有对她特别宠爱、特别照顾，也没有给她提供过分富裕的物质生活条件。然而，静雅依然成长为了女孩之中的翘楚。原因何在？还是那句话，优秀的女孩一定是"富养"出来的，这个"富"字含义丰富。

女孩是迥然不同于男孩的个体，她们胆小、感性、脆弱、优柔寡断、渴望爱、自控能力差、易受外界诱惑……因为胆小，所以她们总是躲在父母的身后，慢慢变得依赖性强，乃至自卑；因为感性，她们常常冲动行事，容易被坏人所骗；因为脆弱，她们往往经不起打击，一旦生活中出现一些风风雨雨，就会一蹶不振；因为优柔寡断，她们经常会错失很多机会……

也正是因为如此，作为女孩的家长，我们才更应该明白这样一个道理：**富养女孩，不仅仅是要让她在成长过程中感受到父母的爱，感受到家庭的幸福，更是要赋予她独自面对未来、独自创造幸福的能力，更是要培养出她的主见、自信、勇气、坚强、决断……关乎着她一生成败的良好品质。**

这些优秀的品质该如何养成？

总结上述父母养育女孩的经验，我们不难得出这样的结论：

女孩"富养"，其要义之一就是开阔她的视野，增加她的阅世能力，从而大大增强她的见识。 如此，她长到花一样的年龄时，就不易被各种浮世的繁华和虚荣所迷惑。因为见多识广，也就不易受诱惑而深陷其中，难以自拔。

女孩"富养"，就是要注意培养她的优越感，因为优越感是女孩拥有自信和勇气的基础。

女孩"富养",就是要让她学会自重和自爱;要教会她善良和关爱,因为善良和关爱是女人最伟大也是最美的品质。

女孩"富养",就是要塑造她的气质,因为女人的美永远不能只依靠外表。

女孩"富养",就是不能忽视女孩文化素质的提升,因为女孩可以不立业,但不能没有知识。

……

"富养"的女孩,见多识广,气质优雅,独立,有主见,智慧,很清楚自己要的是什么,什么是真正值得自己追求的东西,能够坚守自己的信仰而不被外界诱惑所左右。

具体来说,家长又该怎么"富养"女孩呢?在本书中,我们将为家长们作出细致详尽的分析。

静心阅读,用心思索,掌握了这些"富养"女孩的细节,你就会发现,想要养育出一个优秀的女孩并不是多么困难的事情!

第一章　女孩为什么要富着养
——极易受伤的"脆弱"女孩

细节1　脆弱的女孩（一）——敏感，爱哭 …………… 003
- 建议一：扮演爱的"富翁"，给予女儿富足的爱
- 建议二：即使批评女孩，也要让她感觉到爱
- 建议三：用理智的爱，提升女孩心灵的"痛点"

细节2　脆弱的女孩（二）——软弱，委曲求全 ………… 007
- 建议一：帮女孩明确责任的界限，让她学会爱自己
- 建议二：让女孩知道，能保护她的只有她自己
- 建议三：不呵斥，给予她勇气

细节3　脆弱的女孩（三）——感性，易受伤害 ………… 012
- 建议一：好的方面因势利导——培养体贴、友善的小公主
- 建议二：不好的方面及时防范——增加女孩心灵的安全感
- 建议三：理解女孩，支持女孩

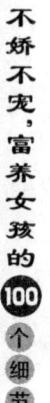

细节4　女孩的性别特征（一）——胆小，依赖 …………… 015
- 建议一：女孩的勇气是"宠"出来的
- 建议二：鼓励女孩大声说出自己的需要
- 建议三：学做家务，摆脱依赖

细节5　女孩的性别特征（二）——缺少主见，极易不自信 … 020
- 建议一：帮女孩打造自己的"不同之处"
- 建议二：犹豫不决时，让她二选一
- 建议三：告诉女孩"亲爱的，你可以"

细节6　女孩的性别特征（三）——学习认真，成绩却"江河日下" ………………………………………………… 025
- 建议一：不苛求，帮女孩找到合适的学习方法
- 建议二：父母的鼓励是女孩努力的助推器

细节7　富养女孩的真正内涵 ………………………………… 029
- 建议一：鼓励——鼓励着养，而不是谦虚着养
- 建议二：疼爱——疼爱着养，而不是溺爱着养
- 建议三：负责——负责任地养，而不是放任自流地养

第二章　"富养"不等于"娇养"
——女孩应该这样"富"着养

细节8　富养，不等于物质和金钱的富足 …………………… 035
- 建议一：教女孩从小就做一个"受欢迎的人"
- 建议二：富养女孩要讲究技巧

细节9　富养，不等于"娇惯"着养 …………………………… 038
- 建议一：告诉女儿，拥有好品质的人最富有
- 建议二：爱女儿，就要给她立规矩

细节10　富养，是给女孩富足而正确的爱 …………………… 043
- 建议一：爱女儿，就要以一颗平常心要求她

- 建议二：爱女儿，不要拿"爱"来要挟她做事
- 建议三：爱女儿，就要多给她一些"精神财富"

细节 11　富养，是把女孩培养成"财富" ·············· 047
- 建议一：随时纠正女儿错误的人生观、价值观
- 建议二：严格＋鼓励，"富养"出女儿的独立人格

细节 12　富养，家长要收起功利心 ··················· 050
- 建议一：别拿女儿与别人比，让她与自己比
- 建议二：以"无心插柳"的心态养育女儿

细节 13　富养，也要让女孩吃点"苦" ················ 054
- 建议一：利用周末让女孩吃些苦
- 建议二：让女孩独自面对一些困难

第三章　女孩父母不可不知的教育智慧
——妈妈要会爱，爸爸要会说

细节 14　母爱，让女孩的成长更安心 ················· 059
- 建议一：女孩小时候，经常搂搂她，微笑着亲吻她
- 建议二：女儿长大后，有意增加一些肢体接触

细节 15　父爱，让女孩的成长更顺利 ················· 062
- 建议一：在女孩成长的不同阶段，给予女孩不同的爱
- 建议二：赋予女孩一定的男性精神
- 建议三：为女孩树立起异性榜样

细节 16　妈妈是女儿的"引路人"——妈妈的言行决定女儿一生 ··· 068
- 建议一：不做抱怨的妈妈，培养女儿感知幸福的能力
- 建议二：给予女孩积极乐观的精神风貌——不挑剔、不埋怨

细节17 爸爸是女儿的"人生导师"——爸爸让女孩懂规则，
更理性 ………………………………………………… 073
- 建议一：建立良好的家风
- 建议二：做好家庭关系的总导演

细节18 爱女儿，妈妈要少说多做——不叨唠，树立权威 …… 077
- 建议一：再有道理的话，请只说一遍
- 建议二：用沉默促使孩子自我反省
- 建议三：用果断的话语，表明你的立场

细节19 爱女儿，爸爸要多说多关注——不贬低，多鼓励 …… 081
- 建议一：赞赏她，鼓励她
- 建议二：青春期的女孩更需要爸爸的鼓励

细节20 好妈妈是"雕塑家"——培养女孩个性中"柔"
的一面 ……………………………………………… 084
- 建议一：给女儿养个小动物
- 建议二：教女孩学习换位思考

细节21 好爸爸是"英雄"——培养女孩个性中"刚"的
一面 ………………………………………………… 087
- 建议一：和女孩一起去挑战、攻克各种难题
- 建议二：取消特权，女孩也可以做英雄

细节22 好妈妈是"健康专家"——给女孩健康的体魄 …… 090
- 建议一：不在孩子面前挑食
- 建议二：讲究一下健康的生活习惯

细节23 好爸爸是"铁哥儿们"——走进女孩的内心世界 … 092
- 建议一：蹲下来和孩子说话
- 建议二：讲讲自己的故事
- 建议三：5张问题卡片，走进女孩的内心世界

第四章 打造女孩的优雅气质
——良好的家庭教育是提升女孩气质的关键

细节24 读书——让你的女孩品位出众 ………………… 099
- 建议一：生活中遇到难题引导孩子到书中去寻找答案
- 建议二：让她和爱读书的小伙伴一起玩

细节25 绘画——快速提升女孩品位的捷径 ……………… 102
- 建议一：让"关注艺术"成为女孩的一种习惯
- 建议二：家长一定要放弃那些条条框框

细节26 审美——爱美还要会美 ……………………………… 106
- 建议一：引导孩子"只买对的"，"不买便宜的"
  ——合适自己的，才是美的
- 建议二：让女孩自己打扮自己

细节27 多才多艺——让女孩成为最耀眼的明星 ………… 110
- 建议一：从女孩的兴趣入手
- 建议二：引导女孩选择适合她的才艺
- 建议三：当女孩不能坚持的时候，请老师鼓励她

细节28 有计划，有条理——从容自若气自华 …………… 114
- 建议一：房间弄乱了，让女孩自己收拾
- 建议二：从小培养女孩的计划性
- 建议三：让良好的生活习惯彰显气质

细节29 自信——不自卑的女孩更美 ……………………… 119
- 建议一：向女孩灌输一种理念——"我可以"
- 建议二：鼓励女孩"抢风头"
- 建议三：让女孩大胆去尝试

细节30 妈妈要做女儿气质培养的第一人 ………………… 123
- 建议一：做一个优雅的妈妈——不慌张，不忙乱，有条理

- 建议二：教会女儿正确的仪态——站、坐、走
- 建议三：从生活小习惯做起，培养女孩的品位

细节31 善用爸爸的神奇鼓励，女孩会更出众 ……… 128
- 建议一：放大她的闪光点
- 建议二：女孩的自信是夸出来的——不要过谦

第五章 温顺乖巧，人见人爱
——好性格成就女孩的好命运

细节32 爱心（一）——培养心中有爱的天使 ……… 135
- 建议一：聪明的父母懂得调动女孩的爱
- 建议二：让"小棉袄"暖起来——妈妈不妨装装委屈

细节33 爱心（二）——培养女孩的爱心，父母需要扮演的"三重"角色 ……… 139
- 建议一：爱心引导者——利用故事培养女孩的爱心
- 建议二："粗心"老爸——让女孩发挥细腻温柔的天性
- 建议三："爱心呵护者"——发现孩子的爱

细节34 激发女孩的勇气，培养女孩的自信心 ……… 144
- 建议一：妈妈要对女孩"狠"一点——做女儿勇气的激发者
- 建议二：爸爸要对女孩"宠"一点——做一个善于鼓励的好参谋
- 建议三：循序渐进，克服女孩的心理障碍

细节35 不做脆弱的公主——女孩也要坚强 ……… 150
- 建议一：爸爸，不要成为孩子依恋的"靠山"
- 建议二：妈妈，不要把怯懦传染给孩子
- 建议三：女孩也能玩枪——男孩教育方式的加入让女孩更坚强

细节36 耐心——有耐心才有好涵养 ……… 155
- 建议一：在女孩做事的过程中，家长切勿随意打扰
- 建议二：让女孩学会负责

细节 37 学会分享，让女孩远离自私 ……………………… 158
- 建议一：告诉女孩，分享能够带给她朋友和快乐
- 建议二：和孩子"抢"东西吃

细节 38 懂得感恩的女孩，是父母的"贴身小棉袄" ………… 161
- 建议一：让女儿为你洗一次袜子
- 建议二：让孩子学着照顾人

细节 39 让女孩拥有一颗宽容、博大的心 ……………… 165
- 建议一：教女孩宽容对待周围的人和事
- 建议二：让女孩远离斤斤计较
- 建议三：教女孩正确看待他人的缺点

细节 40 拥有乐观心态的女孩，一生快乐、幸福 ……… 169
- 建议一：教女孩学会说"太好了"
- 建议二：多让女孩讲一讲自己的优势
- 建议三：教女孩正确认识自己的缺点

细节 41 帮助女孩从"遇事退缩"转变为"积极主动" …… 174
- 建议一：经常跟你的女孩"比赛"
- 建议二：鼓励女孩多参加学校的比赛
- 建议三：教女孩正确看待"输"与"赢"

第六章 完美的女孩不任性，更理性
——能管住自己的女孩才有好未来

细节 42 不要让女孩成为任性、自我的"倔公主" ………… 181
- 建议一：多给孩子提几个"如果"——不让女孩成为任性公主
- 建议二：告诉她为什么"不许"

细节 43 女孩的理性多一分，所受的伤害就少一分 ………… 185
- 建议一：多和女孩展开一些辩论活动
- 建议二：和女孩一起讨论生活中那些"女孩受伤害事件"

细节 44 掌握这样几个对女孩说"不"的技巧 ……………… 188
- 建议一：如何对任性吵闹的孩子说"不"
- 建议二：对孩子的不良表现说"不"的技巧
- 建议三：对孩子无理要求说"不"的方法

细节 45 教女孩正确认识自己的负面情绪 ……………… 194
- 建议一：引导女孩，正确面对负面情绪
- 建议二：告诉女孩负面情绪并不可怕，关键是要正确地表达

细节 46 引导女孩远离错误的价值观 ……………… 197
- 建议一：不说误导女孩价值观的话
- 建议二：先引导她说出来，再引导她往正确的方向走

细节 47 家长理性教育，女孩才更理性 ……………… 201
- 建议一：小时候要严，长大要宽
- 建议二：大事要严，小事要宽

细节 48 赏罚分明：对要赏，错要罚 ……………… 205
- 建议一：管好第一次
- 建议二：合理的惩罚要从爱出发，以爱结束

细节 49 一定要让女孩有自己的主见 ……………… 209

细节 50 犯错误后，让女孩自己说怎么办 ……………… 211

第七章　好成绩不如好能力
——非凡的能力成就女孩非凡的人生

细节 51 塑造女孩超强的自控能力 ……………… 215
- 建议一：让女孩跟自己一起购物——用你的底线约束她
- 建议二：用延迟满足的方式培养女孩的自控能力

细节 52 正确对待女孩的"小偷小摸" ……………… 219
- 建议一：教女孩学会换位思考
- 建议二：告诉女孩，能管住自己的女孩，才是最优秀的

细节 53 培养女孩的决断力 …………………………… 224
- 建议一：正确对待孩子的不满——穿什么，让孩子自己决定
- 建议二：让女孩当一次家，做一次主

细节 54 不要把女孩当成温室的花朵，让她学会独立 ……… 228
- 建议一：让女孩学做家务
- 建议二：不要惩罚失败
- 建议三：给女孩设置疑难问题

细节 55 大胆让女孩去尝试，培养她的创造力 …………… 234
- 建议一：重视女孩提出的每一个问题
- 建议二：鼓励孩子大胆尝试

细节 56 开发女孩的想象力 …………………………… 239
- 建议一：鼓励孩子"异想天开"
- 建议二：让女孩写童话，为她创造想象的空间

细节 57 培养女孩交际能力的几大误区 ………………… 244
- 建议一：女孩礼貌不周可能成为大问题
- 建议二：不要教女孩"看人下菜碟"
- 建议三：不要代替女孩去交际

细节 58 女孩懂得自我保护，家长更放心 ……………… 251
- 建议一：和孩子玩玩"怎么办"的游戏
- 建议二：告诉女孩，勇敢≠莽撞

细节 59 培养女孩掌控生活的能力 …………………… 255
- 建议一：让女孩远离浪费生命的那些事儿
- 建议二：帮助女孩树立自己的人生目标

细节 60 优秀的女孩从不拖延 ………………………… 259
- 建议一：告诉女孩，行动比抱怨更能解决问题
- 建议二：帮女孩养成"今日事，今日毕"的好习惯

细节 61 小女孩也一定要会理财 ……………………… 262
- 建议一：5岁之前，教女孩正确认识金钱

- 建议二：6~11岁，让女孩学会理智消费，并接触银行
- 建议三：12~16岁，让女孩学会计划消费

第八章　学习让女孩受益终身
——引领女孩爱学习、会学习

细节62　好父母，让孩子爱上学校 …………………… 269
- 建议一：告诉孩子学习是她自己的事
- 建议二：告诉她写作业是一件很神圣的事

细节63　上进心培养——不爱"学习"并非不求上进 ……… 273
- 建议一：从女孩的学习兴趣入手，让女孩爱上学习
- 建议二：表扬→批评→表扬——巩固孩子的上进心
- 建议三：对女孩的期望一定要合理

细节64　科学激发女孩的学习兴趣 …………………… 278
- 建议一：不要把作业当"刑具"
- 建议二：和女孩一起学习
- 建议三：把学习当成"奖励"

细节65　独立思考，造就女孩的敏捷思维 ……………… 283
- 建议一：在游戏中"动脑"
- 建议二：教女孩"举一反三"地玩同一种玩具

细节66　阅读能力——女孩学习能力提升的保障 ……… 288
- 建议一："以读代讲"
- 建议二：巧用悬念调动法
- 建议三：利用电视辅助法

细节67　引导孩子去观察——观察力＝学习力 ………… 294
- 建议一：帮助孩子明确观察目的
- 建议二：教给孩子观察方法

细节68 告诉女孩一些科学的学习方法 ……………………… 298
- 建议一：预习，让女孩学会主动听课
- 建议二：复习，让女孩的记忆更加牢固
- 建议三：教女孩正确处理复习、做作业、预习之间的关系

细节69 女孩也能学好数学——开发女孩的数学才能 ……… 302
- 建议一：女孩也有学习数学的天赋
- 建议二：多绘图，增强女孩的空间想象能力

细节70 让女孩把学过的知识讲一讲 ………………………… 306
- 建议一：你当学生，让女儿当"老师"
- 建议二：让女孩给比她小的孩子"讲课"
- 建议三：经常让女孩讲一讲自己的薄弱环节

细节71 引导女孩理智看待自己的成绩 ……………………… 309
- 建议一：告诉女孩，成功不等于100分
- 建议二：让女孩知道，成绩波动很正常

第九章 为女孩补充"精神食粮"
——提升女孩的智慧，扩展女孩的视野

细节72 女孩教育，3岁不早，10岁不晚 …………………… 315
- 建议一：3岁之前，作一个详细的教子计划
- 建议二：3~13岁，抓住可塑性最强的教育期
- 建议三：只要用心，没有教不好的孩子

细节73 右脑开发，培养聪明女孩的第一步 ………………… 320
- 建议一：多带女孩做一些开发右脑的"游戏"
- 建议二：有意识地用"左"，刺激右脑功能
- 建议三：用图形代替语言，培养女孩的想象力

细节74 爸爸要做好女孩的"智慧开启者" ………………… 325
- 建议一：无论如何，都要说"孩子，你很棒"

- 建议二：在生活中带领孩子学数学、认方位

细节 75 引导女孩去体验——给孩子自由发展的空间 ………… 330
- 建议一：放手让孩子体验新鲜事物
- 建议二：多带孩子亲近大自然

细节 76 送女孩一个地球仪，扩展她的视野 ………………… 333
- 建议一：用小地球仪激发女孩学英语的积极性
- 建议二：用小地球仪丰富女孩的梦想

细节 77 带你的女孩去旅行，开阔她的眼界 ………………… 336
- 建议一：鼓励女孩去接触大自然
- 建议二：偶尔安排女孩出一次远门
- 建议三：带女孩去各大高校走一走

细节 78 让你的女孩博览群书 …………………………………… 339
- 建议一：让女孩把阅读当成生活的一部分
- 建议二："诱惑"女孩去阅读
- 建议三：让女孩体验阅读的成就感
- 建议四：引导女孩阅读经典名著和名人传记

细节 79 引导女孩去表达——每天和孩子大声朗读 10 分钟 …… 343

细节 80 教育女孩，家长不该说的几句话 ……………………… 345
- 建议一：不说"你怎么这么笨"
- 建议二：不说"你怎么不像人家那样……"
- 建议三：不说"如果做不到……"

第十章 女孩常见问题及解决方法

细节 81 学习动机不足——让女孩知道学什么、怎么学、为什么学 ………………………………………………………… 351

细节 82	课堂上的"隐形人"——鼓励她积极发言，紧跟老师思路 …………………………………………………… 354
细节 83	记忆力不好——让女孩掌握"U 形记忆规律" …… 357
细节 84	学习成绩止步不前——有效应对"高原现象" …… 359
细节 85	不思进取——让女孩尝到赢的甜头 ……………… 362
细节 86	害羞、怕生——让女孩向陌生人问一次路 ……… 364
细节 87	害怕独自睡觉——了解原因，帮她弱化恐惧 …… 367
细节 88	冷漠——对女孩进行"移情"教育 ……………… 370
细节 89	没有毅力——教女孩学会坚持 …………………… 372
细节 90	孤僻——善加利用女孩的"从众"心理 ………… 374
细节 91	不劳而获思想——注重引导，帮助女孩摆脱认识误区 … 376
细节 92	以自我为中心——让女孩懂得角色互换原理 …… 378
细节 93	虚荣，盲目攀比——让女孩知道钱是怎么来的…… 381
细节 94	过分挑剔——让女孩学会不苛求 ………………… 384
细节 95	选择盲目——既要尊重，也要引导 ……………… 387
细节 96	意志力薄弱——让女孩接受一些挫折教育 ……… 390
细节 97	不爱劳动——让女孩抱着"捡大便宜"的心理去干活儿 …………………………………………………… 393
细节 98	对父母的批评不买账——巧用"三明治效应" …… 396
细节 99	定位不准——帮助女孩找准"女性社会角色"的平衡点 …………………………………………………… 399
细节 100	青春期的女孩——让女孩不再做迷茫的小天使 …… 403

- 建议一：妈妈应提前给女孩上堂青春期的课
- 建议二：理解她，而不是埋怨她
- 建议三：教女孩设立警戒线

不娇不宠，富养女孩的 100 个细节

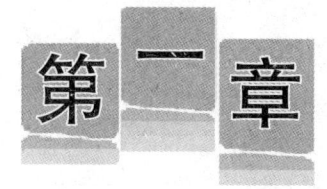

女孩为什么要富着养
——极易受伤的"脆弱"女孩

- 细节1：脆弱的女孩（一）——敏感，爱哭
- 细节2：脆弱的女孩（二）——软弱，委曲求全
- 细节3：脆弱的女孩（三）——感性，易受伤害
- 细节4：女孩的性别特征（一）——胆小，依赖
- 细节5：女孩的性别特征（二）——缺少主见，极易不自信
- 细节6：女孩的性别特征（三）——学习认真，成绩却"江河日下"
- 细节7：富养女孩的真正内涵

不娇不宠，富养女孩的100个细节

引语

为什么女孩动不动就掉眼泪，动不动就怀疑父母不爱她了？

为什么女孩总是无原则地退让、委曲求全？

为什么受伤的总是女孩？

……

因为脆弱的女孩强烈需要父母爱的浇灌！

富养女孩，就是要给女孩科学而富足的爱。

这种爱可以让她学会保护自己，不再那样容易受伤；

这种爱可以让她坚守原则，不再委曲求全；

这种爱可以让她强大、自信、优秀；

……

当然，要做到这一点，父母还要先走进女孩那隐秘的心理世界，了解她成长的秘密。

脆弱的女孩（一）
——敏感，爱哭

女孩父母的担心

女儿简直就是个"小泪人"，芝麻大点儿的小事都会哭得稀里哗啦。对她讲话声音大一点，哭；指出她的错误，还是哭；批评她两句，更是哭……如此脆弱，如此敏感，将来可怎么办呢？

一件在男孩看来"无所谓"的事情，在女孩看来，可能就是"天大"的事情，她们不但经常为此哭鼻涕抹眼泪，还常常声讨父母不爱她们呢！

一位妈妈曾这样讲述发生在女儿身上的事情：

有一次，晚饭我做的是南瓜馅饼，女儿一来到厨房，就闷闷不乐地说："妈妈，你怎么又做南瓜馅饼？"

当时我只想着早点吃完饭，好给她辅导功课，就没有搭理她。谁知道，女儿快快不乐地咬了两口南瓜馅饼，竟然流起了金豆子。一看这架势，我慌了——女儿这是怎么了？

女儿抽抽搭搭地看着我，眼泪汪汪地说："妈妈不爱我了……"

一听这话，我更是丈二和尚——摸不着头脑，我做南瓜馅饼和我爱不爱她有直接关系吗？

类似的情况，想必很多家有女孩的家长都曾碰到过。为什么女孩们如此爱哭呢？为什么她们会经常声讨父母不爱她们呢？

归根结底，这是由女孩独特的心理特质——敏感，造成的。

妈妈做了南瓜馅饼，女儿不喜欢吃，在女儿表达自己不满时，妈妈又没有采取正确的方式安抚教育孩子，这在敏感的女孩看来，就是妈妈不关心自己、不爱自己的表现，从而使多愁善感的女孩认为自己在妈妈的心目中不重要，也就"理所当然"地伤心了。

除此之外，女孩的敏感还表现为听不得一点批评的话。

心理学家表示，女孩之所以要表现得比男孩敏感，是因为她们对人、对事物的敏感度都要强于男孩。女孩能够通过各种感官来获得微妙的、细节性的信息，她们总是捕捉他人语言和行为中隐含的信息，尤其是一些她们自认为对自己不利的信息。在这些不利信息的暗示下，她们常常觉得别人的语言和行为伤害了自己，所以才表现得那样敏感。

例如，父母因为某些原因而心情不好时，她会以为是因为自己做错了事情；

例如，老师指出她的错误或批评她几句，她会以为老师讨厌她。

所以，作为女孩的家长，你必须早早地在观念和方法上作好准备。

建议一：扮演爱的"富翁"，给予女儿富足的爱

女孩健康成长需要一种非常重要的"养料"，就是爱，源自父母的爱。科学研究表明，如果男孩成长需要父母的爱是60%，那女孩就是100%。

所以，**这就需要父母既把"爱"挂在嘴边，又要记在心里。**

一位妈妈这样分享经验：

女儿小的时候，我们母女俩经常玩一种特殊的"悄悄话"游戏，即，我经常拢着嘴，凑在女儿耳边，悄悄地告诉她："我爱你。"例如，在幼儿园接她回家的路上，我会悄悄地告诉她："妈妈非常非常爱你。"全家人一起看电视时，我会悄悄地凑在她耳边说："妈妈和爸爸都很爱很爱你。"

女儿渐渐长大了，这个游戏不适用了，我专门为她开通了博客，

记录她成长的点点滴滴，用文字的方式向她表达爱。

……

方式多样，各不相同，但我的爱向她传达的信息是相同的：不管你是漂亮的，还是相貌平平的；是优秀的，还是平庸的；是辉煌的，还是失败的……妈妈都爱着你，不为别的，只因你是我的女儿。

因此，我的女儿很少怀疑过我的爱，在浓浓的爱的包围中，她也很少小心眼，也不像别的小姑娘那样敏感，动不动就掉眼泪。

在父母的浓浓爱意中成长的女孩是富有安全感的，这种强烈的安全感是她成长的阳光，可以把她心中那些莫名的敏感和委屈晒化，更能让她脆弱的内心更加强大。

女孩的成长需要的是真切而明确的爱，所以，这就需要你做一名善于表达爱的父母，时刻将你的爱明确表现在女儿面前。

● 建议二：即使批评女孩，也要让她感觉到爱

在孩子的成长过程中，犯错误是不可避免的，女孩也不例外。但如果我们一旦指出她的错误，女孩便哭哭啼啼，听不进任何教育，也根本不可能意识到自己的缺点和不足，这对她的成长将非常不利。

在这种情况下，女孩的父母该怎么做呢？

心理学家给出了这样一个建议：**家长即使批评女孩，也要让她感受到你对她的爱。**

例如，批评女孩时，父母可以把她搂在怀里，一边安抚她，一边心平气和地指出她的错误。

当女孩因为你的批评而伤心时，你还可以拉着她的手这样问："你是不是觉得妈妈不爱你了？其实妈妈一直都爱你。"当女孩敏感的心灵得到抚慰之后，她那种受伤的感觉就会消失。待女孩的情绪恢复平静之后，家长再慢慢引导她认识自己的错误和不足，此时的教育才能达到最佳的效果。

● 建议三：用理智的爱，提升女孩心灵的"痛点"

我们都知道，痛点低的人对疼痛是很敏感的，即使仅仅是擦破

不娇不宠，富养女孩的100个细节

一点皮，他们也会感觉到超乎常人的疼痛。

女孩就属于"痛点"很低的那类人，只是她们不仅仅是身体的"痛点"很低，她们心灵的"痛点"更低。有时，别人不经意的一个眼神，都能使她们的心灵受到伤害。

因此，要想女儿不受伤，父母就要想办法提升女孩心灵的"痛点"。

一位有经验的爸爸曾这样说过：

我的女儿很敏感，因此我和她妈妈对她讲话时，从来都是用最温柔的声音、最和善的态度。但尽管如此，有时我们不经意的一句话，仍会让她受到伤害。

后来我意识到，继续这样下去对女儿的成长并不是好事，于是我开始有意识地提升她的心灵"痛点"。

有时，在大街上遇到乞讨的老人或孩子，我就会告诉她，在这个世界上，还有很多人没有饭吃、没有房子住，他们只能以乞讨为生。

此外，我还带她到贫困山区里体验了一次生活，回来后，她跟我说："爸爸，那些山里的孩子好可怜呀，我觉得自己好幸福。"

通过我有意识的培养，我发现女儿不再那么敏感，不再深陷于自己的小世界里了，而且她的爱心也随着她年龄的增长在一点点地增长。

女孩的敏感、受伤往往是由于她的那些"小心眼"造成的。所以，当女孩的眼界放宽后，当她不再只关注自己的小世界时，当她看到什么才是真正的痛苦时，女孩就不会那么敏感、那么容易受到伤害了。

细节 2

脆弱的女孩（二）

——软弱，委曲求全

女孩父母的担心

都说女孩柔弱一点儿惹人爱，但很多时候，女儿表现得太过软弱和胆小了。例如：被人欺负了，只知道哭泣，从来不知道该怎么保护自己；和小伙伴发生了分歧，从来不敢为自己争辩……自己的正当利益被侵犯了都不懂得维护，那长大后岂不成了"受气包"！

细心的家长也许早已发现，在与他人相处的过程中，女孩常常委曲求全，不懂得维护自己的正当利益。例如，这些话常常挂在她们的嘴上：

"我要是不按老师所说的去做，老师不喜欢我了，怎么办？"

"我要是不借橡皮给小丽，小丽不跟我玩了，怎么办？"

……

为此，她们经常放弃自己的正当利益。但大多数男孩却不会如此，为了自己的正当利益，他们会据理力争，有时争得脸红脖子粗也不放弃。

这是为什么呢？为什么女孩要比男孩软弱，更易委曲求全呢？

儿童心理学研究表明，因为女孩从出生那一刻起，一直就用"关系"来衡量她周围的世界。她们迫切地想知道周围人对她的评价，以及他们是否喜欢自己，因为她们要用这些来衡量自己与周围

人之间的关系。

当女孩与周围人接触时,她们最想知道以下几件事情:

第一,我们之间有关系吗?

第二,我们的关系本质是什么?

第三,要保持这种关系需要做什么?

因为女孩十分在意自己与他人之间的关系,所以她们会特别留意别人的一些语言和行为,并常常会在这些语言和行为中捕捉一些不和谐的因素。例如:小伙伴做游戏时没有叫上她,她就会觉得别人不喜欢自己了;她们常常会因为自己的行为给别人带来麻烦,而产生强烈的内疚感和自责感……

在这种情况下,她们常常会处于不安全的状态之中,这会对她们的内心造成很大的冲击。有时候,为了维护这种关系,女孩甚至会不惜牺牲自己的利益,于是便出现了父母们所担心的情况:不敢说出自己的真实想法,软弱,委曲求全……

很多时候,女孩的软弱和委曲求全,也会被家长称赞为乖巧、听话、善解人意,其实,她们之所以会有这样的行为,不过是因为她们想用这些来稳固自己与别人之间的关系。沿着这样的轨迹成长,长大后的女孩大多会延续这样听话、顺从的个性。

当这种个性最终定型,女孩也就会变得依赖、毫无主见、丧失了自主性与独立性,长大成人之后,很可能就会对别人的话言听计从,一切以他人为中心,没有了自我。

那么,作为家长,面对女孩的软弱和委曲求全,我们该怎么办呢?

● **建议一:帮女孩明确责任的界限,让她学会爱自己**

因为注重人与人之间的关系,即使明知自己的正当利益会被损害,女孩也常常不好意思拒绝别人。在这些时候,家长要用心帮她明确自己的责任界限,教会她爱自己。

8岁的小贝很在乎别人对她的评价。在一次考试时,坐在她前面的同学向她借橡皮，小贝就有一块橡皮，但她仍毫不犹豫地借给了同学。但同学用完橡皮后竟忘了还给她，由于她胆子很小，考试时不敢说话，所以她没敢和同学要。结果这次考试她答得乱七八糟，考得很糟。

当妈妈问她考得不好的原因时，她竟委屈地说："都怪我当时没有橡皮。"

妈妈奇怪地问："你不是有橡皮吗？"

这时，小贝才把考试时同学跟她借橡皮的事情告诉妈妈。

妈妈听后，耐心地跟她说："能够热心地帮助别人，说明你是个善良的孩子。但你有没有想到，把橡皮借给同学之后，你再用橡皮怎么办，这会不会影响你的考试成绩？"

"但如果我不借，同学会说我小气的。"

"妈妈并不是让你不借给别人东西，只是想告诉你，别人的评论重要，但自己的正当利益更重要。"

……

听了妈妈的这些话，小贝似懂非懂地点了点头。

除了像上述那位妈妈一样引导女孩，家长还可以这样告诉她："当你力所不及时，即使你拒绝了别人，别人也不会怨恨你！""当与别人的意见不统一时，为取悦别人而埋没自己声音的人只会被别人看不起，有自己独特见解并大胆说出来的人，更会被别人尊重。"

女孩只有明白了这些道理，才能避免在生活中遭受那些不应承受的伤害。

● 建议二：让女孩知道，能保护她的只有她自己

女孩的软弱还有一个非常重要的表现，那就是，一点点困难和挫折就能把她击垮。例如，成绩不好时就知道哭鼻子；生病了就好像天塌下来了；失败过一次就不敢再尝试了……

很多时候，女孩的这种柔弱与家长的过度保护脱不了关系。

在大多数家长眼中，女孩不像男孩那样禁得起摔打和磨炼，所

以，他们对女孩总是格外爱护，生怕女孩会受伤。但家长这种过度的疼爱却让女孩产生了这样一种思想：我需要"保护神"，父母就是我的"保护神"。

小时候在家长的庇护下无忧无虑地成长，但长大后，刚一离开父母，问题便出来了：三天两头受到伤害。因为家长的过度保护，让她失去了最基本的承受苦难和痛苦的能力。

那么，家长怎样做，才能培养出坚强不软弱的女儿呢？

姗姗的妈妈是这样做的：

姗姗小的时候特别瘦弱，但妈妈却常常向她传达这样的观念：你是强大的，是有能力的，能保护你的只有你自己。

有一次，姗姗在楼下玩耍时遇到一只宠物狗。不知为什么，宠物狗一直对她叫。姗姗吓得哇哇大哭。但妈妈并没有马上帮姗姗把宠物狗赶走，而是从旁边捡起一根小木棍递给姗姗，并鼓励她说："用木棍吓唬小狗，就能把它赶走。"

姗姗按着妈妈说的去做了，结果真的把小狗赶走了。

事后，妈妈仍不忘告诉姗姗："虽然你现在年龄不大，但你有能力保护自己。"正是因为从小接受的是这种教育，不管遇到什么样的困难，姗姗都要比其他同龄人表现得勇敢、坚强。

家长的任何观念都足以影响孩子的一生。家长觉得女孩是柔弱的、没有能力保护自己的，那女孩就会变得软弱甚至懦弱；家长觉得女孩是强大的、有能力保护自己的，那女孩就会不知不觉地坚强、勇敢起来。所以，作为家长，我们绝不能对女孩过度保护，而应让她懂得，能保护她的只有她自己。

● **建议三：不呵斥，给予她勇气**

生活中，我们不难发现这样的现象：

当女孩成绩不理想时，她会把自己关在房间里，默默流泪；

打碎了花瓶，她们会一脸担忧地躲在墙角，深恐受到妈妈的惩罚；

……

作为家长，你是不是觉得这样的女孩特别没出息？是不是觉得这样的女孩很没用？

如果你真的这么想，那我告诉你，你误解我们的女孩了！

女孩之所以会出现上述表现，是由女孩的本性决定的，女孩天性柔弱，像花儿一样，是需要我们呵护与疼爱的。所以，当你的女孩出现上述情况的时候，你要学会用正确的态度引导女孩的行为，而不是去呵斥她、指责她，否则你的小公主将越来越胆小，更加没有勇气去面对生活中将要遇到的困难。

女孩成长过程中，往往需要一种叫做"勇气"的养料，家长一定要及时给予。

 细节 3

脆弱的女孩（三）
——感性，易受伤害

女孩父母的担心

女儿心思细腻，总是能够在第一时间发现我们情绪的波动，给予我们安慰，然而，另一方面，女儿又极易情绪化，动不动就哭鼻子抹泪的。女儿脾气阴晴不定，我们该怎么办？

就像我们在前面提到的那样，女孩是生活在关系世界中的，同那些走到哪里都最先关心谁是头儿的男孩不同，女孩最关心的问题往往是自己与周围人的关系怎样。

比如，同样是去参加篝火晚会。

男孩回来之后可能只注意到了篝火晚会中的火与音乐，女孩则可能滔滔不绝地说出很多事情来："这个篝火晚会太有趣了。我的朋友们都穿着非常隆重的衣服，贝贝的连衣裙与她的鞋正好相配，简直漂亮极了……还有，小娜来晚了，她的哥哥不得不去接她……小莉好像不太高兴……"

通过对比，我们就可以发现男孩与女孩之间一个很大的区别：**女孩比男孩更细心，对事物更敏感。**

为什么女孩和男孩对同样的环境会产生如此大的感受差异呢？

事实上，促使这种差异产生的原因主要有两点：一是因为他们体内所含的激素不同，二是因为他们大脑结构存在很大的差异。

我们都知道，受体内雄性激素睾丸素的影响，男孩对充满冒险和攻击性的事物比较感兴趣，所以，在篝火晚会中，小男孩对火和那些带有冲击性的音乐留下了较深的印象；但女孩体内所含的是雌性激素，在雌性影响下，女孩比男孩要细致、敏感得多。就像上述事例中的那个小女孩，在篝火晚会朋友这样多的环境下，她甚至可以发现她的某个朋友情绪不对，在强颜欢笑。

那么女孩情感丰富、细腻究竟是好是坏呢？

其实，女孩的这一特质恰似一把双刃剑，既有其有利的一面，也有其不利的一面。

有利的一面：

成为妈妈的"贴心小棉袄"、爸爸的"完美小情人"；

情商高，能够拥有较好的人际关系；

女性特征明显，细心体贴，符合社会对女性的要求；

……

不利的一面：女孩情感过于细腻、丰富，就很容易走向一个极端——过度敏感。

女孩王峥就是这样一个典型。在学校，每当看到同学们议论纷纷，就以为是有人在说自己的坏话，结果常常暗自神伤，学习成绩也受到了极大的影响。

结婚之后，因为丈夫工作忙、应酬多，王峥就整天怀疑自己的丈夫是不是不爱自己了，是不是有外遇了。自己的孩子活泼好动，整天乱跑，她就总是担心自己的孩子会出什么意外。因为过于敏感，生活中的王峥都有一些神经质了，经常无缘无故跟丈夫吵架，或者限制孩子的自由。与此同时，她的家庭生活也变得紧张起来。

的确，天生情感丰富细腻的女孩既可能因为情感细腻而受到众人的喜爱，也可能会因为她的过分敏感给别人带来不尽的苦恼，那么面对女孩的这一性格特征，家长如何教育才是科学的呢？

其实，家长只要抓住这样两个要点即可：

● **建议一：好的方面因势利导——培养体贴、友善的小公主**

女孩天生情感丰富：

养了很久的小金鱼，清晨浮在了水面上，女孩可能就会伤心地流泪；

电影里可爱的小狗被飞驶的汽车撞飞，女孩也可能会悲伤很久；

妈妈下班回来一脸的疲惫，女孩脸上也会挂满心疼；

……

的确，相比于男孩，女孩的情感更为细腻，她们对小动物和弱势的群体总是表现出比男孩更多的关心。

针对女孩这些方面，家长就可以因势利导，培养女孩体贴友善的性格特点。

就像我们在前面所说，女孩天性就是情感丰富的，她很容易就能做到换位思考。所以，家长适时地对女孩这种情感趋势进行引导，在保证女孩不被伤害的前提下，培养女孩善良的品性也就是很简单的事情了。

 建议二：不好的方面及时防范——增加女孩心灵的安全感

很多时候，女孩之所以会显得敏感，大多是因为她们本身缺乏自信。因为缺乏自信，她们总是会对自身产生怀疑，进而内心滋生一种不安全感，在这种不安全感的影响下，她们显得猜忌、疑神疑鬼。

所以，家长在日常生活中不断给予女孩自信，就是保证女孩心灵充满安全感的不错方式。

给予女孩自信其实很简单，家长只要能够不断地给予女孩鼓励，给予女孩笑容，给予女孩安全感，就能很好地培养起她的自信。

● **建议三：理解女孩，支持女孩**

我们每个人都不能否认，敏感是女孩的一个特点。对此，家长一定要给予理解。就是有些很坚强、看起来大大咧咧的女孩，在某些时候也是很敏感的，做家长的一定要认真观察孩子的情绪变化。

比如，在女孩哭泣的时候，家长不要斥责她，要先安慰她，然后鼓励她做一个强者，这样她才会尽量地克制哭泣。只有家长对女孩的行为给予理解和同情，才能减少她的孤独感和脆弱感。

女孩的性别特征（一）
——胆小，依赖

女孩父母的担心

女儿好像天生胆小：怕黑，怕虫，不敢单独在自己的房间里睡觉，挨了欺负不知道说话……在这些时候，她只会依赖我们，"妈妈，来！""爸爸，帮我！"女儿如此胆小，如此依赖，长大后可怎么办呀？

生物学中这样描述婴儿性别的形成：

妈妈体内的卵子与爸爸体内的精子结合，便形成了一个婴儿。

关于这个婴儿的性别，主要取决于爸爸精子中所含的那条染色体。因为在妈妈方面，所有卵子都是相同的：由22对染色体和一对性染色体组成，这条性染色体一定是X。

在爸爸方面，精子中同样有22对染色体和一对性染色体。但这条性染色体可能是X，也可能是Y。如果妈妈体内的卵子与含有X染色体的精子结合，那未来的婴儿就是女孩；如果卵子与含有Y染色体的精子结合，那这个未来的婴儿就是男孩。

家长可不要小看了这条性染色体X，它决定的不仅仅是女孩的性别，更可能会是女孩未来的成长轨迹。也就是说，由于X染色体的存在，女孩会表现出很多不同于男孩的特点，例如，喜欢安静、善于人际交往等。

但与此同时，它也使女孩身上具有了很多女性天生的弱点。例

如，胆小、软弱、依赖性强等。

正因如此，挨欺负便成了女孩的家常便饭：

小女孩桐桐非常胆小。

有一次，妈妈带她去社区的小广场玩，旁边突然跑过来一个两岁多一点的小男孩，他直勾勾地盯着桐桐手里的小皮球，非常好奇的样子。桐桐看见了，不自觉地把球往身后藏，然后壮着胆喊："你不许抢我的小皮球！"

小男孩好像看出桐桐的胆小，冲上来就抢，桐桐吓得嚎啕大哭，直往妈妈身后躲。妈妈连忙对桐桐说："小弟弟比你还小呢，你为什么怕他？来，和小弟弟握握手，大家做个好朋友。"

小男孩做个鬼脸，跑了。从那以后，他只要看到桐桐经过，就会跑过来打她一下，或者把桐桐手里的东西抢走。而桐桐看到那个小男孩，总会不由自主地躲到妈妈身后。

又有一次，桐桐正在楼下的车库里玩，看到那个小男孩朝这个方向走来，便马上对爸爸说："爸爸，快把车库的门关上，那个小哥哥要打我。"

桐桐竟然将比她小的孩子升级为"哥哥"了。这也正是很多女孩家长感觉头痛的事。由于女儿的文静、胆小，常常在学校受那些"坏孩子"的欺负，自己又不好插手小孩子之间的事情，但又不知道怎样才能让胆小的女儿学会保护自己。

对于这个问题，桐桐的爸爸给我们做出了榜样：

晚上，爸爸认真地问自己的宝贝女儿："那个小弟弟比你小，怎么会是小哥哥呢？你能告诉爸爸你为什么这样怕他吗？"

"因为他总抢我东西，还老打我。"桐桐有点委屈地说。

"如果你按爸爸说的去做，小弟弟就不敢欺负你了。下次小弟弟再抢你东西，你就大声地对他说'不许欺负我'，然后再把东西抢回来！"

第二天，桐桐跟爸爸出门，远远地看到小男孩走过来，爸爸就对桐桐使了个眼色，躲到一边。

小男孩过来了,看到桐桐手里拿着玩具熊,上来就抢。桐桐鼓起勇气,大声说:"你不许抢我的东西!"然后用力把玩具熊夺了回来,小男孩也由于没有站稳,而摔倒在地上。小男孩没想到桐桐会变得这么"勇敢",他居然坐在地上哭了起来!

原来,看起来很强大的小男孩竟然是个"纸老虎",以后他可能再也不敢惹桐桐了。很多事情都是如此,家长要想让女孩变得勇敢起来,就要告诉她:躲避不能解决任何问题,用正确的方法去面对那些"侵略者",你才能永远不受欺负。

另外,家长还要了解女孩胆小的原因。

当女孩哭时,很多家长经常这样恐吓女儿:"不要哭,狼外婆来了,专吃爱哭的小孩子!"年幼的女孩并没有掌握太多的科学知识,很容易就会对家长的戏言信以为真,并且产生深深的恐惧。

对生活带有恐惧心理的女孩,是很难有勇气面对"侵略"的。在被欺负的时候,她的恐惧心理会卷土重来,像一个巨大的阴影吞噬女孩幼小的心灵。

所以,要想让女孩不再胆小,要想让女孩不再依赖,家长要学会用科学的方法去鼓励她。

● 建议一:女孩的勇气是"宠"出来的

事实上,所有的小孩子,都会害怕怪异的声音,怕从高处跌下。男孩也有类似的问题,只是他们天性中有更多对抗懦弱的成分(例如冒险和攻击性),而社会对于男孩的教育也更有助于他们摆脱懦弱的心境。

这是不是说,我们对女孩的教育会使她们更容易失去自信、变得懦弱退缩呢?其实不然——女孩的自信是可以"宠"出来的。

在朋友的眼中,若南是一个特别有勇气、特别自信的女孩。每当有人问起"你为什么这么优秀"时,若南都要讲起小时候的故事——从小到大,父母都特别宠爱她,他们觉得自己的女儿是个很优秀的女孩:

若南嫌自己个子高,父母说正好可以做模特。

若南学习画画，却画得乱七八糟，父母满不在乎地笑笑说："可你唱歌唱得特别棒啊，每个人都有长处。"

若南想当记者，父母的第一反应就是："以后准备去央视，还是凤凰卫视？""宠"到现在，若南已经在一家知名的媒体找到了满意的工作，她始终是个特别自信、特别阳光、性格开朗、有人缘的女孩。

知心姐姐卢勤在《告诉孩子，你真棒！》一书中这样写道："成功是一种感觉，一种态度。'我能行'是成功者的态度，'我不行'是失败者的态度。人改变了态度……由'我不行'变为'我能行'，就会获得成功的感觉，最终改变自己的命运。"

的确，当女孩缺乏自信，即使面对比她弱小的对手也会退缩不前，即使自己的玩具被抢走也不敢要回来……这样的女孩，实际上是把自己放在失败者的假想里，未出征先言败，又何谈将来的成功呢？

● **建议二：鼓励女孩大声说出自己的需要**

小韩旭是个不敢说话的女孩。

爸爸带小韩旭去逛商场，就要离开时，她拽住爸爸的衣角："爸爸，再玩一会儿吧。"眼睛却一直盯着柜台里漂亮的洋娃娃。爸爸看出了她的心思，却装作什么也不知道，他故意这样对女儿说："只能玩10分钟，10分钟后我们就回家。"

10分钟马上就要过去了，小韩旭终于忍不住了，她用很小的声音对爸爸说："爸爸，我……想买一样……东西。"

"买什么？说话别吞吞吐吐，想要什么说出来！"

"我想买一个洋娃娃！"小韩旭鼓起勇气说。

于是，她得到了一个洋娃娃。

做家长的一定在女儿小的时候就对她灌输这样一种思想：谦让是一种美德，争取却是一种能力。这样女儿才不至于因太注重关系而失去"自我"。

当女孩希望得到某种东西或机会的时候，当女孩的权利被侵犯的时候，当女孩面临各种压力的时候……争取不一定获得，但放弃就意味着失去。在女孩小的时候，家长就应教会她说出自己的内心需要。

● 建议三：学做家务，摆脱依赖

每位做家长的都希望女儿能像公主那样高贵、有气质，但家长却忽略了，虽然公主们都拥有高贵的气质，但她们也是分很多类型的：有蛮横无理的公主，有处处依赖别人的公主，还有机智勇敢、能力出众的公主。在现实生活中，只有那些机智勇敢、能力出众的公主，才最容易收获一生的幸福。

我们不妨来看一看下面这个例子。

妈妈很疼爱芊芊，但却从来不娇惯她。在芊芊5岁左右时，妈妈就让她尝试着洗自己的小手绢、小袜子等；等她稍大一些，妈妈就引导她帮自己做一些力所能及的家务。现在，芊芊虽然刚刚上小学，但即使让她自己一个人在家，妈妈也很放心，因为她完全有能力自己照顾自己。

这还不算，最让妈妈骄傲的还是芊芊独立处理问题的能力。遇到困难，芊芊轻易不会向父母求助。她5岁那年，妈妈带她去逛商场，也许是由于路走得太多了，芊芊的鞋带突然断了。不系鞋带，鞋子根本没法穿，正当妈妈也一筹莫展时，芊芊忽然把她的头绳解下来系在鞋子上，然后高兴地对妈妈说："看，这样不就行了？"

做家务貌似是小事，可在锻炼女孩独立性方面所起的作用往往是意想不到的。比如让女孩自己洗小手绢、小袜子，让她帮家长择菜、擦桌子、洗碗，让她自己整理自己的房间……

当女孩在做家务的过程中，体会到了自己是很能干的，是很棒的，是能够帮助爸爸妈妈做点事情的，她的自信心就会慢慢建立起来。当自信慢慢建立起来之后，女孩就能渐渐摆脱对他人的依赖。

 细节 5

女孩的性别特征（二）
——缺少主见，极易不自信

女孩父母的担心

女儿做什么事都像缺少主心骨一样：买什么样的衣服，让我们帮她决定；留什么样的发型，常常指着旁边的同学对理发师说"帮我剪一个她这样的发型"；面临择校，更是不知所措……真是担心她总不能一辈子这样没有自己的主意吧？

难道女孩子天生就缺少主心骨吗？

答案自然是否定的。事实上，女孩是否有主见，很大程度上取决于家长的教育方式是怎样的。

在现在独生子女的社会里，有时就是由于父母对孩子过分"包办"，而使我们的小公主们慢慢丧失了自己作决定的权力。

一个三口之家到餐厅用餐，父母带着8岁的女儿进入儿童服务区——这是为有儿童的家庭准备的区域。

笑容可掬的服务生穿着印有米老鼠图案的色彩鲜艳的衣服走过来。他先问母亲要点什么，接着问父亲要点什么，之后问坐在一边的小女孩："亲爱的，你要点什么呢？"

女孩说："我想要热狗。"

"不可以，今天你要吃火腿三明治。"母亲坚决地说。

"再给她一点生菜，这样比较有营养。"父亲补充说。

服务生没有理会父母的提示，他目不转睛地注视着女孩问："亲爱的，热狗上要放什么？"

"哦，一点西红柿酱和黄酱，还要……"她停下来怯怯地看一眼父母，服务生一直微笑着耐心等着她。女孩在服务生的目光鼓励下说，"还要一份蔬菜沙拉。"

"好，谢谢。"服务生认真地记下菜单，转身径直走进厨房，留下两位瞠目结舌的父母。

等服务生走远之后，女孩轻轻地对父母说："我以为他仅仅是随便问问，没想到这是真的。"

显然，这位女孩的父母没有意识到，在儿童服务区，儿童是重点服务对象，他们有权利自己作决定。很明显，在家里这个小女孩没有自己选择的机会，连她吃什么都要由父母来决定。

"我以为他仅仅是随便问问。"当女孩被问及自己的看法，往往会应付了事，因为她知道这不过是"形式主义"，即使她说出了自己的选择，最终的决定权还是在父母手上，由此可见，我们的小公主虽然享受着公主的待遇，却是一个没有决定权的公主，渐渐地，她就会由没有决定权变为放弃决定权，最终变成一个没有主见的人。

因此，要想把女孩培养成有主见的人，**家长首先要做到的就是不能"越权"，即女孩有自己的决定权，家长不能以任何理由剥夺她的权利。**当然，当女孩自己弃权时，家长可以先替她作出决定，但一定要告诉她：要有自己的想法。

● 建议一：帮女孩打造自己的"不同之处"

已经上初中的女孩欢欢也学会了赶"时髦"，她看到了班上绝大多数的女同学都留的那种发型很漂亮，便到理发店让理发师照着同学的样子也给她剪了一个那样的发型。但由于她的脸型不适合，换了发型之后，她的样子看起来有点滑稽。

回到家后，爸爸看到女儿剪的这种奇怪的发型马上火了，大声冲女儿吼道："弄得自己像个恐怖片里的贞子似的，你以为自己这样很美吗？"

欢欢听了爸爸的话,哭着跑进了自己的房间。

过了一段时间,等欢欢稍微平静了一点,妈妈走进女儿的房间,认真地看了看女儿的发型说:"刚才爸爸的话确实有点过分了,可能是由于人与人之间的审美眼光不同吧,你不要怪爸爸呀!"

欢欢没有说话。

妈妈接着说:"我觉得这种发型挺好的,又时尚,又流行。"

欢欢惊讶地抬起头看着妈妈。

"那次我去学校找你,看到你们班上的女同学大多数都留这样的发型,如果你在这种发型的基础上再稍微改变一下,肯定会引来很多女同学羡慕的目光,说不定你还可以引领你们班的潮流呢!"妈妈很诚恳地对女儿说。

欢欢有点心动了,认真地问妈妈:"妈妈,你说怎样才能既时尚,又与别的同学不同呢?"

"别的同学的头发帘是齐的,我觉得你可以把头发帘剪得斜一点,这样更适合你的脸型,而且会显得比其他同学的那种发型更时尚。"

欢欢真的听从了妈妈的建议,并且她还因为自己的新发型而自豪呢!

爱美是每个小女孩的天性,对于这些赶潮流的小女孩来说,即使潮流的发型不适合她,她们还会认为那样很美,还会盲目地去追赶。这时,作为女孩的引路人,家长不能一味地去指责、批评她,否则只能会适得其反:要么很伤女孩自尊,要么促使女孩与父母对着干。

但如果家长反过来想,这恰恰又是教育女孩有主见的最好时机。就像事例中这位妈妈教育女儿一样,家长可以向女儿传达这样一种观点:大家都会追赶潮流,大家都穿一样的衣服,留一样的发型,那个人只会埋没在潮流之中;相反,如果你能够有自己独特的个性,或者仅仅是在潮流的基础上稍作改变,便可以做到与众不同。

当然,教女孩与众不同不能只限于衣服、发型等领域,家长可以鼓励孩子发展与众不同的特长、寻找与众不同的解题思路等，最重要的是让女孩拥有这种与众不同的意识。

当与众不同成了女儿的一种习惯，我们的小公主才能成为一位出色而又有自己见解的小公主。

● 建议二：犹豫不决时，让她二选一

如果家长这样问女孩："晚饭想吃点什么？""明天穿哪套衣服去上学？"……女孩常常支支吾吾，犹豫不决。

在这些情况下，家长千万不要急于抱怨孩子没有主见，其实，对于正在成长中的小女孩来说，由于外在形象思维还未形成，这个问题太难了，所以她们才很难作出决定。

但如果家长换一种方式问她："宝贝，晚饭想吃馒头还是饺子？"那结果就会完全不同，女孩不但很容易作出决定，而且对于她主见的形成也有很大的帮助。

一位妈妈是这样做的：

她很少给女孩提过于宽泛的问题，而是习惯于让她二选一。例如："明天穿牛仔裤还是裙子？""周末去图书馆还是去逛街？"……不同的是，女孩作出选择后，她都会请她讲明原因。

例如，有一天，女儿选择穿牛仔裤去学校，她问女儿为什么，女儿像个小大人似的告诉她："天气预报说明天有雨，穿牛仔裤更有利于保暖。"

就这样，随着年龄的增长，她的女儿越来越有主见。

太宽泛的问题会让女孩不知所措，但二选一可以让女孩的思路更清晰。选择后再引导女孩讲出理由，这会促使女孩的思维更加理性。其实，这个过程就是培养女孩有主见的过程。

● 建议三：告诉女孩"亲爱的，你可以"

女孩是极易自卑的，当独立做一件事时，她们总会在心里默默地问自己："我可以吗？我能行吗？"

这时，父母必须给女儿一个明确的答案："亲爱的，你可以的，

我们相信你。"此时父母的鼓励会为女孩增加信心和自尊,从而使她更有勇气去把握自己的决定权,让自己变成一个有主见的人。

女孩萱萱过早地进入青春期,身体和情绪的变化,让她自己也感觉莫明其妙,于是她变得敏感,而且有时会很自卑。

一次,叔叔一家人来她们家做客。午饭后,叔叔家4岁的小弟弟背了一首在幼儿园刚学会的儿歌,马上赢得了在场所有人的称赞,这小家伙的积极性被调动起来了,便滔滔不绝地背起来没完。

受冷落的萱萱开始有点不高兴了。这时,爸爸悄悄地在萱萱耳旁说:"萱萱,给大家背一首比较难的古诗,压一压小弟弟的'锐气'!"

萱萱冲爸爸摇摇头。

爸爸又小声地说:"你可以的!"接着爸爸向大家宣布,"萱萱要为大家背一首词,来,大家欢迎。"说着带领大家鼓起掌来。

在爸爸目光的鼓励下,萱萱背起了岳飞的那首《满江红》。

当萱萱背完后,全家人都情不自禁地鼓起掌来。连小弟弟都说:"姐姐好厉害呀!"

在父母的鼓励和认同下,萱萱开始觉得自己并不比别人差。于是在接下来的日子里,不论是在家还是在学校,萱萱都不再自卑,而且还常常抓住时机表现自己呢!

家长的态度决定女孩的未来:**父母总是鼓励她有自己的想法,鼓励她去表现自己,女孩就真的会如父母所说,成为一个有想法的女孩**;但如果父母总是批评她懒散、依赖性强,那女孩也会真的按着父母所说的,继续走"懒女孩""自卑女孩"的道路。

细节 6

女孩的性别特征（三）
——学习认真，成绩却"江河日下"

女孩父母的担心

女儿小时候学习很认真，成绩也出类拔萃，但不知为什么，自从她升入初中之后，成绩却每况愈下，尤其是数学，有时甚至都不及格。更奇怪的是，她对学习也没有松懈呀，甚至比之前还用功，但为什么成绩却不见起色呢？

在大多数家长眼中，男孩似乎天生比女孩有学习的优势，虽然在小学阶段不显山不露水，但升入初中后，成绩却蒸蒸日上……而女孩的成绩却一日不如一日。

一位养育过一对龙凤胎的妈妈曾这样说过：

在他们上初中之前，我的女儿样样都比儿子强：

当儿子刚刚学会说话时，女儿已经能够流利地讲故事了；

当儿子还在热衷于玩警察抓小偷的游戏时，女儿已经在专心地学识字，并且能够背很多首古诗了；

当他们上了小学后，常常因为儿子调皮，我不得不去见老师，但我却因为女儿的成绩优异而被老师们刮目相看。

但是，当他们读到初中之后，就好像风水要轮流转一样，好的运气又转到了儿子的头上。

上了初中之后，女儿因为学习科目的增加而显得有些力不从心，也许正因如此，女儿开始厌学。而我的儿子却大不相同，他好像刚

刚醒悟一样，身体在迅速长高的同时，学习成绩也在直线上升。

我真为女儿着急，但又不知如何帮助她才能使她像小时候那样优秀。有时，我甚至会怀疑：是不是每个女孩子长大后学习都会越来越差呀？

通过一对双胞胎儿女的对比，这位家长道出了女孩学习的规律：在学习及学习能力方面，长大后的女孩往往不像她们小时候那样优秀了。

其实，这与女孩的发育规律有关。在进入青春期之前，无论身体还是大脑，女孩的发育都要比男孩快。并且，女孩在儿童期还会表现出很多学习的天赋，如女孩的语言表达能力要比男孩强很多；女孩的记忆力要比男孩强好多；女孩身上还会表现出很多艺术天赋，如热爱音乐、舞蹈等。这一切都决定了儿童期的小女孩比小男孩要优秀很多。

另外，小女孩的优秀还与她们的天性——注重关系有很大的关系。在很小的时候，女孩就生活在关系的思维方式里，她们能够感觉到，她们每背会一首古诗，父母就越关注她，对她的宠爱也就越多；她们每学会一首儿歌、一个舞蹈，老师就越关注她、越喜欢她……因此，为了赢得父母、老师，以及更多人的关注和喜爱，小女孩会努力去学习、记忆，这更为她们的优秀提供了足够的理由。

但进入青春期之后，女孩的身体及大脑各方面的发育就要远远落后于男孩了。又由于进入青春期，女孩自身的困惑，以及外部关系的复杂化，如同学之间的关系、与父母之间的关系、与老师之间的关系等，女孩的精力会慢慢从学习中分离出来，因此此时会有很大一部分女孩感觉到学习上的力不从心。这也正是女孩学习方面越来越走"下坡路"的主要原因。

了解了女孩的学习规律之后，家长首先应该做到的就是承认并尊重这一规律，然后再尽力采取措施减小其对女孩学习所带来的影响。

● 建议一：不苛求，帮女孩找到合适的学习方法

对于这些敏感而又注重关系的女孩来说，自己不像小时候那样优秀了，这足以让她产生很大的困惑，如果在此时，父母还继续打击她："你怎么越长越没出息""你到底是怎么了，还不赶快去学习"……这样只能使敏感的小女孩失去自尊，就像小时候父母不关注她一样，她又在思考这样的问题："难道父母不爱我了吗？""难道我不值得父母去爱了吗？"……她的思考最有可能产生两种结果：

一种是"既然父母不爱我了，我也没有必要再去努力了"，于是，父母的态度让女孩放弃了继续努力的欲望，从而自暴自弃；

一种是"既然父母不爱我了，我偏偏要他们关注我、关心我"，于是，在这种思想的支配下，女孩开始做坏事、给老师捣乱等，如果仍然得不到父母的理解和尊重，女孩很容易就会走上歪路。

因此了解女孩成长和学习规律的父母，永远不会抱怨女儿的学习不优秀、打击她的进取心，而是理解并鼓励女儿，帮她找到适合自己的学习方法。

上了初中之后，尽管瑶瑶比以前努力多了，但她的学习成绩仍然在班级的中游浮动。面对女儿的努力与回报不成正比，瑶瑶爸爸的心里比谁都着急，但他从来没有让瑶瑶发现他的焦急。

一天晚上，已经11点多了，看到瑶瑶房间里的灯还亮着，他知道女儿还在看书，便敲门进去。发现女儿在做一道想了好久仍找不到方法的数学题，他便对女儿说："瑶瑶，今天学习一天了，大脑也该休息了，不如今晚早点休息，明天早上再想。早晨是人一天之中大脑最清醒的时候，说不定到时候你一下就想到解题的思路了呢！"

第二天早上，瑶瑶特意早起了一会儿，确实，正如爸爸所说，瑶瑶很快就找到了解题的思路。从此，瑶瑶改变了学习方法，早睡早起，每天早晨专门拿出一个小时的时间来解决难题，尤其是那些很难的数学题。如此坚持了一个学期之后，瑶瑶的学习成绩提高了一大截。

事实正是如此,对于学习成绩不再像小时候那样优秀的女孩来说,父母给她讲千遍万遍的道理,都不如告诉她一种合适的学习方法有效果。

 建议二:父母的鼓励是女孩努力的助推器

对待任何事情,注重关系的女孩们最先考虑的问题就是"别人怎样看我",尤其是"我最亲近的人——父母怎样看我"。所以,当女孩不再像小时候那样优秀时,她最关注的是父母的态度。如果父母仍然像以前那样理解和支持她,那父母的这种鼓励便成了她继续努力的助推器。

萌萌拿着成绩单垂头丧气地回家了,她很伤心,一连几天心情都不好。

萌萌的妈妈决定找女儿好好谈一谈。这天,妈妈叫住了无精打采的萌萌,关心地问她:"女儿,还在为考试的事情而伤心?"

"是呀,我觉得自己已经很努力了。"说起考试的事情,萌萌的眼泪就在眼眶里打转。

"妈妈知道你那段时间很努力,我相信老师也会知道的。但你没有必要如此看重成绩,一次成绩并不能说明什么的。"妈妈很认真地说。

"但是我怕下次还考不好!"

"下次考好考不好在于你是否还在努力,你说是吗,女儿?"

萌萌觉得妈妈说的有道理,认同地点了点头。

"女儿,妈妈告诉你一个秘密:失败过很多次之后,能否继续努力正是成功者与失败者之间的差距!"听完妈妈的这句话,萌萌不再垂头丧气,并且已经下定决心继续努力学习了。

父母的态度决定孩子的未来,聪明的父母知道如何、何时去鼓励孩子,去引导她继续努力,而不是简单地指责、批评。

富养女孩的真正内涵

女孩父母的担心

都说女孩要富着养,可究竟具体应该怎么做呢?给她买漂亮衣服,培养她更多的才艺,是否就可以了呢?女孩富养,究竟有着怎样的内涵呢?

从来富贵多淑女,自古纨绔少伟男。所以现如今,"富养女,穷养男"的观念在中国家庭中早已深入人心。那么,家长们的教育收到了怎样的成效呢?

在此,先让我们来看一位妈妈的自述:

女儿8岁了,一直以来,我都信奉富养女孩的真经,在生活上对女儿照顾得无微不至,女儿要什么我都尽量满足,从来不会让她受到半点委屈。可是,随着女儿慢慢长大,我却发现,女儿越来越骄横霸道,蛮不讲理了,动不动就对我发火:"妈妈,我说了不想做作业!""我不要你管!"

大家不是都说富养女孩吗?我一直是这样做的,怎么倒养出这样一个娇蛮霸道的公主呢?

富养女孩错了吗?

其实,富养女孩的观念并没有错,这位妈妈错就错在,方法错了、方式错了。

尽可能地满足女孩的物质需求,为她创造优越的条件,让她懂艺术、上好学校、穿漂亮的衣服,就是正确的"富养"吗?

很显然,用物质需求的多与少来定义"富养",是远远不够的。

什么是"富养"？

"富养"不仅仅指生活的富足，更是教育的富足。富养女孩不是娇生惯养，而是给予她更为精细的教育，让她自信自立，眼界开阔，成长为一个优雅动人、智慧美丽的女孩。

具体来讲，富养有以下几方面"内涵"：

 建议一：鼓励——鼓励着养，而不是谦虚着养

生活中，很多家长都有这样的想法：教育女孩的方法太多了、太繁杂了，有没有什么"最完美""最简单""最容易掌握"的方法，可以让"懒妈妈""懒爸爸"也能顺利引导女儿成长为一名优秀女性？

方法当然有，那就是"鼓励"。

一位13岁的女孩曾在日记里这样写道：

每当我碰到困难，犹豫不决的时候，爸爸总是会坚定地站在我的身边告诉我："孩子，在爸爸心目中你是最棒的，爸爸相信你能做到！"多亏我的爸爸，我才能养成独立、坚强的性格……

与男孩相比，女孩生活在一个关系的世界里，她们需要别人的肯定和认可，需要别人在后面推她一把。对她们来说，别人的肯定和认可、别人的鼓励，就是自己自信、独立、坚强、追求卓越的动力之源。

在女孩的成长过程中，父母多说一句鼓励的话、多做出一个鼓励的行为，往往就会创造出教育的奇迹。

当然，"鼓励着养"，而非"谦虚着养"也就要求我们常说常做：

"女儿，爸爸妈妈很爱你。"

"爸爸妈妈相信你。"

"在爸爸妈妈心目中，你是最棒的。"

女儿伤心的时候，把她拥在怀里；女儿胆怯的时候，拍拍她的肩膀；女儿忧郁的时候，给她一个明媚的微笑；没事的时候，常和女儿说点悄悄话……

不说不做：

"你怎么总是做错事？"

"和××比，你真是差远了。"

"这样的表现，真不指望你有什么出息了。"

家长知道如何鼓励，女孩才能更加自信，更加幸福地成长。

● 建议二：疼爱——疼爱着养，而不是溺爱着养

女孩健康成长的第二个"富养内涵"，就是爱，源自父母的疼爱。但是，作为女孩的父母，疼爱女儿的方式，你选对了吗？

大家可以用这样一个小故事来测试自己的"爱之度"。

溺爱的故事：

女儿和邻居家的小朋友闹矛盾，一位妈妈这样对女儿说："可恨的，都怪他，惹得我宝贝受伤，再也不和他玩了。"

疼爱的故事：

女儿和邻居家的小朋友闹矛盾，一位妈妈则这样对女儿说："我们原谅他吧，前几天他还同你分享他的玩具了呢！"

什么才是真正的"疼爱"？什么又是过了头的"疼爱"——溺爱？同样的一件事情发生在自己身上，自己又是如何处理的？想必每位家长心中都已经有了自己的答案——如果不想培养出娇气、蛮横无理甚至颐指气使的"小公主"，就应杜绝"溺爱"。

那么，"疼爱"究竟是怎样一种爱呢？

就是用光明、温暖、坚强、乐观等等幸福的字眼，去占据女孩最初、最柔弱而单纯的心灵，把它们变成女孩一生的信念，让她的世界充满爱与幸福。

● 建议三：负责——负责任地养，而不是放任自流地养

一位现在已经成为母亲的女性，每每谈起自己的母亲，总是一肚子的委屈：

从小到大，我妈什么都不管。我姐姐嫁人，她就一句话："这婚事我不同意，以后后悔了别来找我，也别怨我。"我考大学那年，她

也是一句话:"你喜欢什么就报考什么,不用问我。"结果现在,姐姐婚姻生活很不幸福,她最恨的就是妈妈;我一想到她说的那些话,也是想爱爱不起来。

本应是与妈妈更为贴心、更为亲密的女儿,何以对母亲毫无感情?是因为她的母亲真的做错了。

她错就错在,对女孩的养育太过"顺其自然",而缺少一种"负责任"的态度。

这种负责任的态度是什么?就是要为女儿的成长"帮点忙"。

女孩性格内向,甚至有些自卑。(父母"帮点忙":带你的女儿多多去交际,鼓励她,赞美她,赋予她自信。)

女孩爱好很少,没什么特长。(父母"帮点忙":带你的女儿去逛逛乐器行以及舞蹈学校,引导并培养她的爱好。)

女孩遇到重大的抉择,左右为难。(父母"帮点忙":把利与弊分析给女儿听,旁敲侧击、潜移默化地去影响她。)

……

消极的父母,"顺其自然";积极的父母,"创造自然"。

生活中,这种为女孩"创造自然"的帮忙机会,实在是太多了。

总而言之,负责不是说你对孩子的饮食起居照顾得多么好,就叫负责了。负责,是你对孩子能力的培养负责,对孩子身心健康的成长负责,对孩子的人生选择负责,对孩子的未来负责……

第二章

"富养"不等于"娇养"
——女孩应该这样"富"着养

- 细节8：富养，不等于物质和金钱的富足
- 细节9：富养，不等于"娇惯"着养
- 细节10：富养，是给女孩富足而正确的爱
- 细节11：富养，是把女孩培养成"财富"
- 细节12：富养，家长要收起功利心
- 细节13：富养，也要让女孩吃点"苦"

引 语

女孩是上天赐予父母的天使，每位家长都想竭尽所有把她们养育成美丽而又高贵的公主，但你了解富养的真正内涵吗？

富养，不等于物质和金钱的富足；

富养，不等于"娇惯"着养；

富养，是给女孩富足而正确的爱；

富养，是把女孩培养成"财富"；

富养，父母要收起功利心；

富养，也要让女孩吃点"苦"；

……

真正的富养是为女孩提供一个幸福的家，一个轻松的成长环境，一种发展她多种潜能的氛围，让她的精神更加富足，人格更加独立。

富养，不等于物质和金钱的富足

女孩父母的担心

我们从早就接受了"富养女孩"的观念，所以，从女儿出生的那一刻起，我们就竭尽全力为她提供最好的：最好的玩具、最好的衣服、最好的学校……没想到她却越来越任性，有时甚至还不讲理，简直与高贵的公主有天壤之别呀！

在古代，女儿被称为千金，而在现在，家长们也常常称呼女儿为"小公主""小宝贝"，这些称谓听起来都与大量的金钱和丰富的物质有关。这是不是就意味着平常百姓就没有办法把女儿培养成"公主""千金"，就没有办法让女儿具备高贵的气质呢？

所有的家长都知道，这个问题的答案是否定的。当然，要想把这一问题研究得更深刻，家长还要了解"富养"女孩的真正内涵。

"富养"真的等于给女儿大把大把的金钱，为女儿提供绝对丰富的物质生活吗？并不是这样的。**真正的"富养"不是指物质上的富足，而是指精神的富足。即，通过家长科学的教育方式，让女儿具备丰富的内涵、健康自信的内心、高贵的气质、开阔的眼界……**

当然，对于女孩的成长来说，金钱和物质也是必不可少的，它可以为女儿提供更优越的成长条件和学习机会。但有一点家长必须要明白，仅仅付出金钱和物质，你绝对培养不出健康、完美的小公主。

我国的民间一直流传着这样的说法：从来富贵多娇女。何谓"娇女"？家长们可以这样理解：她们娇娇弱弱，没有任何能力，在家依赖父母，嫁人后依赖丈夫。家长朋友想把女儿培养成这样的

"娇女"吗?

你先别回答,听我把话说完。随着生活水平的提高和社会的进步,现在的"娇女"们身上又呈现出了新的特点:她们蛮横无理,不学无术,尤其是,她们"败家"的本领可是一流的,她们常以"富人的后代"自居,花钱如流水……

相信作为家长的你肯定一直在摇头:"我可不想女儿变成这样!"

那你必须要明确这样一个事实:富养,并不等于用金钱和物质来养育女儿。过多的金钱和物质只会害了她。

 建议一:教女孩从小就做一个"受欢迎的人"

我是几家连锁企业的负责人,我有一个女儿,照一般人的看法,我可以满足女儿的任何要求,哪怕是她想要天上的星星,我也能想办法满足她。

但在平时生活和工作的过程中,我接触过很多这样的女孩:她们自以为是,总把自己当成高高在上的公主,想让所有人都听从她们的指挥;她们仗着父母有钱,便目空一切,看不起任何人;她们能力有限,却想事事出风头……我知道,所有人都看不起这样的女孩,我也绝不想自己的女儿变成这样的人。所以,在女儿非常小的时候,我就有意识地向她传达这样几种观念:

虽然我们家的生活条件比别人家好一些,但这一切都是靠爸爸妈妈辛苦工作得来的;

父母的钱不是你的钱,你将来也要靠自己的能力去挣钱;

手里有富裕的钱,我们可以去帮助那些需要帮助的人;

人与人是平等的,有钱并不意味着可以指挥或操控别人;

只有尊重他人,才能赢得他人的尊重;

……

就这样,虽然从小就生活在富足的环境中,但我的女儿却丝毫没有染上"富裕病"。不仅如此,周围的亲戚和邻居都夸奖她是个懂事、讲礼貌的孩子。

在"金钱崇拜""物质至上"思想流行的今天，作为父母的我们不得不面对这样一个现实：我们的女儿很容易会染上"富裕病"。很显然，这与我们养育女儿的初衷是背道而驰的。所以，这就要求我们从一开始就提高警惕，生活条件越富足，越是要告诉女儿，一定不要让身上最宝贵的品质流失了。例如，告诉女儿要懂礼貌、要有爱心、要尊重他人……只有这样，她才会成为一个受欢迎的人。

● 建议二：富养女孩要讲究技巧

一位妈妈这样分享育女经验：

我和老公都在大学教书，家里有个女儿，我们对她的教育都非常重视。老公认为只有富养女儿才能让她拥有高贵的气质，我对这一观念也非常认同，只是我觉得"富养"一定要讲究技巧。

在教育女儿的过程中，我自己琢磨出了一套非常有效的方法：让女儿用自己的行为来"挣钱"，以此来培养她对金钱的认识。例如，如果今天女儿的表现很出色，不用我催促便自己起床、收拾书包，回家后主动写作业、温习功课等，每完成一件事，她就可以得到一个小星星，我们一周计算一次。那些小星星可以用来兑换时间或金钱。

当然，如果她不想把所有的小星星都用完，还可以"存"起来。我专门给她准备了一个小本子，用来记录她的小星星的个数，她可以自由存取。

这种方法实施了一段时间之后，女儿渐渐明白了，金钱和丰富的物质享受是靠自己来争取的，要不断努力才能获得他人的肯定。

我们提倡要"富养"，但越是富有的家庭越应该了解"富养"的技巧。"富养"不仅仅是要让女儿享受无忧无虑的物质生活，还要早早地让她了解，金钱和丰富的物质生活从何而来。对于年龄尚小的女孩来说，如果告诉她，钱是爸爸妈妈辛辛苦苦挣来的，也许她很难理解。但如果爸爸妈妈给她提供切切实实"挣钱"的机会，她不但能够更加深刻地认识金钱，而且长大后绝不会成为花钱如流水的"败家女"。

细节 9

富养，不等于"娇惯"着养

女孩父母的担心

富养的女孩有一种独特的高贵气质，但如何既养育出女儿的气质，又不把女儿惯坏呢？

8岁的甜甜是个二年级的小学生，因为人长得漂亮，妈妈又会打扮她，无论走到哪里，都能引来别人的一番称赞。因此，爸爸妈妈对她更是宠爱有加，甜甜无论在家里还是在学校，都感觉自己是个小公主。

因为爸爸有车，甜甜上学放学都是爸爸接送。有一天，爸爸单位有非常重要的事情着急处理，没有办法接甜甜放学了，便让甜甜的爷爷去接。爷爷在学校门口等了半天，甜甜才跟同学有说有笑地走出来。爷爷迎上去喊她，看到是衣着朴素的爷爷骑着破自行车来接她，甜甜先是对爷爷不理不睬，接着又冲爷爷大喊："你滚，滚得越远越好，我不认识你！"

当着那么多人的面竟受到自己亲孙女的如此对待，老爷子伤心极了，第二天便收拾东西回了老家。爸爸了解了事情的经过，批评甜甜，甜甜还理直气壮地反驳："谁让他去接我啦，穿得那么土，还骑个破自行车，被同学看到了多没面子呀！"

听到女儿这样说，爸爸叹了一口气，后悔地说："这孩子算是被我惯坏了！"

看，这就是家长"娇惯"出来的小公主！现在她年龄小，家长顶多是摇摇头说："这孩子不懂事！"但如果家长继续"娇惯"她，长大后，她有可能会是非不分、任性、自以为是……显然，这绝不是家长"富养"女儿的真正目的。

富养，并不是对她有求必应，让她过"任性公主"一般的生活。对于孩子的成长来说，过于娇纵不是好事，这有可能使她变得满身坏毛病，如，依赖父母、懒惰等；还有可能使她的品质出现问题，如，不尊重老人、不懂得孝敬父母等；甚至还会使她变成毫无能力的一个人……

所以，养育女儿，家长千万不要走入"娇惯"的误区。一般来讲，在女儿的成长过程中，家长常常会表现出以下几种"娇惯"行为：

1. **给女儿特殊待遇**。女儿在家庭中高人一等，处处特殊照顾，好吃的食品归她一人享用；家人可以不过生日，可她的生日却大操大办……这样的女孩必然会变得目中无人，没有同情心，不会关心他人。

2. **总是轻易满足女儿的物质要求**。女儿要什么就给买什么，总是习惯用物质来表达或弥补对孩子的爱。这样会使女孩养成不珍惜物品、讲究物质享受和不体贴他人的坏性格，毫无忍耐和吃苦精神。

3. **生活懒散**。家长允许女儿饮食起居无秩序，睡懒觉，不吃饭，看电视或上网到深夜等等。这样长大的女孩缺乏上进心、好奇心，不能安静专注，做事心猿意马，有始无终。

4. **不让女儿劳动**。在谈到女孩劳动问题时，有的家长竟说："叫她做事还不值麻烦钱呢，还不如我替她做了。"所以四五岁的女孩自己还不会穿鞋、穿衣服，上小学甚至读中学的女孩还不做一点家务事，不懂得劳动的愉快和帮助父母减轻负担的责任。

5. **一切包办代替**。家长甘做保姆、奴隶，生活上包揽一切，帮助女儿长期整理生活学习用品。其结果导致女儿缺乏爱心，丧失自信，形成依赖、懒散和懦弱的不良个性。

家长朋友，你是不是也在有意无意地娇惯女儿？对照以上几点，如果发现自己也有娇惯女儿的倾向，请立刻改正。因为一旦孩子的

某种坏行为形成一种习惯，家长再想纠正便会难上加难。

真正的"富养"并不是把女儿养育成刁蛮任性的小公主，而是培养她一些良好的习惯、优良的品质、出众的能力等。只有拥有这些，女孩才能依靠自己创造出一个美好的未来。

 建议一：告诉女儿，拥有好品质的人最富有

富养女孩，就要让女孩时刻被优越感包围。但这种优越感不应该来自于家庭条件，而应该来自于她自身的优点，如好品质、好习惯、出众的能力等。

一位爸爸这样分享经验：

以前每当我为家里添置大件电器时，女儿总是满脸自豪地说："这种电器我们同学家都没有！"每当我开车接她放学时，她都会夸张地摆着手跟同学告别，那样子好像是在炫耀什么。我知道，这种来自于家庭条件的优越感是不利于她成长的，于是，在生活中，我常常有意无意地给她正确的引导。

例如，看到有些女性穿着很奢华的衣服、很漂亮的鞋子，却对不小心碰了她一下的人怒目相对，我就会对她说："那位阿姨是个穷人，因为她缺少最基本的爱心。"

看到穿着朴素的年轻人照顾身边素不相识的老人时，我就会这样对她说："那位哥哥非常富有，因为他尊重老人，还有爱心。"

……

就这样，在潜移默化的教育中，女儿自己也总结出了这样的结论：那些拥有好品质的人才是最富有的人。

任何女孩小时候都是一个纯洁的小天使，在很多时候，父母向她灌输什么样的思想，她就会吸收什么样的思想，并朝着思想引导的方向成长。在物质条件日益丰富的现代社会，我们可以轻松地给女儿提供她想要的零食和玩具，但我们绝不能因此就让女儿以"富人"自居。

教育的最高境界是未雨绸缪，在女孩的不良行为出现之前，提

前给她打预防针。上述这位爸爸的做法非常科学,利用生活中的一些常见现象,告诉女儿什么样的人才是最"富有"的人。在这种情况下,女儿就不会过于关注物质和金钱,而是想方设法让自己拥有好的品质。

● **建议二:爱女儿,就要给她立规矩**

为什么现在越来越多的女孩都变成了"野蛮公主"?为什么她们身上的坏毛病越来越多,有些甚至还发展成了道德品质问题?

不得不说,这与家长的"娇惯"脱不了关系。有些家长甚至会苦恼地说:"我也不想娇惯女儿,但看到她泪眼汪汪的样子或乞求的表现,我就会心软,就会对她放松要求。"

其实,如果家长有给女儿订规矩的意识,这种情况就不会再发生。

一位妈妈自豪地分享经验:

女儿3岁左右,我发现她有任性的苗头,并且开始呈现出一些不良的习惯,于是我就给她订了一些规矩,并把它写在纸上,贴在墙上。例如:

睡觉之前,玩具要归位;

不洗手不可以吃饭;

一定要把碗里的饭吃完;

家里来了客人要主动打招呼;

……

在很多时候,女儿也会任性,例如,不想洗手便去吃饭。这时,我就会这样对她说:"我们的规矩是怎样说的,不洗手就怎么样?"虽然当时女儿不高兴,但她仍然会去洗手。

这样的情况发生得多了,慢慢地,女儿就对规矩的"威力"深信不疑了。不再向规矩"挑战",女儿的任性行为一下减少了很多。

要想把女孩培养成习惯良好、品德良好的小淑女,就需要规矩来帮忙。其实,在女孩的成长过程中,每一位家长心中都有无数条

规矩,例如:要求女儿讲礼貌,遇到熟人要打招呼;要求女儿干净整洁,勤洗澡,勤换衣服……但在很多时候,只有在用到时,家长才会把规矩讲出来。这就好比带女儿去打针,因为事先没有心理准备,打针时她必然会哭闹着反抗。

上述那位妈妈的做法是最科学的。不是等到女儿正任性时,才给她订规矩,也不是把规矩只停留在口头上,而是写在纸上,并贴在墙上。这既能激起女孩对规矩的神圣感,又能促使她按规矩做事。

当然,随着女孩年龄的增长,在订立规矩时,家长可以请她一起参与,共同商量。这样女孩也会把自己当成规矩的订立者,进而轻易不会向规矩"挑战"。

 **细节 10**

富养，是给女孩富足而正确的爱

女孩父母的担心

毋庸置疑，富养与物质和金钱有一定的关系，除此之外，富养还有什么更加深刻的内涵吗？

"富养"，所谓"富"，就是多的意思。给女孩大把大把的钞票不科学，让女孩一味地享受物质生活也不对，那这里的"富"又是指什么呢？

对此，教育专家们的理解是，**"富养"就是给女孩富足而正确的爱。**

是的，每个女孩都是一个纯洁敏感的小天使，需要父母用心呵护、用心关爱才能健康成长。与男孩相比，她们需要的爱要多得多。但如果爱得不科学，父母的爱就会转化成溺爱，这对女孩的成长同样有百害而无一利。因此，"富养"女孩，家长给女孩的爱既要充足，又要正确。

● **建议一：爱女儿，就要以一颗平常心要求她**

每到周末，菲菲就会特别痛苦。别的同学周末可以休息，有的还可以到游乐场去玩，但她的周末却要在好几个补习班之中度过。上午，她要上两个补习班，英语和作文；下午，上完数学补习班之后，她还要到特长班去学钢琴。因为周末休息不好，平时上课的时候，她总是萎靡不振，打不起精神。因此，她特别害怕过周末，用她自己的话说就是："周末比平时上课还要累！"

身边的一些人看到菲菲如此辛苦,便劝菲菲妈:"没有必要让孩子门门功课都补,别让孩子学得那样累!"

菲菲妈却非常不认同:"不补可不行,哪一科不补,成绩会立马落下来,现在辛苦点,孩子将来才会有出息!"

现在,菲菲要升入四年级了,妈妈正在考虑,要不要给女儿报一个奥数班。然而,如此补习,菲菲的成绩不但没有提升,反而下降了很多。更可怕的是,菲菲现在恨透了学习。

在社会竞争日益激烈的今天,成人之间的竞争也蔓延到了孩子身上,为了不让女儿"输在起跑线上",家长为女儿报各个科目的补习班,更有甚者不惜重金为女儿买钢琴、买吉他……目的就是为女儿的优秀未来打基础。

然而,在很多时候,结果却与家长想象的截然相反,越是补习,女儿的成绩越差。这是为什么呢?其实,答案很简单,爱玩是孩子的天性,如果孩子的童年都被名目繁多的补习班占据了,她们就会不快乐,做什么事情都不会有热情。

更重要的是,童年阶段正是培养孩子学习积极性的最佳时期,天天补习,女孩必然会厌烦学习。一旦产生厌学情绪,也许她今后的学习生涯都将在痛苦中度过,可想而知,她的成绩如何能好得了?

其实,**对女孩真正的爱就是让她快乐健康地成长,不要给她过高的要求,还她一个健康的童年**。毕竟成功的路不止一条,也不是女儿现在成绩不出众,未来就一定不会成功。只要女儿是快乐的,只要她保持一颗积极上进的心,我们大可不必为她增加过重的负担。

 建议二:爱女儿,不要拿"爱"来要挟她做事

小时候的纹纹是个懂事、乖巧的小女孩,最喜欢吃糖。妈妈生怕她吃糖过多而影响牙齿健康,每当她要求吃糖时,妈妈都会这样对她说:"再闹着吃糖,妈妈就不爱你了。"这时纹纹就会安静下来,不再向妈妈提要求。

妈妈很得意,觉得自己找到了教育女儿的"妙招",因此,每当纹纹不乖时,她就用这一招来对付女儿,并且屡试不爽。

然而,当纹纹渐渐长大之后,纹纹妈的这一招却完全失去了功效。女儿放学后经常去网吧玩到很晚才回家,她对女儿说:"你再这样,妈妈就不爱你了!"

纹纹却一副无所谓的神情,想都不想就回答她:"不爱就不爱吧,反正你的爱对我来说就是一种束缚!"

纹纹妈气得直跺脚,但她对女儿却一点办法都没有。

对于幼小的女孩来说,由于特别注重人与人之间的关系,她们最害怕听到的话就是"我不再爱你了"。在很多时候,她们为了赢得父母的爱而表现得乖巧、听话,这时,很多父母都认为自己找到了一个教育孩子的"妙招"。殊不知,这样的教育会使女儿觉得父母的爱是有条件的。

在小的时候,为了得到父母的爱,她愿意做一个"乖乖女"。但随着年龄的增长,特别是自我意识出现之后,她就不再相信父母"我不再爱你了"之类的话。在很多时候,她还盼望着父母不爱她,因为她觉得这样自己反而摆脱了一种讨厌的束缚。在这种情况下,女孩是很容易走"歪路"的。

所以,不管你的女儿正处于哪个年龄段,你都不要用"爱"来要挟她做事。与此同时,**请不要让你的爱附加条件:她优秀,你便爱她;她成绩好,你便爱她……我们的女儿需要的是你纯粹的爱,因为她是你的女儿,所以你爱她。**

用你纯粹的、无条件的爱去爱女儿,这也是我们所提倡的一个"富养"的重要内容。

● **建议三:爱女儿,就要多给她一些"精神财富"**

对于女孩来讲,"精神财富"指什么?指的是自信、优越感、坚信自己"优秀"的信念。

女孩从哪里能得到这些"精神财富"?

这需要家长有意识地给予她。

一位成功的女士这样回忆自己的童年:

我知道,我是一个平凡得不能再平凡的人,扔到人堆里马上就找不到了。当然,由于我长得有些胖,也有些矮,你也许会对我留下深刻的印象。但从小到大一直到现在,我一直坚信自己是最棒的,也正是这种信念支撑着我取得今天的成就。

说实话,由于长得胖,我小时候也曾被同伴嘲笑过,但每次我不高兴地回到家,爸爸总是认真地对我说:"我家闺女胖乎乎的,真可爱,真想把她每个可爱的瞬间都用相机记录下来。"

小时候,我很笨,每次跳皮筋都输给同伴,致使她们都不愿意带我一起玩。但妈妈却总是不厌其烦地对别人说:"我家闺女的手巧着呢,自己缝扣子,比我缝的都结实,画画也特别漂亮……这孩子就是心灵手巧。"

就这样,我从没有认为自己的胖是缺点,也从不觉得自己笨,相反,我觉得自己身上的优点数不清:懂事、有爱心、喜欢帮助别人、坚强、乐观……总之,我觉得自己比任何人都要优秀。

亲爱的家长朋友,这下你明白了吧?女孩丰富的"精神财富"就是你给予她的。你的鼓励、称赞、夸奖、认可、宽容……这些都可以转化成她可贵的"精神财富"。

所以,"富养"女孩,你还要赋予她优越感。如果你不知道该怎样做,哈佛大学的一位教授总结的这几个要点,可以给你以启示:

少一份责备,多一份理解;

少一份苛求,多一份宽容;

少一份责骂,多一份尊重;

少一份怀疑,多一份信任;

少一份命令,多一份商量;

少一份限制,多一份自由;

少一份要求,多一份以身作则;

少一份"无微不至的照顾",多一份自己动手的机会。

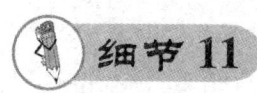

富养，是把女孩培养成"财富"

女孩父母的担心

我们不希望女儿将来成名成家，只希望她能永远幸福、快乐地生活。但在价值观多样化的现代社会，如何给予女儿感知幸福、快乐的能力呢？

著名的教育家卢勤曾说过这样一句话："与其给孩子财富，不如把她培养成财富。"

那什么样的孩子才算是"财富"呢？

一位从事教师职业的家长是这样讲的：

我不苛求我的女儿将来能成名成家，或取得多么大的成就，我也不渴望她将来能够挣多少多少钱，我只期盼她健健康康、平平安安。

当然，我希望她的人生观和价值观一定是正确的，这样她才能具备正确的辨别是非的能力，才不会走弯路。另外，我还希望她拥有独立的人格，有主见，不人云亦云；有想法，独立性强，不依赖别人……只有这样，她才不会迷失自我，将来才能幸福、快乐。

这位家长讲得非常正确。很多年龄稍大的女孩家长常常这样感叹："只要女儿不走弯路就是我的福分呀！"其实，对于女孩来说，除了不走"弯路"，她将来能否幸福、快乐也是非常重要的。对于大多数父母来说，女儿能够幸福、快乐地生活是他们最大的心愿。而一个幸福、快乐的女性身上能够迸发出无穷的力量，她的快乐可以感染周围的人，她能在工作上取得更多的成就，她能把自己的孩子

培养得特别出色……

对于父母来说,让女孩具备感知幸福、快乐的能力,就相当于把她培养成了"财富"。

● **建议一:随时纠正女儿错误的人生观、价值观**

"妈妈,我将来也要做个有钱人!"

"我将来也要嫁个有钱的老公!"

"有钱真好,可以买到一切!"

亲爱的家长,听到女儿讲出这样的"豪言壮语",你会怎么做?

对,纠正她错误的想法,及时给予她正确的引导。每个孩子小时候都像一株小树苗,受周围环境的影响,她会长歪,也会生出很多无用的枝杈,但只要有成人及时地扶她一把,或及时帮她修枝剪杈,她很快又会朝着正确的方向茁壮成长。

所以,在日常与女孩接触的过程中,如果发现她的人生观不科学、价值观有所偏颇,你一定要给予她及时的引导。

一位妈妈在博客中这样记录女儿的成长日记:

今天,女儿忽然对我说,她将来要做个有钱人。我先是一愣,继而问她:"为什么要做有钱人呢?"女儿一本正经地对我说:"有钱人可以天天穿漂亮衣服,吃好吃的,还有漂亮的小汽车开。"

我想了一会儿对女儿说:"宝贝,你的想法很好。你还记不记得每次带你上街时,总会遇到很多可怜的小哥哥、小姐姐,他们没有饭吃,也没有地方住?你想不想帮助他们呀?"

女儿郑重地点点头。

我继续引导她:"将来你成了有钱人,是不是就可以轻松地帮助他们了?"

女儿高兴地又点点头。从那以后,女儿还是想做有钱人,但她做有钱人的目的并不仅仅是买漂亮衣服及好吃的了,而是有了一个更为神圣的目的:帮助那些需要帮助的人。

正所谓"童言无忌",不管女孩的想法多夸张,家长都不要定义它是对还是错,而应该通过引导的方式让她具备科学的人生观、价值观。一般来讲,受一些不良社会思想的影响,很多女孩都不可避免地染上一些"金钱崇拜""物质崇拜"的思想,这时,家长就可以借鉴上述妈妈的做法,巧妙地把女儿那些弯曲的观念引向正途。

除此之外,家长还可以这样引导女孩:女孩认为钱可以买到一切,那家长就有意让她经历一些困难,有钱没有办法解决;女孩希望自己将来能嫁个有钱的老公,那家长可以通过生活中的事例告诉她,对于一个女孩来说,独立、自立才是最关键的……

一个女孩的人生观、价值观是正确的,她就不会走上弯路,这才是她人生路上的最大财富。

● 建议二:严格+鼓励,"富养"出女儿的独立人格

20世纪30年代,在英国一个不出名的小城镇里,有一个叫玛格丽特的小姑娘,自小就受到严格的家庭教育。父亲经常向她灌输这样的观点:"无论做任何事都要力争一流,永远走在别人前头,而不能落后于人。即使是坐公共汽车时,你也要永远坐前排。"父亲从来不允许她说"我不能"或者"太困难了"之类的话……

正因为如此,许多年后,英国乃至整个欧洲政坛上才出现一颗耀眼的明星,她就是英国第一位女首相、连续4届当选、雄踞政坛长达11年之久、被世人誉为"铁娘子"的玛格丽特·撒切尔夫人。

玛格丽特·撒切尔夫人的成长之路恰恰体现了她父亲"富养"的教育理念。对于父母来说,这里的"富"是指多花点时间,多花点心血,多讲究一切策略。对于女孩来说,这里的"富"是指富足她的精神世界,以及培养她积极的人格魅力。"永远坐在前排",这样的女孩有自己的想法,有自己的追求,不会人云亦云,更不会随波逐流,她有足够的信念和能力创造出属于自己人生的精彩。

细节 12

富养，家长要收起功利心

女孩父母的担心

我们希望女儿成材，我们渴望女儿的未来能精彩，这是我们"富养"女儿的目的。但有时看着女儿学得很累，学得很苦，怀疑便情不自禁地爬上我们的心头：我们的教育方式正确吗？

作为父母，我们为什么那么强烈地渴望女儿成材？

是让女儿圆自己未尽的梦？

是为了在亲戚朋友面前更有面子？

是为了让自己在人前能昂首挺胸？

……

如果你"富养"女儿的目的也与此有关，那你非常有必要对自己的教育进行一次深刻的反思。我们渴望女儿成材，但女儿并不是我们实现自己理想的工具，更不是让我们在人前炫耀的棋子。如果我们把自己未尽的人生理想转嫁到女儿身上，压迫她来为我们实现，这对她来说是非常不公平的。与此同时，这也会对她的成长造成很大的压力，甚至会对她造成很大的危害。

佩佩在班上是有名的小才女，成绩不错，作文写得好，歌唱得好听，还会弹钢琴。一次期中考试过后，她的成绩很不错，但她却对好朋友说，她一点也不快乐，这次她的成绩提升了很多，但这意味着她今后要加倍努力，因为爸爸妈妈一定会给她订更高的目标。她说她学得很累，真想放弃。

又一次考试，佩佩的成绩下滑了很多，面对父母失望的表情，她彻底放弃了，她向父母说出了心里话："无论你们说什么，我都不想学了，太累了。"爸爸妈妈没办法，给她讲道理、批评她都不起作用，只好每天盯着她学。佩佩觉得在家里实在是太压抑了，她对好朋友说，如果父母再逼她，她就自杀。

在生活中，我们周围偶尔会传来这样不幸的消息：某个孩子因学习压力过大而精神忧郁、某个孩子因没有达到父母的期望而自杀……女孩是柔弱的，她们单薄的肩膀担负不起过重的压力。所以，父母不要等到悲剧发生了，才意识到自己教育的错误，从现在开始就放弃所有的功利心，调整对女儿的期望吧。

● 建议一：别拿女儿与别人比，让她与自己比

如果问我们的宝贝女儿："你最不想听到父母说哪句话？"

相信所有的女孩都会异口同声地说："我最不喜欢父母拿我与别的孩子相比较。"

"你看咱楼下的小杰，人家成绩那么好，你要向人家学习！"

"我同事家的女儿今年考上北大了，唉，你看你那成绩，没准连一般的本科都考不上！"

……

女孩心细，自尊心也很强，父母经常拿她比与别的孩子相比较，从父母的语气中，她能听出嫌弃、无奈，这既会影响她的自我评价，又会促使她自暴自弃。所以，经常拿女儿与别的孩子相比较，这是父母最不明智的教育方式。

其实，激发女孩的上进心，促使她越来越优秀还有更好的方法——**让她自己与自己比**。

在班级里，糖糖的成绩一直处于下游，但她的父母从来没有拿她与别的孩子相比较过。每次考试结束后，爸爸都会这样鼓励她："这次比上次多考了5分，再努力一些，下次肯定能考得更好！"

就这样，尽管成绩差，糖糖从来没有对自己失去过信心。与此相反，糖糖相信自己的成绩总有一天会提高，因为她一直在与自己

比,所以,她的成绩一直在平稳进步。

并不是让女孩知道不如别人,她才会有上进的欲望。在一般情况下,女孩的上进欲望来自于她的自信心。知道自己是优秀的,知道自己有进步的潜能,她才能充满力量地努力,进而取得进步。

所以,不管你的女儿成绩如何,请都要向糖糖的父母学习,引导女孩与自己比,放大她的优点,请她看到自己的潜力,这样她才能不断进步。

 建议二:以"无心插柳"的心态养育女儿

女孩要多才多艺,她未来成功的几率才会更大。很多父母都明白这一点,所以在女儿非常小的时候,就让她们学舞蹈,学音乐,学美术。然而,孩子的反映又如何呢?让我们来听听这个小女孩的心声:

还有两天就进行钢琴等级考试了,但小雪的手指却莫名其妙地受伤了。小雪的妈妈见人就抱怨:"花了好几年的钱,就等着这次等级考试拿证了,唉,谁知道……这孩子太不争气了!"但小雪却盼望着自己的手永远都好不了了,这样她就不用天天练琴了,也不用听妈妈那一刻都不停的唠叨了。更重要的是,如果手指受伤了,她就不用再参加那些钢琴等级考试了。

舞蹈、音乐、美术……这些美丽的字眼应该成为我们宝贝女儿的美好爱好。但当爱好与各种各样的等级考试联系在一起时,在女孩心目中,这些爱好就已变了质:它们不再是享受,而是强迫;与它们接触不再是快乐的,而是痛苦的……在这种状况下,即使女孩考得了很高的级别,这给她带来的伤害也远远大于它所带来的好处。

那做父母的我们应该如何对待女孩的爱好呢?

一位成功的妈妈向我们推荐了"无心插柳"思维:

女儿5岁的时候,发现她的身体协调性很好,我便给她报了个舞蹈班。当时的想法很简单,她有这方面的天赋,又喜欢跳舞,全当培养她的业余爱好了。平时我们在家也不强迫她练习,只要她自己想跳了，我们便在一旁给她当当"观众"。

有一天，女儿回家对我们说，过段时间有一个舞蹈比赛，问我们要不要她参加。我们告诉她：如果她愿意去，我们就帮她报名；如果不愿意，我们也不强迫她。就这样，女儿自己决定去参加比赛，令我们没想到的是，她还真在比赛中取得了不错的名次。

正是由于受到了鼓励，小丫头对舞蹈的热爱更是一发不可收拾了，放学回家后就对着光盘练习，还扬言以后要当舞蹈家呢！

其实，不管让女孩学什么，只要家长带有功利心，女孩肯定会把它当成负担；相反，如果家长用一种"无心插柳"的态度让女孩学习，不为考级，不为拿证书，只为让女孩拥有一种爱好，在没有压力的环境下，女孩反而能够把它学得更好。

所以，对待女孩的那些爱好，不要强迫，要引导她练习；不要强迫她参加等级考试，而应让她自己决定要不要参加考试……

细节 13

富养，也要让女孩吃点"苦"

女孩父母的担心

近年来，"吃苦教育""挫折教育"日益盛行。对于女孩来说，这种带"苦味"的教育是不是与"富养"矛盾呢？

其实，不管是男孩还是女孩，成长过程中吃点苦都是非常有必要的。记得一位教育家说过这样一句话："孩子幼年时吃的苦将成为她一生的珍贵财富，只有吃过苦的孩子才会珍惜今天的幸福生活，也才能真正体会到努力的涵义。"从这种意义上来讲，"吃苦"与"富养"女儿一点都不矛盾。相反，吃苦也恰恰是父母"富养"理念中的一个非常重要的方面。

婷婷是个非常棒的小学高年级学生。有一次课间活动，一名同学不小心扭伤了脚，坐在地上动不了了，痛得直掉眼泪，别的同学也吓得不知所措了，但她却表现得很镇定。她建议班上的高个子男生背受伤的同学去医务室，接着又让别的同学去请老师……就这样，这个"突发事件"被她摆平了。

别人向婷婷妈请教教育经验时，婷婷妈不好意思地说："她之所以能做到这样，是因为她吃过的苦、经历过的事，要比同龄的孩子多很多。"

原来，每到暑假，妈妈就会把婷婷送到乡下的舅舅家，舅舅是地地道道的农民，不是出去打工，就是忙地里的活儿，因此，在舅舅家，婷婷也得承担一部分劳动。她干过农活，也给舅舅家的牛割过草，还与小表姐一起为全家人做过饭……正是因为吃过这些苦，自己也真正处理过问题，所以她才表现得比同龄人优秀。

每到假期，婷婷妈就把婷婷送到乡下去受穷、吃苦，这是"富养"吗？

答案是肯定的。请按着这样的思路思考：所谓"富"，意味着付出很多，收获也要很多。每位做家长的都想时刻陪在女儿身边，但婷婷妈却每年让女儿去农村生活一个月或两个月，把娇弱的小公主送到农村去生活，父母是不是要下很大的决心？是不是要付出更多的思念、心痛以及勇气？

可喜的是，从农村回来之后，女孩变得懂事了，还具备了一些照顾自己、解决问题的能力。对于女孩来说，这是不是意味着她收获了更多珍贵的人生财富？

所以，不论是从父母的付出来讲，还是从孩子的收获来讲，这都能算做是"富养"的一种方式。

● 建议一：利用周末让女孩吃些苦

在一般的家庭里，女孩是很难吃到苦的。再加上平时要上学，放学后要写作业，大多数家长也没有机会让女孩吃苦。但即便是这样，吃苦教育也不能只停留在口头。

一位家长就找到了让女儿吃苦的好时机：

每到周末，我就变着花样地给女儿布置任务。比如，有一次，我给女儿布置的任务是，给全家人做一次饭。做饭，这对大人来说是轻而易举的事，但对于小孩子来说，这件事可不算容易。把做饭的原材料和菜单交给她，我就可以吹着电扇看着女儿在厨房里忙里忙外了。

又有一次，我给女儿布置的任务是，跟我一起去早市买菜。虽然是我俩一起去，但她才是主角。早晨，她要负责叫我起床，还要自己判断菜新鲜不新鲜，自己去问菜价、讲价……每次从早市回来，她都会感慨："与那些大嚷大喊的小贩沟通可真不容易！"但在不知不觉中，她也找到了与他们相处的窍门。

是的，周末是让孩子吃苦的最佳时机。说是"吃苦"，其实无非

就是给她更多接触生活、自己处理问题的机会。多让女孩给全家人做几次饭、让她学会与不同的人打交道……这样的女孩才能更好地照顾自己,才能具有更多处理问题、解决问题的能力。这些都是女孩成长过程中的珍贵财富,是可以通过有意的锻炼获得的。

 建议二:让女孩独自面对一些困难

其实,家长还可以利用生活中一些巧妙的机会让女儿去吃苦。

每个女孩的成长过程中都会遇到一些困难事儿,例如,与同学产生了一些小矛盾,在学习上遇到了障碍……在这种情况下,家长先不要插手帮女儿解决,让她独自去面对,这实际上也是在让她吃苦。

在大多数家长眼中,晓蕊的父母是一对狠心的父母,自从晓蕊升入三年级以来,他们就再也没有接送过女儿上下学。不仅如此,就算是晓蕊遇到了困难,他们也不出手帮忙。

他们是真的狠心吗?在一次家长会中,晓蕊爸爸说出了心里话:"说是不帮女儿,其实我们操的心并不比任何人少。有一次她跟好朋友闹别扭了,回到家直掉眼泪。虽然没有帮她解决,但我们却一直在暗地里了解情况,关注她与好朋友之间关系的进展情况,并时不时地给她点暗示,引导她用正确的方式处理与好朋友之间的关系。就这样默默地关注、巧妙地引导,让她具备了很多难得的能力。"

晓蕊的父母是真正的狠心吗?明智的家长都知道,答案是否定的。他们是在把握生活中这些非常难得的机会,让女儿吃些苦,以使女儿具备各种各样的能力。

其实,我们所提倡的"富养"的理念也是这样的,**父母少动些手,少一些包办,多用些心,多讲究一些教育技巧,多给女儿一些动手的机会,多培养一些她自己解决问题的能力。**不依赖他人、有主见、有能力……这样的女孩才是引人注目的,也只有这样,她才能创造出属于自己的幸福和精彩。

女孩父母不可不知的教育智慧
——妈妈要会爱，爸爸要会说

- 细节 14：母爱，让女孩的成长更安心
- 细节 15：父爱，让女孩的成长更顺利
- 细节 16：妈妈是女儿的"引路人"——妈妈的言行决定女儿一生
- 细节 17：爸爸是女儿的"人生导师"——爸爸让女孩懂规则，更理性
- 细节 18：爱女儿，妈妈要少说多做——不叨唠，树立权威
- 细节 19：爱女儿，爸爸要多说多关注——不贬低，多鼓励
- 细节 20：好妈妈是"雕塑家"——培养女孩个性中"柔"的一面
- 细节 21：好爸爸是"英雄"——培养女孩个性中"刚"的一面
- 细节 22：好妈妈是"健康专家"——给女孩健康的体魄
- 细节 23：好爸爸是"铁哥儿们"——走进女孩的内心世界

不娇不宠,富养女孩的100个细节

引 语

教育不是爸爸或妈妈某一方的事,而是需要爸爸和妈妈携手并肩,来共同完成的一项事业。

对于女孩来说,母爱和父爱是完全不同的,也是缺一不可的。

妈妈的体贴,让女孩的成长更安心;

爸爸的理智,让女孩的成长更顺利。

妈妈是女孩的"引路人",教女孩成为一个完美的女人;

爸爸是女孩的"人生导师",教女儿正确与异性相处。

妈妈要少说多做;

爸爸要多说多鼓励。

……

这是女孩父母不可不知的教育智慧。

母爱，让女孩的成长更安心

女孩父母的担心

女儿是妈妈最爱的宝贝，但妈妈应该怎样做，才能使自己的爱既贴心，又有利于女儿的成长呢？

一个6岁的小女孩在商场的大厅里哭闹不止，吵着要爸爸给她买一件玩具。爸爸看着不断哭闹的女儿，不耐烦地说："家里都有那么多玩具了，还要什么玩具！"

女孩听了爸爸的话，一屁股坐到地上，打起滚来，哭得也是越来越大声了。

商场里，很多人都禁不住开始看向这对父女。爸爸感觉脸上挂不住了，扬起巴掌就要打女儿。

这个时候，孩子的妈妈从商场卫生间出来，一看这个情况，急忙拦住丈夫，蹲下身来，边抚摸着女儿的小脑袋，边耐心地问道："宝宝，出了什么事了，告诉妈妈好吗？"

女孩抽抽搭搭地指着橱柜里的玩具说："我要那个玩具。"妈妈轻轻拍着女儿的衣服，把她扶了起来，柔声说："哦！宝宝想要那个玩具啊，这个玩具确实挺漂亮，不过我们家里不是已经有这样的玩具了吗？妈妈回家给你找出来好不好？"

在妈妈的抚慰之下，女孩的情绪渐渐稳定了下来，看了看自己的妈妈，女孩指着橱柜的手放了下来，仍旧有些委屈地说："那好吧，回家后妈妈给我找。"

为什么妈妈一出马，情绪糟糕的女儿很快就恢复平静了呢？

正是因为妈妈的爱拥有独特的魅力！她的温柔可以化解孩子的负面情绪。

因为性别差异的原因，在家庭教育中，有这样一个比较明显的角色分工：爸爸对孩子的教育大多是严肃的、急功近利的，遇到问题，爸爸常常容易冲动、急躁；而妈妈的教育常常是和风细雨的、耐心的，能够贴近孩子的内心，去理解孩子，站到孩子的角度去思考问题。

正因为有着这种差异，**在孩子眼中，妈妈就是"爱与温柔的代名词"**，妈妈的爱有时候更能对孩子起到有效的教育作用。

妈妈赋予孩子的爱与温柔，是促使孩子茁壮成长的养分。让孩子体会到关心和爱护，孩子才会听从家长的建议与意见，妈妈教育才能更有效地进行。

具体来说，妈妈应该如何来展示自己的爱与温柔呢？

 建议一：女孩小时候，经常搂搂她，微笑着亲吻她

妈妈经常抱一抱孩子，究竟有着怎样的神奇效果呢？

原来，在人类的每一小块五分硬币大小的皮肤上，就有25米长的神经纤维和1000多个神经末梢，当妈妈与孩子肌肤相亲时，这种"爱的感觉"就会通过这些敏感的触觉神经传导到孩子的心灵深处——孩子备感安全、备感温暖、备感被珍视……于是，自信、坚强勇敢、开朗乐观的孩子诞生了，颇具亲和力、心中有爱的孩子来临了……

妈妈的"爱"就好比孩子成长必需的"成长剂"，妈妈在日常生活中适当、适时地加上那么一点儿，往往就会创造教育的奇迹。

就像我们经常看到的那样，有的孩子长大后和父母关系亲密，乐于和父母沟通，而有的孩子却叛逆不羁，专门与父母对着干，**这其中的区别就在于：父母在孩子小的时候，是否让孩子感觉到了这种"爱"，是否让孩子知道"你是爱她的"**。

所以，趁女儿年龄还小，妈妈不妨试着这样做：

每天清晨和睡前，微笑着亲吻她一下；

游戏的时候，给她一个鼓励、赞赏的眼神；

上街的时候，和她手拉着手；

喜悦的时候，给她一个大大的、有力的拥抱；

没事的时候，把她轻轻搂在怀里，说说悄悄话；

……

当女儿感受到了妈妈的爱，她也就会跟妈妈更加亲密。

● 建议二：女儿长大后，有意增加一些肢体接触

女孩渐渐长大后，很多妈妈都会遇到这样的困境：女儿对自己的亲昵行为开始表现出抗拒，甚至逃避；自己也感觉过于亲昵的拥抱、亲吻已经不再适宜。

女儿为什么开始逃避？难道是她不再需要妈妈的关心与爱了吗？当然不是，这只是她自尊心发展使然，女孩开始在乎他人的感受了，妈妈的过于亲昵会让她产生"我还是小孩子，别人都在嘲笑我"的感觉，这样一来，她自然会抗拒妈妈所表现出的亲昵行为。

很多时候，女孩的抗拒并不表示她不需要妈妈的爱了，而是在向妈妈暗示：你需要换一种"爱"的方式了。

这时，妈妈不妨这样做：

女儿失意的时候，悄悄地拍拍她的肩膀；

看电视的时候，选择和女儿坐在一处，挨着但并不紧挨；

女儿成功快乐的时候，和她一起大喊大叫，给她一个大大的拥抱；

和女儿一起活动的时候，肩并肩地愉快交流；

永远用满含爱意的眼神看着她，即便是批评，也应在严厉之后加入那么一点柔情。

细节 15

父爱，让女孩的成长更顺利

女孩父母的担心

孩子的爸爸工作忙，平时很少有时间陪女儿，因此女儿与爸爸之间的感情很淡，不管爸爸给她买什么礼物，她跟爸爸都亲近不起来。唉，这该怎么办呢？

如何衡量父亲对女儿的爱合格不合格呢？

在这里，我们可以看看这样两位女孩截然不同的成长经历——

一位事业和婚姻接连遭受重创的女孩这样讲述自己的父亲：

我很小的时候，父母就离异了，我和妈妈生活在一起。在没有爸爸的日子里，我虽然学习成绩很优异，但从心底里却十分的自卑——我知道我是一个没有父亲的孩子，是一个没有父亲疼爱的孩子。渐渐地，我开始逃避周围的一切，变得不能用理性的态度面对一切……我恨我的父亲！

一位商界女强人则这样回忆自己的父亲：

我之所以能够取得这样的成绩，与我的父亲有直接的关系。

我和爸爸的关系一直很好，我们一起玩，一起学习，一起参加各种社交活动……爸爸的爱让我自信而快乐。从爸爸那里，我学到了太多的东西，那些都是我取得成功必不可少的素质。我要感谢我的父亲，是他打开我的世界，教给我闯世界的本领。

第一个女孩的人生为什么会接连遭遇不幸？第二个女孩的人生为什么又会接连迎来成功？这一切，其实都与父亲这个角色称职与否密切相关。

在第一个女孩的故事中,父亲的离去让她产生了强烈的自卑感,而这种自卑感则使她渐渐变得内向和自闭,甚至不能用理性的思维去看待一切,久而久之,其个性发展自然会变得偏激,影响其未来生活的幸福指数。而在第二位女孩的故事中,我们却可以看到父亲教育所起到的巨大作用——在陪伴女孩一起玩、一起学习的过程中,女孩不仅从父亲身上体会到了安全感、幸福感,更能受到男性精神的影响——坚强、独立、锐意进取,进而取得事业上的不断成功。

很多国外的研究报告中也指出:**父亲的疏远以及对家庭生活的漠不关心,将使女儿建立一种不良的人际关系模式。**

为什么会产生这种现象呢?原来当女孩从小就从父亲那里得不到应有的关爱,她渐渐就会把自己和父亲之间的关系看做是一种例行公事,进而对父爱不抱任何过多的期望。随着年龄的增长,女孩还会将这种看法转嫁到其他男人身上,对对方的关爱表现出一种本能的抗拒和不认同……就这样,失望和愤怒的情绪往往会占据着女孩孤独的内心,自然她的婚姻或事业也很容易陷入一个不良境地。

与此相同,一项国内权威的调查报告显示,在家庭教育中长期缺乏父亲照顾的女孩,很可能有更多以下的经历:

有在身体上遭受暴力行为的经历,如殴打、性侵害等。

在今后的生活中发生离婚或家庭不和。

教育程度较低,受到他人的孤立和排斥。

虐待孩子和在家庭内实施暴力行为。

与同龄人相处中产生许多问题。

产生感情和行为上的问题,如早恋、早孕等。

生活贫困,经济收入不稳定。

犯罪率和自杀现象较高。

为什么缺少了父亲的陪伴和呵护,会给女孩的人生带来如此多的问题呢?其实,原因主要有两点。

首先,父亲是女孩生命中遇到的第一个男性,当父亲角色缺失,就会造成女孩对异性存在很大的幻想,并且持有一些错误的看法。

因此，父爱的缺席也就降低了她们与人交往的关系和能力，使其在感情和心理上容易出现极端的想法。

其次，父亲是家庭中规则的制定者和执行者，因为女孩没有得到父亲的特别关照，她们的内心对规则是模糊的，不知道如何做是符合常理的。同时，她们更易从男性身上学习到的进取心和独立性等优秀特质，也没有被充分地调动起来，使其在学习能力、生活能力上都明显偏低。

对于女孩来说，这些经历无疑给她们的人生蒙上了灰色的阴影，是造成女孩具有以上种种不幸经历的主要原因。

如何避免这些不幸的发生呢？重视起父亲教育，做好女孩父亲该做的那些工作。

● **建议一：在女孩成长的不同阶段，给予女孩不同的爱**

一般来说，女孩与父亲的关系会随着时间的推移呈现出如下的特点：

婴幼儿时期——朦胧感应期——因为大部分父亲对照顾孩子表现得不知所措，所以女孩会更多青睐于与母亲的脐带关系，对父亲的爱表现出小小的抗拒心理。

童年时期——亲密期——充满探索欲望的女孩，会从母亲的怀抱中走出来，更多渴望走进父亲的世界，和父亲的关系也将进入一个最为亲密的阶段。

青春期——疏离期——随着心理和生理的发育成熟，女儿会进入一个和父亲关系的疏离期。但在这一阶段，父亲对待女儿的态度以及方式，往往决定着女儿是自信还是自卑、是勇于进取还是消极懈怠、是踏上成功之路还是陷入黑暗漩涡……

因为父亲在女孩的不同成长阶段，所发挥的作用是不同的，这也就要求父亲在女孩不同成长阶段，给予女孩不同的爱。

比如，在女孩婴儿时期，给予女孩更多的关注，像妈妈一样给女孩换尿布、抱女孩、拍饱嗝、给女孩洗澡、帮女孩活动筋骨等。

同时，爸爸还要学会深情地凝视女孩的眼睛，并对女儿做各种表情。

比如，在女孩童年时期，让女孩参与到父亲的活动当中去——一起去打球、一起去看电影、一起去钓鱼、一起出去吃晚餐等等。

比如，在女孩青春期，父亲要像以往一样和女儿保持密切的联系，不要因为女孩身体的发育，就拒绝碰触她、亲近她。此时，父亲可以完全不把这当回事，也不要觉得不好意思。父亲要在心里有个清醒的认识，女儿早晚是要长成这样的，进而赶快接受女儿的新变化，不要让这个成为阻断你与女儿关系的鸿沟。

当父亲能够在女孩成长的不同阶段，给予女孩不同的爱时，她也就能真切地感受到自己在父亲眼中是最棒的，自己是非常惹人喜爱的，进而能够健康快乐地成长。

● 建议二：赋予女孩一定的男性精神

父亲和母亲对女孩的教育理念和教育方式往往是截然不同的。例如：

一个七八岁的小女孩向父母提出要与朋友去家附近的一个公园玩耍。

母亲的回答常常是这样的：太不安全了，如果去也是妈妈陪你去。

父亲的回答常常是这样的：你可以去，但一定要注意安全。比如，过马路的时候要……

家庭中对于女儿独立的问题存在很大的争论，这个现象非常普遍。通常的情况一般是这样的：爸爸希望女儿尽早学会独立，而妈妈仍坚持要保护她。

当然，对于培养女孩的独立性，父母都有一定的责任和义务。但在这方面，父亲的作用会日益凸显出来。国外的一项调查研究也显示：女孩在成长中与父亲的关系越好，其独立性越强。

菁菁读小学一年级的时候，有一天老师留的作业特别多，一直到晚上10点了（已经超过她平时固定的入睡时间半小时），她还没

有做完。

爸爸一直坐在她旁边，明显感觉到她已经很困倦了。最后，菁菁哀求地对爸爸说："爸爸，你帮我把这一页字抄下来吧，我太困了。"望着菁菁困倦的面容，爸爸虽然心疼，却并没有满足她的请求，而是一边摸着菁菁的头，一边对她说："菁菁，爸爸永远爱你，但是自己的事情要自己完成，爸爸不能替你做……"

在大多数的父亲心目中，女儿都是娇弱的，都是需要自己保护的。特别是当女儿柔弱地发出请求时，父亲一般都很难做到拒绝。但此时的父亲却必须清醒了：自己的过度帮助，是否有助于女儿的成长呢？就拿菁菁成长中的事例来说，如果父亲在她的祈求下帮助她顺利完成作业，很自然的，以后遇到任何困难，她都会把困难原封不动地交到父亲手中。长此以往，女孩往往就会丧失自己独立做事的能力，失去迎接和面对困难的勇气。

菁菁的父亲是明智的，他既鼓励了女儿要自己付出努力，独自应对困难，又充分表达了自己对女儿的爱。当女孩从父亲的"拒绝帮助"中读出了浓厚的父爱，她自然会鼓起十倍的勇气去面对困难，并加深对父亲的尊重和爱戴。

其实，我们完全可以将这位父亲的经验概括为这样一句话：**将爱藏在心里，强化女儿的独立性！**

 建议三：为女孩树立起异性榜样

父亲是女孩人生中遇到的第一个男人，同时也是陪伴女孩时间最长的男人。毫无疑问，他的出现会影响女孩的一生。这其中，任谁都不可否认，父亲最不可忽视的一个影响力就是，影响女孩对"男性标准"的认知。

在琪琪看来，爸爸是最可爱、最合人意、最有责任感、最有教养、最值得尊敬的人。小的时候，琪琪就渴望将来找到一个像父亲那样的人。等到了谈婚论嫁的时候，琪琪意外地发现，她喜欢的人都是在某方面与父亲有些相像的。

生活中，作为成人的我们常常会发现这样一种现象：婚姻幸福家庭养育出来的女儿，其婚姻也往往是幸福的；婚姻中充满硝烟和战火家庭中养育出来的女儿，其婚姻生活往往也更易陷入僵局。为什么会出现这种现象呢？其实，问题就出在父亲是否为女儿树立了良好的男性标准。作为家长我们必须首先明确这样一个道理：女儿对男性的认知是正确的，她才能作出正确的选择！

幸福婚姻对于女孩的重要性，不必我们多说，家长们也知道它的重要性。因为女孩更注重人与人之间的关系，更因为女孩的情感是脆弱的，往往婚姻的幸福与否就会决定一个女人一生的主旋律是成功的还是失败的。

在这个意义上，我们甚至可以下这样一个定论：**父亲绝对是塑造女儿幸福人生的第一人！**

为什么这么说呢？原因很简单，因为父亲所树立的这个"男性标准"也有好坏之分、正确与否之分。父亲的这个标准树立得好，女孩自然会对异性产生正确的认知，从而以正确的方式与异性交往，并收获幸福；反之，当女孩对异性产生错误的认知，那么女孩的人生也将走向另一个极端。

作为女孩的父亲，在家庭生活中一定要为女孩树立起正确的异性榜样。

 细节 16

妈妈是女儿的"引路人"
——妈妈的言行决定女儿一生

女孩父母的担心

生活中的女孩就像是妈妈的影子,一举一动都像极了妈妈。比如:学妈妈的口吻说话,学妈妈风格穿衣服,学妈妈的方式处理问题……好的学,不好的也学。那妈妈应该怎么做才能让女儿更优秀呢?

生活中我们常常听到有人这样说:

"你简直和你的母亲一模一样。"

"有什么样的妈妈,就有什么样的女儿。"

……

的确是这样。心理学家指出,由于那种脐带相联的特殊关系,女儿从小就对母亲有种特别的依恋和亲近。当女孩接受母亲哺乳的那一刻起,她们对"妈妈"的定义已经开始形成,伴随着来自母亲无微不至的关怀和照顾,女孩把妈妈视为自己生命的全部。

教育界的学者这样描述母女间的关系:

大多数女孩的生命之初,都是由母亲来哺乳和照顾的。在这段时间里,女孩会深深地沉浸在母亲的世界里。只要听到母亲的声音,或是看到母亲在摇篮边看着自己,她就会变得很安静。她张着小嘴笑,或是踢蹬着小腿表示对母亲的欢迎。

在母亲的启迪下,女孩发出第一次咿呀声,学会第一个挠手的动作……并且在人群中能够准确地认出妈妈。

而大多数母亲也能够通过女儿的哭声和动作，准确地判断她是饿了、渴了，还是需要换尿布……

母女之间的这种心灵相通，使女孩与妈妈的关系日渐升温。在母亲的呵护下，大多数女孩能够健康、快乐地成长。

而在她们成长的每一个生命瞬间，妈妈无疑成了她们模仿的对象。通常情况下，女孩的视线是不愿意离开妈妈的。细心的家长都会发现，在女孩还不会说话的时候，她就开始注视着妈妈，她的视线会追随妈妈的每一个动作。

当女孩渐渐地长大，她还会寸步不离地跟着妈妈。无论妈妈走到哪里，她都会围在妈妈身边。她和妈妈一起做家务、买东西等，不管是在干什么，只要和妈妈在一起，女孩都会很高兴。而这其中，她们也渐渐学会了倾听、观察和模仿：

她们倾听妈妈的话语，是温柔的，还是蛮横的；

她们观察妈妈对待别人的态度，是热情的，还是冷漠的；

她们模仿妈妈的动作，以及妈妈做事情的方式；

……

无论是妈妈的音容笑貌，还是妈妈的表情动作都是女孩模仿的对象。所以在孩子的成长过程中，女儿就仿佛是妈妈的影子，往往妈妈是什么样子，女儿就是什么样子。

当然，女孩的模仿能力还不仅仅限于此。在生活的许多细节中，女儿也可以感受到母亲所传递的其他信息，包括对于自我、女人、男人，以及生活的态度、生活的方式、生活的观念等。仅在日常生活的接触中，妈妈就可以在无数个方面影响着女儿。

案例一：

凌琳7岁了，长得漂亮可爱，但是她却时不时地对着镜子唉声叹气："我的皮肤怎么会这么暗，一点儿都不白净！""我的头发怎么这么枯燥，一点儿也不顺滑！"而这一切抱怨的话，全是她通过对妈妈的观察学来的。

案例二：

萱萱10岁了，和同龄的小伙伴们比起来，萱萱热情大方，做事稳重，礼貌懂事，就像是一个小小的外交官，无论走到哪里都很得大家的喜爱。而萱萱能够小小年纪便成为一个交际"名人"，也是从小跟在妈妈身后学会的。

妈妈是女儿的第一榜样。妈妈的生活态度、生活方式都会对女儿产生极大的影响。如上面例子中，凌琳的妈妈总是对自己的容貌产生一定的不满情绪，而这种不满在潜移默化中也会传递给凌琳，并使凌琳在年龄尚且幼小的时候，也对自己的相貌产生疑虑。这些都会吞噬女孩的自信心，对其心理的健康也是极其不利的。相反，萱萱的妈妈却能在日常生活中给女孩提供正面的榜样，在无声中对萱萱产生了一定的积极影响。

所以，作为女孩的妈妈，在养育女孩的过程中，其作用是不容忽视的。那么，妈妈在家庭教育中都起着哪些作用呢？

 建议一：不做抱怨的妈妈，培养女儿感知幸福的能力

生活中，一些女性似乎是生活在抱怨的世界中。她们整日为各种各样的事情，不断地发泄自己不满的情绪和抱怨，诸如家里的电费怎么那么多、女儿总是不停地要这要那的、工资怎么总是和付出不成正比……似乎生活中每一件事情都是那么的不如意。

而大多数母亲并没有注意到，她们这样的言行和态度正在悄悄地影响着女儿。如果妈妈们一直在女儿的耳边发牢骚，那么这样的生活态度也必然会传染给我们的女儿。于是，我们会听到小女孩更多充满忧愁的声音，"妈妈，我不快乐""我感到很伤心""你怎么能这样对我"……

为什么一些女孩会觉得生活没有意思、不幸福呢？

原因很简单，女孩之所以感觉不到幸福，与其母亲对待生活的态度有极大的关系。

无意间，母亲的抱怨声打乱了女儿感知幸福的神经。在女孩的大脑中，错误地认为所有的事情都不令人满意，所有的事情也都是存在瑕疵的，那么这样的想法一旦占据女儿的思想，她将难以从生活的细枝末节中体会到幸福和美好，进而也就失去了感知幸福的能力。

那么，作为女儿最贴心的人，妈妈应该怎样做才能提高女儿感知幸福的能力呢？**首先，提高自己对生活的满意度。**

菁菁的妈妈在日常生活中就是这么做的：

在生活的诸多细节中，妈妈常常向菁菁传达她对生活的满意度。一次，在妈妈和爸爸结婚纪念日的时候，爸爸突然送给妈妈一枚戒指。妈妈当时真是感动极了，情不自禁地对菁菁说："乖宝贝儿，妈妈感到好幸福啊，因为你的爸爸对我太好了。"菁菁看到妈妈幸福的表情，也情不自禁地说："妈妈，我也感到好幸福，因为爸爸妈妈都爱我，我们天天在一起。"听着菁菁的话，妈妈再一次深深感动，她知道自己的幸福感已经传染给了女儿。

因为母女间的脐带式关系，母亲与女儿天生就有一种心灵相通的感觉。妈妈感受到了什么，女儿同样会心有灵犀地感觉到。一旦女孩对生活抱有一种满意和感恩的态度，那她将忽略掉生活中的烦恼和忧愁，而更多地去体会和享受生活中的美好、积极、向上的一面。这样，女孩既不会被这些不良的情绪拖累，同时也会生活得很轻松、很洒脱。

● **建议二：给予女孩积极乐观的精神风貌——不挑剔、不埋怨**

在一家餐厅里，出现了这样一幕：

餐厅里很多人在就餐。一位妈妈带着孩子一边吃饭，一边唠叨："这饭怎么这么难吃？这家餐厅的厨师真差劲。"当这位妈妈说这话时，她的孩子也开始皱起了小小的眉头，不住埋怨："这里的环境也不好，真是吵死了。"

饭菜真的那么难吃吗？环境真的很吵吗？客观来说，不是的。上述家长之所以会抱怨不休，不是环境问题，而是心态问题。

的确，很多时候，外在条件并不像我们想象的那么恶劣，但是

很多人却总是喜欢用挑剔的眼光去看待周围的一切，总觉得很多事情不顺自己的心、不如自己的意。这样的人，常常对生活充满着抱怨和不满。在他的观念里，似乎就没有什么东西能让他满意。

如果这些人只是单纯的个人还好说，如果这些人是孩子的家长，又正巧是孩子的妈妈，那么，这样的心态对孩子所造成的影响就是妈妈所无法预料的了。就像在本节开始所提到的那样，妈妈对事物总是充满抱怨，孩子也就会在不知不觉间拥有一双挑剔的眼睛。

孩子习惯了挑剔，心中就会充满不满，在实际生活中，就很难享受到阳光和快乐。换句话说，她的心理就是不健康的。

正是因为妈妈的行为会对孩子有着这样的不利影响，很多教育专家才这样对妈妈们呼吁："**想要你的孩子拥有一个健康的心态，你自己就要给孩子树立不挑剔、不抱怨、热爱生活的好榜样。**"

对此，一位从事家庭教育的家长在养育女儿的过程中就是这样做的：

比如，带孩子一起上街买衣服，有的店因为生意较忙，可能会照顾不到你，有的家长可能就会对此义愤填膺，觉得服务员不理会自己是"狗眼看人低"。然而，当我碰到这种情况时，如果觉得衣服是非买不可，就会主动去找服务员，绝不去挑剔、埋怨。

比如，带孩子一起逛公园，有时赶上公园里的名花开了，人就比较多，常常达到摩肩接踵的程度，有的家长可能就会抱怨人多怎么怎么让人烦……我却只是带着孩子找一块比较安静的地方歇一歇，等人少一些，再带孩子逛。

……

所幸，我在孩子身上的苦心并没有白费，在日常生活中，孩子所表现出来的异于同龄人的宽容和沉稳常常令我周围的朋友惊叹不已。孩子达观的精神状态，乐天的心境，对她今后学习生活，也都起到了很重要的作用。

作为女孩的妈妈，我们不仅要对她的身体健康负责，更要对她的精神健康负责。作为女孩成长道路上的引路人，我们只有保证她的精神是积极向上的，才可能保证她今后拥有美好和幸福的人生。

爸爸是女儿的"人生导师"
——爸爸让女孩懂规则，更理性

女孩父母的担心

女儿总是任性，作为妈妈，我无论轻声细语地教育她，还是严厉地批评她，她依然常常把我的话当成耳旁风。但她爸爸一出马情况就完全不同了：小妮子不但听爸爸的话，还主动改正错误呢。这到底是怎么回事呢？

都说缺少父教的孩子容易走向犯罪，这是真的吗？

答案是肯定的。

男性与女性之间有着很大的性格差异，比如说男性较为理性，而女性则很感性。正因为这方面的差异，决定了母亲与父亲在家庭教育中的教育方式也大为不同。一般来说，母亲偏向于情感教育，在这一过程中，母亲过多的是向孩子表达自己的爱，而忽视了对孩子是非对错的引导，从而会形成一种溺爱无原则的形态。

父亲则因为理性性格特征的使然，教育孩子更多倾向于孩子人生观、世界观、价值观的塑造。也就是说，父亲在教育孩子的时候，通常做的工作是告诉孩子什么是正确的、什么是错误的、什么是善良的、什么是邪恶的……

例如，同样是发现孩子偷了家里的钱，妈妈和爸爸的反应往往大不一样：

妈妈：严厉型的妈妈或者啰里啰唆地把孩子骂一顿："你竟敢偷

不娇不宠，富养女孩的100个细节

家里的钱，你是不是……"或者给孩子一顿棍棒教育，让孩子发誓以后再也不敢了。溺爱型的妈妈装作不知道，心里想的是反正孩子拿的是家里的钱，又不是别人家的，没什么大影响。总之，无论哪一种妈妈，骂一阵、打一顿、随便说上两句就完事了。

爸爸：不打不骂孩子，也不会装作视而不见，而是把孩子叫到一边，告诉孩子这样做不对，属于偷盗，是犯法的，然后要求孩子以后杜绝这种行为的发生。

爸爸妈妈不同的教育方式，也呈现出不同的结果：

被妈妈打骂的孩子，尽管当时已发过誓，但不排除以后再犯的可能；没被妈妈当回事的孩子，可能会将这种行为延续下去，不但偷家里的，还发展到偷别人家的，最后走上犯罪道路。

而受爸爸教育的孩子，已经意识到这种行为的不正确以及严重性，是被法律和社会所不容的，以后定会按爸爸所要求的，不再犯同样的错。

对于容易感情用事的女孩来说，爸爸更是她成长的"人生导师"。即在一个家庭中，如果有父亲强有力的导向，那么女孩对是非对错会形成正确的认知，更懂得遵从社会规则，遇事更理智，从而健康地成长；如果教育中少了父亲的参与，那么女孩就少了明确是非对错的环节，心理就可能开始偏离健康的方向，导致违法犯罪行为的产生。

所以，爸爸一定做好女孩的"人生导师"，让她走好人生的每一步路。

● **建议一：建立良好的家风**

在一个家庭之中，如果爸爸是谦逊恭让的，那女儿对待他人必定是礼貌的、体贴的；但如果爸爸脏话连篇、整日不是喝酒就是打牌，那女儿必然是出言不逊的、易走弯路的。

为什么？

因为身为一家之主的父亲的言行，常常会决定一个家庭的作风。

所谓家风,顾名思义,就是指一个家庭的风气、风格与风尚,它能从无形之中、细微之处,给下一代造成影响。好家风,会给孩子以好的影响;反之,家风不正,会给孩子以负面影响。

前苏联著名的教育家马卡连柯有这样一个教育观点:

教育的过程是一个连续的过程,它的各个细节由家庭的风气来解决,而家庭风气不是想出来的,也不能用人工来保持。亲爱的父母们,家庭风气是由你们自己的生活和你们自己的操行创造出来的。如果你们生活上的一般作风不好,即使最正确、最合理,并且是精心研究出来的教育方法,也将是没有用的。相反的,只有正当的家庭作风,才能给你们提供对待孩子的正确方法,特别是提供劳动、纪律、休息、游戏……的正确方式。

父母是孩子的镜子,孩子是父母的影子,希望这位教育家的教育观点能给女孩的父亲以警示。

● 建议二:做好家庭关系的总导演

有这样一位爸爸:

他掌管着一家几百人的公司,每天日理万机的,早早就要到公司开会、作决策,还有各种各样的应酬活动,有时候他还要出差,去拜访客户。因为工作太忙,教育女儿的任务就落到了孩子妈妈的身上,无论女儿的起居饮食,还是学习,都是妈妈在张罗、管理。

女儿与妈妈的感情很好这不言而喻,但让所有人都想不明白的是,女儿和爸爸的关系也十分融洽。

这是为什么呢?让我们来听听这位爸爸是怎样说的:

从表面上看,由于工作忙,我对女儿和妻子关心很少,但毫不谦虚地说,女儿在学校的表现,有什么烦恼忧愁,和妈妈有没有闹矛盾我都了如指掌。虽然我不能像妻子那样每天对女儿嘘寒问暖、悉心照顾,但我也有我自己的方式来掌握所有的情况,表达对女儿的关心,比如我经常打电话与妻子交谈,利用文字和女儿沟通,通过这些交流方式,我同样能够尽到为人夫为人父的责任。

不娇不宠，富养女孩的100个细节

记得有一次与妻子通电话的时候，她告诉我最近女儿行为反常，好像是谈恋爱了。于是，我给女儿写了一封长长的信，里面提到了青春期会出现的包括早恋在内的各种问题，然后谈了我们过来人的亲身经历以及感受，最后还提供了一些应对方法。结果，女儿回信告诉我，她知道怎么做了，并在信的结尾表达了她的真实感受，虽然爸爸很少陪她，但她并没有因此而感到缺少了父爱。

父亲不必像母亲那样事事都关心到，但是关键时候必须能够缓解家庭矛盾，减少冲突。如果要用一个职务来形容这位爸爸，那么总导演这个身份再贴切不过了。没错，他就是一个总导演，站在大后方，宏观调控着家里的一切，使得家庭这艘航船可以平稳地驶向幸福的彼岸。

爱女儿，妈妈要少说多做
——不叨唠，树立权威

女孩父母的担心

教育女儿，爸爸和妈妈都不能缺席，但具体来说，在教育女儿的过程中，爸爸妈妈该如何分工呢？

一位成年女性曾这样评价自己的妈妈：

从妈妈的口中，我听不到一句关心的话、一句积极的话。整天就是唠叨我这里做得不好、那里做得不对，我们母女俩动不动就会吵个天翻地覆。这样的妈妈，真是想爱也爱不起来。

生活中，其实这样的现象并不少见，本应和母亲更为亲密的女儿，不仅和母亲关系疏远，情感更是淡漠如水。过错在谁？这当然怨不得女儿，女儿本可以和你疏远，也可以和你亲密，而究竟她会作出怎样的选择，却取决于妈妈的教育方式是怎样的。

在教育孩子方面，唠叨的妈妈、动不动就与女儿较劲的妈妈，多半得不到女儿的认可，而那些有原则、有权威、在女儿教育问题上尽心尽力的妈妈，则是让女儿最为感激和珍视的人。

妈妈严格管理，女儿会爱你一生；妈妈放松管理，女儿会怨你一生。

从心理学、社会学、性别学角度来深度分析，我们更是能发掘出这样的深层次原因：

妈妈与女儿之间的关系纽带是更为天然且牢固的，妈妈严厉，

相较爸爸来说，不易引起女儿逆反心理，女儿也更愿意听从；相反，妈妈的软弱、妥协、缺乏管束、唠叨、埋怨，反会让女儿长大后产生抱怨心理，埋怨妈妈没有好好教育自己。

但是，很多妈妈常常会有这样的困惑："女儿总嫌我烦，我怎样树立权威呢？"

其实，妈妈只要做好以下几点就可以了：

 建议一：再有道理的话，请只说一遍

一句话，你说得再有道理，说得多了，也会成为别人的耳旁风。

妈妈在和女孩相处的过程中，也是如此。妈妈的第一次唠叨，会对女孩产生刺激，使其有所触动，而妈妈反复用同一种话语不断地刺激，就会导致女孩心理反应的弱化，久而久之形成一种心理"惰性"，造成心理封闭。这个时候，妈妈的唠叨对孩子也就一点作用也不起了。

所以，教育女孩，再有道理的话，妈妈也不要不停唠叨。

教育女孩，一位妈妈是这样做的：

夏天的一个中午，女儿不肯睡觉，非要吵着看电视，我告诉她："中午休息一会儿，下午上课才有精神，更何况爸爸正在客厅和客人谈话，所以电视不能开。"说完我就接着去忙别的事去了，等我转身回到客厅时，发现女儿已经偷偷打开电视看起来了。我严厉地看了她一眼，然后示意她客人正和爸爸说话，女儿不情愿地看了我一眼，乖乖地关上了电视。

看了这位妈妈的做法，你是不是明白了什么？对于妈妈的话，女孩之所以会不听，有两个原因：一是管不住自己，二是对妈妈的试探。

对于第一种原因，如果妈妈反复地唠叨她，只会让她从心里产生厌烦感，从而干脆和妈妈对着干。但如果妈妈给予她充分的尊重，用眼神、动作、表情给她某种暗示，给予她充分的思考时间，已经具备一定理性思维能力的女孩，便能够很好地理解妈妈、配合妈妈。

对于第二种原因，当女孩对妈妈的话进行试探的时候，妈妈一定不能退缩。一定要坚定自己的立场，不能因为溺爱和纵容，就对自己说过的话忽略不计。当妈妈用暗示的方法让女孩知道自己的立场之后，因为保全了她的"面子"，她往往也会配合妈妈。

● **建议二：用沉默促使孩子自我反省**

常言道："沉默是金。"与此同时，沉默也是帮妈妈树立权威的好方法。

当女孩犯了错误，她的心里其实也会忐忑不安。这个时候，妈妈对她批评、唠叨，恰恰就是给了她一个可以放任自己的理由。相反，如果家长能够保持沉默，孩子就会因为内心不安，而不断地反省自己。

一位妈妈曾这样分享经验：

一天下班回家，我看到客厅里的花瓶被打碎了。女儿则在一边不声不响地看电视，偶尔还会用眼角的余光偷偷看我两眼。我什么话都没说，脱了外套，开始准备晚饭。女儿跟在我身后，心虚地说："妈妈，花瓶不是我打碎的。"

我不理会她，择菜、洗菜、淘米、做饭。

女儿跟在我屁股后面，小声嘟囔着："妈妈，花瓶真不是我打碎的啊！"

我还是不理她，女儿也没有心思继续去看电视了，眼神开始不安起来，"妈妈，我错了，是我打破了花瓶。"

看女儿红着脸，忐忑不安地低着头，我深深看了她一眼说："能够认识到自己的错误，就是好孩子。"

女儿惊奇地看着我，"妈妈，你不批评我吗？"

我拍拍女儿的小脸蛋说："勇敢承认错误的孩子，妈妈就不批评了，下次注意就好，去看电视吧！"

女儿欢快地吐吐舌头，跑出了厨房。

女儿损坏了家里的贵重物品，大多数妈妈不是唠叨不休就是大

声吼叫，但这除了让妈妈在女儿心中失去权威之外，还会让女孩抛开自责和内疚感，从而不去再反思自己的错误行为。但如果妈妈从一开始就以沉默对之，女儿就会反思自己的错误行为，进而主动承认错误。而女儿反思的过程恰恰也是妈妈在她心中树立权威的过程。

 建议三：用果断的话语，表明你的立场

家庭生活中，我们都有这样的经验：一件事情妈妈对孩子说了很多遍，孩子也不一定能记得住，但是，爸爸对孩子说一遍，孩子却可能就记住了。

这其中的差异在哪里呢？就在于爸爸说话往往比妈妈要果断，听到孩子的耳中，也就没有商量的余地，让她不会心存侥幸。

明白了这一点，妈妈在教育孩子的时候，就要学会坚定自己的立场，用果断的话语表明你的态度，这样既避免了在孩子心中的唠叨形象，也能很好地树立妈妈在孩子心中的权威。

一位妈妈的经验就很值得我们学习：

在我教育女儿的过程中，只要女儿的行为、要求是错的、不合理的，我从来都会非常果断地表明我的立场。

比如，女儿看到班上有的同学穿漂亮裙子，就吵着让我给她买一件。考虑到不良攀比会使女儿变得虚荣，我很果断地告诉她："我不同意。"女儿央求了我好几次，我都是那句话，"我不同意。"女儿看说不动我，就开始去做她爸爸的工作。我也非常郑重地告诉孩子的爸爸"我不同意"。结果，女儿没有如愿以偿。

这位妈妈的做法非常明智，表明态度，多余的话不说，让孩子明白你的立场，从而留给了女儿这样一个印象：妈妈是说一不二的，妈妈是言出必行的。当女儿给了妈妈这样的定义，妈妈自然也就远离了唠叨行列。

当然，妈妈在这样做的时候，一定要清楚你自己的决定本身是不是正确的。如果你的决定是不正确的，你还要坚持自己的立场，就不是明智而是独断了。

爱女儿，爸爸要多说多关注
——不贬低，多鼓励

女孩父母的担心

作为爸爸，说起女儿对我的不满，那得有满满一箩筐。听听她的原话："爸爸好像很不喜欢我，他从来不会主动与我聊天！""在我的印象中，只有我犯了大错误时，爸爸才会关注我，但这种关注仅仅是狠狠地批评或教育我一顿。"……我想好好教育女儿，也想努力给她留下好印象，但却不知道具体该怎样做！

就像上述这位爸爸的担忧一样，大多数女孩似乎对爸爸都有很大的成见。这是为什么呢？

原因有这样两点：

1. 爸爸（也可以说所有男性）不善表达自己的感情。关于父亲，很多女孩长大后总会这样表露自己的心声："我知道爸爸很爱我，但他却从未告诉过我。虽然现在我明白了这些，但这将会成为我一生的遗憾，因为他给我的童年留下了很多生疏的感觉和回忆。"

2. 爸爸总会以批评者的形象出现。只有孩子犯了错误，或犯了大错，爸爸才会出面教育，要么狠狠地批评一通，要么情急之下动粗，因此，在敏感的女孩心中，爸爸总是扮演"恶人"的形象。

在这两点原因的影响下，在与爸爸接触的过程中，女孩不可避免地就会产生这样的心理："爸爸不喜欢我，爸爸讨厌我！"由此，女孩就会自动拉开与爸爸之间的距离，父女之间的关系也会越来越冷漠。

父母千万不要小看这一现象,对于女孩来讲,爸爸是她接触到的第一位异性,她与爸爸之间关系如何,决定着她是否能正常与异性相处。如果总觉得父亲讨厌她,女孩便会在所有异性面前都产生极强的自卑心理,从而影响她今后的家庭生活及幸福。

那爸爸应该怎样做,才能引导女孩顺利成长呢?

 建议一:赞赏她,鼓励她

女孩在家中更看重谁对自己的评价?

毫无疑问,相较妈妈来说,爸爸意味着权威,意味着一种能力。他说的话,孩子往往更愿意相信;爸爸所给予的鼓励,对女孩的鼓舞力量也最大。

小女孩宁宁有一次用积木搭城堡,花费了很多时间,可因为"地基"打得不过关,总是在临近"竣工"的时候轰然倒塌。看女儿"功亏一篑",爸爸不禁呵呵笑了起来,开玩笑地说了句:"我的小笨蛋女儿啊!"没想到就这一句却惹得宁宁哭了一个晚上,直到爸爸抚慰了她很久,又陪她玩了很长时间才最终让宁宁破涕为笑。

事实的确是这样的,相较于妈妈的责备而言,爸爸的一句无心的"贬损",往往能让女孩难受半天;同样,爸爸的赞美也更有分量。

爸爸的鼓励,更像是女孩成长过程中的"助推剂""加速剂",适时给予,往往就能让她变得神采奕奕、自信飞扬!

所以,在教育女儿的过程中,爸爸一定要多说这样的话:

在爸爸心目中,你是最棒的;

爸爸相信你有这个能力;

爸爸永远做你的支持者。

不能说这样的话:

你太笨了;

你无可救药了。

当爸爸懂得用赞赏、鼓励滋养我们的女孩,女孩就能更加自信、更加健康地成长了。

● 建议二：青春期的女孩更需要爸爸的鼓励

爸爸应该如何与青春期的女孩相处呢？

青春期的女孩尽管因害羞心理而疏远爸爸，但实际上她却非常需要爸爸，她需要从爸爸那里得到信心和鼓励，让她确信自己正经历的事情是自然的，确信爸爸仍然像过去一样爱自己。

正因为如此，在这个特殊阶段，爸爸更应该给女儿更多鼓励。

也就是说，爸爸要像以往一样和女儿保持密切的联系，不要因为女孩身体的发育，就回避碰触她、亲近她。爸爸可以完全不把这当回事，也不要觉得不好意思，与此同时，爸爸还要像平常那样和女儿一起玩耍、一起参加活动……尽可能多地把自己的爱传达给女孩并与她交流和沟通。总之，爸爸要在心里形成这样一个清醒的认识：让女儿自然地接受自己身体的变化，不要让这个成为阻断父女关系的鸿沟。

在这方面，一位爸爸处理得很好：

尽管女儿已经长大，但他依然一如既往地搂抱女儿，亲切地同女儿谈话，没有丝毫远离女儿的举动。

有一次，他和女儿一起去游泳，发现女儿有点不好意思，他坦诚地对女儿说："你现在是个青年人了，我为你感到骄傲。我很高兴我的女儿已经长大成人，无论以后你走什么样的路，我都会支持你，和你站在一起。"

爸爸与青春期的女儿保持以往的亲密，实际上就是在给女儿一种暗示：我理解你的变化，不用担心，我将一如既往地爱你、尊重你。

爸爸的所作所为虽然很简单，却可以当做是女儿"成人礼"的誓言。对于女孩来说，没有什么比爸爸的理解与肯定更重要。

好妈妈是"雕塑家"
——培养女孩个性中"柔"的一面

女孩父母的担心

都说女儿是爸妈的贴心"小棉袄",但现在的女孩一个比一个任性,一个比一个蛮横……又如何能做到贴心?如何能做成爸妈妈的"小棉袄"呢?

一位女孩的妈妈曾讲述过这样一件事情:

周末的一天,我带着女儿上街。天桥上,一个衣衫褴褛的乞丐捧着一个破瓷碗,眼巴巴地瞅着来来往往的行人,向他们乞讨。女儿看到这样的场景,非但没有像别的孩子一样吓得躲到我的身后,反而拽着我的手说:"妈妈,这个人真可怜,我们帮帮他吧!"说着话,从裤兜里掏出自己身上所有的钱,放进了乞丐的破瓷碗里。

或许,在有的人看来,施舍一个乞丐,并不算多么伟大的事情,这样的事情,几乎每天、每时、每刻都有人在做。但如果一个孩子自发地表现出这种行为,这至少说明这个孩子是有同情心的、是善良的,她的父母对她的教育是科学的、正面的。

不管是女孩还是男孩,性格中"柔"的方面,如同情、善良、体贴、关心等都是极为重要的,有时它甚至比勇敢、自信等还要重要。有人曾作过这样一个比喻:一个女孩不够勇敢、不够自信,这顶多说明她不够优秀。但如果一个女孩没有同情心或者不善良,则说明她的品质出了问题。而一个人一旦品质出了问题，她是很难被他人甚至社会认同的。

由于女孩天性柔弱，又善于模仿妈妈的言行，所以，妈妈在教育女儿的过程中有一个非常重要的任务，那就是培养女儿性格中"柔"的一面，即赋予她同情心、爱心，让她懂得关心、体贴他人。

● 建议一：给女儿养个小动物

在家庭教育中，培养女孩的同情心这项工作并不是可做可不做的，而是必须要做的。一位妈妈这样分享经验：

女儿还很小的时候，我就给她养了一只小兔子。

给孩子养起小兔子以后，女儿每天都不忘蹲在兔笼子前照看小兔子，帮小兔子清理粪便、梳理毛发，喂小兔子喝水、吃东西，她还自己动手，用自己的旧毛衣帮小兔子缝制了一件略显粗糙的小衣服……一只小兔子，几乎把女儿的爱心全部都呼唤了出来。

这样过了一段时间，女儿逐渐活泼了起来；知道关心人、体贴人了；放学回家知道跟我嘘寒问暖了；跟小伙伴们一起玩，也知道分享自己的玩具了；有时候看到我们下班回来疲惫的样子，还会很懂事地跑过来给我们捶捶背捏捏腿呢！

一只小兔子能赋予女孩这么多美好的品质？它真的有这么神奇的功效吗？其实，如果你仔细观察饲养小动物的孩子就会发现，**在和小动物的接触过程中，出于对弱势群体的同情，孩子本身固有的细腻情感就会被慢慢唤醒，就能在性格中植入一些"柔"的因素，慢慢形成一颗同情他人、体贴他人之心。**

当然，妈妈还可以根据女儿的喜好，选择不同的小动物让她来饲养，比如说，一只小狗、一只小猫、一只小鸟、一条小鱼……

● 建议二：教女孩学习换位思考

一位妈妈曾这样抱怨：

我家的女儿可真是不知道心疼人，大冷的天想吃冰激凌，非得要我出去给她买。正巧我还感冒了，一直发烧。我就跟她说："妈妈

身体不舒服,你要不自己去买,要不等以后再吃。"这孩子倒好,躺在地上就不起来了!

女孩如此不知道心疼人,原因何在呢?

其实,主要原因在于她的妈妈。如果妈妈在平时教育她时有原则性,孩子至于在冷天想吃冰淇淋吗?如果妈妈在女儿心中有一点权威,她会躺在地上打滚吗?

更重要的是,妈妈的没有原则和溺爱,会使女儿养成只想"呼风唤雨",不知道关心别人、体贴别人的性格。只要是有一点儿不满意,她就会大发雷霆;凡事总是从自己的角度出发……

所以,妈妈想要女儿懂得关心人、体贴人,你首先就要做到不溺爱自己的孩子,然后适当地对孩子进行一些"移情"教育。

以下是一位妈妈的经验分享:

女儿5岁时,我就给她制定了这样的规定:袜子、手绢等小件物品脏了要自己洗。刚开始女儿觉得很委屈,对着我哭闹:"妈妈,我不会洗,你来帮我洗吧!"看着女儿哭闹,我并没有心软,而是这样告诉她:"宝贝想一想,妈妈每天上班、做饭、洗衣服……是不是会很累?"女儿望着我,似乎想象到了我整天忙前忙后的样子,然后点点头,"妈妈是很累。""那宝贝是不是应该帮助妈妈分担一些家务呢?"女儿被我说得有些不好意思,主动说道:"我的袜子还是自己洗好了。"

就这样,从自己洗袜子入手,我一点一点地培养她关心他人的自觉性,到现在女儿已经8岁了,非常懂事,不仅对我们很关心,对同学、朋友也能做到关心体贴。

如何才能锻造女儿关心他人、体贴他人的品格?这位妈妈给大家提供了切实可行的经验:不溺爱,教孩子"移情"。当女儿自身具备了一定的自理能力,妈妈就要学着放手让她动手去做一些事情;当女儿觉得自己受了委屈,妈妈不妨让她学着换位思考一下……

好爸爸是"英雄"

——培养女孩个性中"刚"的一面

女孩父母的担心

都说女孩应该柔情似水,但太过"柔弱"也有大问题,例如,太过胆小,太过懦弱,不坚强,动不动就哭……如何培养她性格中"刚"的一面呢?

培养女孩个性中"刚"的一面,爸爸的作用是不容忽视的。

一位妈妈曾一脸欣慰地这样讲述:

因为我自己比较懒、不好动,所以带女儿去运动就成了她爸爸的首要职责之一。每隔一段时间,孩子她爸都会带她去爬一次北京郊区不同的山峰,他们谓之为"挑战高山计划"。在爬山的过程中,经常会遇到一些小情况,比如说遇到一些吓人的小动物、被树枝划破手。可在爸爸的帮助下,女儿不仅很勇敢,还学会了自己处理伤口,有一次我问她:"手划伤了不疼吗?"小丫头竟然头也不抬地告诉我:"我要做像爸爸一样勇敢的人。"

男性通常具有独立、自信、自主、坚毅、勇敢、果断、坚强、敢于冒险、勇于克服困难等个性特征。男性在这一方面的优势,往往是女性所不及的,当爸爸积极参与到女儿的生活中,潜移默化之中,女孩坚强勇敢等"刚"的一面也就塑造成形了。

孩子的个性好比一个圆满的圆,圆的一半是妈妈教育中"柔"的一面,而另一半则是爸爸教育中"刚"的一面,两相组合,才是

一个圆满的圆。

只有爸爸积极参与到孩子的教育中，把"刚"的一面传递给女儿，女孩刚柔相济的个性特征才算健康、完美。

那么，具体来讲，爸爸该怎样培养女儿个性中"刚"的一面呢？

● 建议一：和女孩一起去挑战、攻克各种难题

女孩柔柔弱弱，性格中大多会包含着些许不坚强、不勇敢的因素。爸爸应该如何帮她克服这些性格缺陷呢？

一位事业和家庭双丰收的成年女性曾这样讲述：

我能取得今天的成功，首先要感谢我的父亲。因为在我很小的时候，他就经常陪我去挑战，去攻克难题，这让我从小就具备了不服输的个性。例如：

小学的时候，父亲和我一起做数字游戏，在我们的共同钻研下，难题终于被攻克了；

初中的时候，父亲带我去爬山，经过3个多小时的努力，我们终于从山脚爬到了山顶；

高中的时候，父亲带我去江边游泳，定下的目标是从江这头游到江那头，最终我们出色地完成了任务；

……

爸爸和女儿一起去挑战、攻克各种难题，就有培养女儿勇敢个性的神奇功效？

是的，孩子的文化是模仿文化，学习是观察学习，在挑战的过程中，爸爸不畏艰险、勇敢克服困难的精神就会影响孩子的性格。孩子跟着爸爸一起挑战，就会自然而然去模仿爸爸的精神。即使是女孩，这些良好的品质也会神奇般地出现在她身上。

● 建议二：取消特权，女孩也可以做英雄

有这样两位爸爸的做法值得父母深思：

正在上幼儿园的女孩乐乐，有一次和爸爸一起走过一条小胡同，有两个男孩正在那里玩，乐乐怕他们欺负自己，就悄悄躲到爸爸的

身后。爸爸发现了,就带着乐乐在这个胡同来回走了十几趟,还告诉她:"不要躲避害怕,要勇敢地面对。"

10岁的小宇要到日本上学,爸爸担心女儿性格不够坚强,就取消了坐飞机前往日本的决定,硬是带着女儿在海上坐了3天的轮船,让女儿真实体验了一下漂洋过海的感觉。

如果遇到上面这两种情况,妈妈会怎么做呢?通常情况下,女性出于一种母性的本能,又因为孩子是女儿,所以会紧紧地把她保护起来。

女孩本来就天性柔弱,在妈妈的这种过度保护下,她性格中"刚"的一面就会越来越多地消失,久而久之就会形成胆小怕事、吃不了苦的性格。

而爸爸对孩子取消特权的教育结果则与妈妈的相反,这种方式教育出来的女孩不但能力出众,还吃得了苦。所以,即使是女儿,为了她的成长,爸爸也要狠下心来取消她的特权。

 细节 22

好妈妈是"健康专家"
——给女孩健康的体魄

女孩父母的担心

女孩小小年纪已经学会了挑食,这个不吃,那个不吃的,要是一直这么下去,她的健康问题也就堪忧了!

无数家庭的实践证明,孩子的体质会受到妈妈的影响。就像下面这个家庭的例子:

自小孩子就长得特别瘦弱。孩子的妈妈也经常给孩子买一些补品,然而,孩子还是十分瘦弱。

这其中的原因何在呢?在这个家庭的饭桌上,我们找到了答案。面对一桌丰盛的饭菜,这孩子竟然不吃肉。

原来在他们家里,孩子的妈妈也不吃肉,受妈妈的影响,孩子严重偏食,营养吸收不良,身体瘦弱也就不奇怪了。

在中国家庭中,妈妈大多是家里的厨师、营养师,掌握着全家人的"饮食大权",在这种情况下,妈妈的饮食习惯很自然地就会传染给孩子。不管是健康的还是不健康的,正确的还是不正确的,这些习惯都将直接影响到孩子的健康状况。

所以,**想要孩子健康成长,妈妈不仅要做到对孩子的生活负责,还要做好榜样,不要把自己的不良生活习惯、不良生活规律传染给孩子。**

 建议一:不在孩子面前挑食

相信很多妈妈身上都或多或少会有挑食的问题,妈妈挑食最为直接的后果，就是自家的餐桌上不会出现某样蔬菜、某样主食或者某样水果……

而妈妈这种有意无意的行为，其实已经在潜意识里向孩子传达着这样一个信息：某样蔬菜、某样主食、某样水果，是不好吃的。当孩子在妈妈的这种行为里接收到了这个信息，她就会自觉不自觉地像妈妈一样，拒绝吃某些东西。这对孩子的健康成长来说，显然是不利的。

那么聪明的妈妈该怎么做呢？下面例子中的妈妈为我们做出了榜样：

在意识到自己挑食对孩子有着如此巨大的负面效应后，我开始在孩子面前有意地克制这个习惯。比如说，和孩子一起吃饭，面对我不喜欢吃的饭菜，我也会要求自己或多或少吃一点；比如说，孩子说某样菜她不爱吃，不让我做，我就会故意做这道菜，而且做得特别香，让孩子的爸爸吃得津津有味地来馋她……

看完这个例子，你是否受到一些启示呢？如果你也是一位挑食的妈妈，那么为了避免在后期花大工夫去纠正孩子的不良饮食习惯，从现在起，你就要做到不在孩子面前表现出挑食。这样，才能将孩子被影响的可能性降到最低，保证孩子营养全面、健康成长。

● **建议二：讲究一下健康的生活习惯**

妈妈生活习惯健康与否，究竟对孩子有着怎样的影响呢？生活中很多不争的事实告诉我们：影响巨大！

所以，妈妈要特别注意，讲究一下健康的生活习惯，为孩子树立起健康生活的榜样。比如说，规律的作息习惯、良好的卫生习惯、合理的饮食习惯、适当运动锻炼的习惯……当妈妈能够将这些健康的生活习惯融入生活的每个细节，孩子也就能在妈妈的感染下，养成健康的生活习惯。

 细节 23

好爸爸是"铁哥儿们"

——走进女孩的内心世界

女孩父母的担心

做父母的最不愿意看见的就是孩子跟自己不亲近,最无奈的就是无法把握孩子的心思,有没有什么妙招,能够让孩子跟父母无话不谈呢?

一个爸爸曾这样描述他的困惑与不满:

看着女儿和她妈妈说说笑笑的,我心里真不是滋味,有点小小的嫉妒。我常想,如果孩子也能跑过来黏着我,和我打打闹闹,那该多好啊。

相信很多爸爸也会有同感:在家里,女孩更多时候愿意和妈妈亲近,而对于爸爸则是敬而远之,至于一些心里话更是不会对爸爸讲了。

这其中的原因何在呢?

其实,很多时候不是孩子不想与爸爸亲近,而是现实生活中大多数爸爸的一言一行让孩子不敢、不想,也不愿亲近。就比如上面例子提到的爸爸,在家里,他总是以一种严肃的形象出现,经常板着面孔对孩子进行说教,觉得这样自己才有权威。如此一来,父女间的关系就像上司和下属,如同动物界的猫和老鼠一般,老鼠看见猫,躲闪都来不及,怎么可能会与猫和睦相处?同样的道理,有这么一个严肃的爸爸,孩子能与之亲近才怪呢。

与上面的例子相反，下面这对父女的关系，则几乎可以用如胶似漆来形容：

游泳池里，两人一起嘻嘻哈哈地打水仗；

广场上，两人追逐着放风筝；

旱冰场上，两人拉着手笑着奔跑；

小巷中，两人兴高采烈地蹬自行车；

书房里，两人挥舞着毛笔作画；

客厅里，两人一同热烈地讨论动画片；

……

用女孩自己的话说，爸爸就是她的"铁哥儿们"。的确如此，与其说他们是父女俩，倒不如说他们是朋友。

在现实生活中，我们也经常会碰到一些像上述例子中一样的爸爸，他们是子女的"铁哥儿们"。他们和孩子相处时，仿佛回到了童年。在他们身上，我看不到严肃的表情，而是永远充满笑意的脸；也听不到说教的声音，冒出的常常是孩子们喜欢听的幼稚言语。自然，这些爸爸与子女的关系也非常好。

所以，在教育孩子方面，我们一直认同这样一个观点：**最有效的教育，就是和孩子做朋友。做朋友，孩子才会把心里话告诉你；做朋友，孩子才能听进你的话。**

那么，怎样成为孩子的"铁哥儿们"呢？想和孩子成为铁哥儿们，具体来说，爸爸可以从以下几个方面着手。

◉ 建议一：蹲下来和孩子说话

一位爸爸是一家公司的老总，在公司每天发号施令，但回到家转到父亲这一角色时，他就完全变了一个样。他从来就不会像在公司那样以"高高在上"的姿态面对孩子，而是自己蹲下来，平视着孩子的眼睛说话。就比如下面这样一个动人的情景：

5岁大的孩子在客厅里来回跑着玩时不小心碰到了茶几的一角，膝盖上顿时淤青了一块，泪水在他的大眼睛里滚动着，马上就要流

出来的样子。这时爸爸很自然地蹲下来，平视着孩子的眼睛亲切地说："你已经不是小宝宝了，是不是？你已经是个大孩子了，磕绊一下是没关系的，对吗？"小家伙立马就收住了眼泪，自豪地玩去了。

爸爸蹲下来更能赢得孩子的合作，这是为什么呢？这完全是"铁哥儿们"所产生的效应。爸爸蹲下来，蹲到和孩子差不多高时再开口说话，这种姿态完全是朋友式的，孩子能从和她平等的视线交流中看到爸爸眼中透露出来的爱意、真诚和平等，当她感受到爸爸对她的这种尊重时，就会更为认真地听爸爸的话。

孩子为什么喜欢把心里话对自己的朋友说，却不愿与家长说呢？

美国精神病学家威廉·哥德法勃曾经说过："**教育孩子最重要的，是要把孩子当成与自己人格平等的人，给他们以无限的关爱。**"这句话或许可以作为最好的解释。许多爸爸总是以居高临下的姿态来关心孩子，当孩子感到自己的地位完全与爸爸不平等，且感受不到爸爸的真诚时，自然就不会把真实想法告诉爸爸。

众所周知，只有容器两头高度差不多，水才有可能在中间的管道里来回流动，如果一头高、一头低，水就只能往一个方向流。孩子与爸爸的交流也是相同的道理，蹲下来和孩子说话，爸爸与孩子之间的沟通才能更为顺畅，才能"有来有回"。

蹲下来和孩子说话，成为她的朋友，你愿意这样做吗？

 建议二：讲讲自己的故事

薇薇念大学了，和同宿舍的其他人比，她显得比较另类。每次打电话回家大家都是和妈妈聊的时间长，学校里发生什么事，心里有什么小秘密都喜欢和妈妈分享，可薇薇却不同，她的倾诉对象一般是爸爸。

薇薇为何与爸爸的感情如此深厚呢？薇薇坦言，因为爸爸是她的"知心朋友"。

在童年和少年时代，脑海中印象最深、对我人生经历影响最大的事，要数爸爸给我讲述的那些他在外面闯荡的经历。每当全家人在忙碌了一天之后同坐在一起,我总是急切地催促爸爸讲述他那永远也讲不完的故事。

爸爸十几岁离开老家——一个贫穷的小山村,独自一人来到县城闯荡,先进工厂从学徒做起,出师后自己开了一家小店,然后慢慢做大。小店越做越大,爸爸不满现状,带着满腔壮志进攻省城,誓言要在省城打出自己的一片天下。经过几年不懈的努力,爸爸成功了,现在他已经是一名成功的商人。

爸爸这样乐于向我讲述自己的故事,显然是把我当做他的一个朋友,那么我自然也非常乐意向他敞开我的心扉。

如果对这位爸爸的教育方式作个总结,可以用4个字来归纳:敞开心扉。

"孩子太不理解我们的良苦用心了!"生活中常有爸爸这样抱怨自己好心不得好报,并为此苦恼不已。如果我们深究一下,可以发现其实问题并不在孩子,而是出于爸爸自己。爸爸总是以"我是孩子的爸爸"的身份提醒自己,从而吝于在孩子面前开放自己,尤其是比较理性的爸爸总认为很多事情不需要讲,因为"那没什么"。殊不知,就在这些"没什么"里面,彼此的关系越来越远了。

每位爸爸都有属于自己的故事,没事的时候,就和自己的孩子讲讲吧,你向孩子敞开了心扉,作为回报,孩子也会向你敞开心扉。而且,你的故事中所体现出的精神,也会使孩子更为尊敬你、崇拜你!

● **建议三:5张问题卡片,走进女孩的内心世界**

面对天性安静的女孩,爸爸们往往会生出这样的感慨:"孩子的内心世界,往往无可触及,她在想什么、面临怎样的问题,我都一无所知。"

《斯宾塞快乐教育》中的一个纸牌游戏的方法,给了我们很好的启示。

一位聪明的家长受此启示后,就经常在家跟女儿玩这个游戏,

并且受益匪浅:

事先准备好5张卡片,在每张卡片上写上不同的问题,它们分别是:

1. 讲一讲你最不快乐的事情。
2. 讲一件你觉得自己做得最好的事情。
3. 评价一个你周围的人。
4. 你对自己有什么不满意的?
5. 哪件事,你努力了,但成效不大?

然后我们轮流掷骰子,掷到哪个数,就取出这张卡片,回答上面的问题。

轮到女儿时,她抽到"讲一件你觉得自己做得最好的事情"。她说:"前段时间班上两个男同学发生了一点小摩擦,然后打了起来,我过去劝架,最后他俩停止了打架,还互相道了歉。"

当她抽到"讲一讲你最不快乐的事情"时,她高兴的小脸顿时黯淡下来,沮丧地说:"每天和我一起上下学的好朋友婷婷忽然不理我了。"

当轮到先生掷骰子时,他抽到了"评价一个你周围的人"。他说:"我认为我的女儿是一个懂事、乖巧的小姑娘:不需要父母督促,她会很自觉地学习;看到父母上班很累,她会在父母下班回来时送上一杯热茶,并给父母捶捶背。"

通过玩这种简单的卡片游戏,家长不仅走进了孩子的内心世界,了解了孩子的一些内心秘密,同时还增进了大人与孩子之间的了解,更重要的是,家长能及时帮助孩子解决她在成长过程中遇到的一些困难。总而言之,通过玩这种游戏,亲子和教育的功能都达到了。

打造女孩的优雅气质
——良好的家庭教育是提升女孩气质的关键

- 细节24：读书——让你的女孩品位出众
- 细节25：绘画——快速提升女孩品位的捷径
- 细节26：审美——爱美还要会美
- 细节27：多才多艺——让女孩成为最耀眼的明星
- 细节28：有计划，有条理——从容自若气自华
- 细节29：自信——不自卑的女孩更美
- 细节30：妈妈要做女儿气质培养的第一人
- 细节31：善用爸爸的神奇鼓励，女孩会更出众

不娇不宠，富养女孩的100个细节

▶▶ 引 语

社会与大众更青睐什么样的女孩？

当然是有气质的女孩。

女孩养气质，侧重的是文化修养的投资，性情的陶冶，让她感觉精神上富有，有安全感和自豪感，能够拥有感知幸福的能力，能够保持自己的独立性，不随波逐流，不委曲求全，保持自己独有的气质与魅力。

读 书
——让你的女孩品位出众

女孩父母的担心

常言道"腹有诗书气自华",可我家那个丫头一点儿都不喜欢读书,这可怎么办呢?

一位知名的教师曾说起自己一次在外地讲课的经历:

在国内一所知名中学讲课时,我认识了一位女孩,留给我很深的印象。女孩谈吐优雅、举止大方,更难能可贵的是,她知识渊博,闲谈之中,总是能够发出一些独到的见解。

对此,我很是不解:一个中学生怎么能够懂得那么多?

后来一次偶然的机会,我见到了这位女孩的爸爸,心中的谜团也随之解开了。原来女孩的爸爸平时就喜欢涉猎群书,家里的每个角落,凡是能放置东西的地方,他都放上几本书,想什么时候看,想看什么,随时都可以把书拿到手。在这样的环境中成长起来,女孩掌握的知识就比别的同龄人多了。

的确,当一个人内在知识修养达到一定的境界之后,这个人自然而然就能由内而外地散发出一种气质。这种气质就叫做知性、内涵。而在某些程度上,一个人的品位与她的气质是相辅相成的,气质是否优雅、是否出众,也决定着这个人的品位是否不凡。

如果一个人胸无点墨,用再华丽的衣服装饰,这人也是毫无气质可言的,反而让人觉得肤浅,更谈不上品位。所以,如果想要提

升气质,做到气质出众,除了穿着得体,就要不断提高知识、品德修养。作为家长,想要培养出一位气质不凡、品位出众的女儿,就要注意在日常生活中,为孩子创造一个书香萦绕的读书环境,为孩子树立一个读书的表率,让孩子先从内涵上丰富起来。

面对这种说法,或许有的家长会困惑:"为孩子提供读书的环境,我能够做到,但是孩子不喜欢看书,我能有什么办法?"

参考这样两点建议:

 建议一:生活中遇到难题引导孩子到书中去寻找答案

一位聪明的爸爸,曾讲起这样一件往事:

女儿上小学二年级时,曾跑来问我:"爸爸,我们为什么要喝水?为什么要用水来洗涤衣服?"看着女儿一脸好奇地看着我,我脑中灵光一闪:何不借此机会来引导女儿自己去读书呢?于是,我装作不懂的样子问女儿:"这个问题,爸爸也不知道,咱们一起到书中找找答案好吗?"女儿点点头,拿着我给她买的《十万个为什么》,开始看了起来。

从那以后,每当女儿再碰到什么不懂的问题,我总是引导她去读书,次数多了,她也渐渐养成了到书中去寻找答案的习惯,到现在女儿读过的书已经不知道比同龄人多出了多少,很多同龄人不知道的知识,女儿都能说出来。随着知识的增长,女儿的自信也是越来越盛,气质也慢慢与众不同起来,看待事物的眼光更是越来越独到不凡了……

看,这位爸爸的做法,是不是更容易被孩子接受呢?如果你在培养孩子读书习惯的时候,遇到了同样的问题,不妨试一试这位爸爸的做法。

建议二:让她和爱读书的小伙伴一起玩

一位爸爸曾经这样分享他培养女孩读书的经验:

在女儿涵涵上小学时,我给她买了很多课外读物,可女儿还小,并不喜欢看书。这可怎么办呢?

偶然的一次机会，我发现邻居家的小女孩和女儿一起玩时，居然在给女儿讲故事，而女儿也听得津津有味。看到这个情形，我就想：如果女儿长时间和这个小女孩接触，对故事产生好奇，也会慢慢喜欢上读书吧？从那以后，我尽量给孩子制造和邻居家女孩接触的机会，次数多了，女儿渐渐不再满足于邻居家小女孩的故事，开始自己搜索起故事来，我给她买的那些读物，也就派上了用场。

随着女儿书读得越来越多，她在小伙伴中间也开始崭露头角了，很多家长都夸奖我的女儿像个小知识分子呢……

所谓"近朱者赤，近墨者黑"，让孩子和爱读书的小伙伴一起玩，耳濡目染之下，孩子也就慢慢会爱上读书，因此，当你的孩子不爱读书的时候，不妨也给她找一个读书伙伴，让她在和伙伴接触的过程中，得到更多的知识，产生更多对知识的渴望，成为一个爱读书的"小书女"。

绘 画
——快速提升女孩品位的捷径

女孩父母的担心

能够养育出一个品位出众的女孩是我们的心愿,也一直是我们努力的目标,但到底怎样做,才是提升孩子的品位,却是让我们分外头疼的事情!

女孩晴晴特别有绘画天赋,她的作品曾在各类绘画比赛中获得大奖。晴晴也是同学们公认有品位的学生:在别人对梵高和莫奈的作品一脸迷茫时,她却看得如痴如醉;当别的学生穿衣打扮还要父母做参谋的时候,她却已经能够把自己身上的色彩搭配得既协调又有美感;当别人还不知道理查德·克莱德曼为何人时,她已经沉浸在他的钢琴曲中品味艺术之美了……

无可否认,一个人品位的高低和她的艺术修养有着一定的关系。在女孩小的时候,这种艺术天赋表现得特别明显。比如,3岁的女孩子已经能够自如地握住画笔,按自己的意图画出喜欢的动物、花、草、小房子等。在女孩艺术天赋初露端倪时,家长若是能够及时把握住女孩艺术修养的关键期,在女孩的品位塑造上,将省下许多力气。

对此,一位因抓住女孩艺术敏感关键期而大受裨益的爸爸这样说道:

女儿3岁左右开始对一些色彩和图画着迷,经常会对着衣服上、文具上甚至餐具上一些动物、花鸟、卡通人物看个没完，有时候还拿着画笔蹲在这些东西跟前，兴致盎然地画着。看到女儿这个情形，我给女儿买来彩笔，给她准备好一些大的纸张，铺在地上或放在桌椅面上，让孩子尽情涂鸦。后来，随着女儿的"画技"越来越好，我还给她报了美术班……到现在，女儿已经是一位小有名气的"国画大师"，艺术修养和品位更是让很多同龄人望尘莫及……

的确，女孩天生对色彩比较敏感，对颜色搭配更是具有敏锐的眼光与独到的视角，培养女孩的绘画才能，对女孩来说不仅有利于气质修养，更是能够提升女孩的品位。

孩子的绘画才能，既缘于天分，也和家长的正确培养有关。作为女孩的家长，怎样做才不至于埋没孩子的天分，让孩子成长为一位艺术修养过人的气质女孩呢？

一位引导有方的爸爸是这样做的：

在女儿上小学二年级的时候，我给女儿报了一个美术班。为了让女儿更加热爱绘画，喜欢绘画，闲暇的时候，我总是带着女儿到处游玩，有时候去动物园，有时候去植物园，有时候去博物馆，有时候去登山……女儿不论看什么东西，都特别用心、观察特别仔细认真。比方说：早晨看到的花儿与下午看到的花儿有什么不同、老虎怒的时候和倦的时候都是什么表情、博物馆中因光线变化静物有着怎样的变化、山路上的风光变化……这样坚持了一段时间，女儿感悟自然的能力得到了极大的提升，画出来的画在美术班逐渐独树一帜，经常被老师和同学夸奖。更因为女儿的这种独特视角，让她在生活中总是能够表现得气质不凡……

这位爸爸的做法无疑是非常明智的，孩子身边的事物总是五彩缤纷的，孩子那双善于发现的眼睛，也总是能够发现很多不被大人们重视的美。作为孩子的家长，经常带孩子出去接触外面的世界，不仅有利于开阔她的视野，更能使她在观察自然、体悟自然的过程中，更加懂得品味生活、品味艺术。

● 建议一：让"关注艺术"成为女孩的一种习惯

并不是只有懂艺术的家长才能培养出懂艺术的孩子，家长定期带女孩去感受艺术的氛围，孩子就会渐渐对艺术产生兴趣。

离雯雯家不远的地方有一个大型美术展览馆，几乎每个周末这里都会举行一场或两场美术作品展览。雯雯的爸爸与她约定，每个周末都来观看一场画展，雯雯觉得画展很不错，便痛快地与爸爸作了这个约定。

刚开始雯雯对绘画艺术没有太大感觉，但渐渐地她发现，每一幅画都透露着作者无法言传的情感，每一幅画都有着不同寻常的深意。而且，她还发现，那些喜欢参观画展的人，大多也具有极高的艺术品位和不俗的气质……慢慢地，雯雯深深地喜欢上了绘画，并在爸爸的帮助下，开始学习绘画。

几年时间过去了，雯雯的绘画水平已经有了大幅提升，她的品位也随着鉴赏能力的提高而提高了。

只有近距离的接触，女孩才会发现艺术的妙处；只有经常地接触，女孩才会真正喜欢上艺术。所以，不管是带女孩去看展览还是去看演出，家长不妨也与她作一个类似的约定，每周来一次或每半月来一次，这样才更有利于女孩把"关注艺术"变成自己的一种习惯。

● 建议二：家长一定要放弃那些条条框框

不论是带女孩去看展览还是去看演出，很多家长都喜欢向孩子提这样的要求："回来后写一篇观后感。""认真看，回来后写篇日记或小作文。"……带孩子去见识这些"大场面"本来是件非常好的事情，女孩也会感觉很好奇、很兴奋，但家长如果勉强女孩一定要完成家长布置的任务，女孩就会把出行当成一种负担。如果家长不放弃这种要求，女孩很快就会拒绝与你一起去见识那些"大场面"。

另外，家长还应该注意这样几点：

带女孩去看展览，家长不要强迫她观看某个事物，而是她对哪个事物比较感兴趣，家长就与她一起观看哪个事物。

带女孩去看画展，家长千万不要强求她看懂，只要她能够坚持看完就是成功。因为对于年龄较小的女孩来说，绘画这种高雅艺术她们看不明白属于正常情况，但并不是说她们看不懂，家长对她们的这种教育就不起作用。从小接受这种艺术的熏陶，对于女孩眼界的开阔以及品位的提高起着不容小觑的作用。

 细节 26

审 美
——爱美还要会美

女孩父母的担心

女儿慢慢长大,爱美的天性也渐渐萌芽了,有时候会偷偷拿我的项链戴,有时候会穿上我的高跟鞋在屋里走来走去,有时候还会偷抹我的口红和眼影……面对这样的女儿,我该怎么做才能既不伤害她,又能让她正确认识美呢?

生活中,经常会有妈妈这样说起自己的女儿:

"我们家女儿真是任性,大冷的天,非要穿裙子!"

"我家女儿也是,整天缠着我给她梳头发、扎小辫,还不许重样儿!"

"我家的丫头也是美得没边没沿的,涂脂抹粉的,弄得自己整天一张大花脸……"

其实,这是妈妈们误会我们的小公主了。如果注意观察,我们会发现,爱美似乎是女孩子的天性,当女孩子看到一些漂亮事物的时候,总是会不由自主地停下自己的脚步,比方说橱柜中漂亮的洋娃娃、商场中美丽的公主裙、饰品店别致的发卡……

面对女孩这种种表现,有的家长抱怨道:"你说,一个小小的孩子怎么会这么臭美、虚荣?"

的确,在家长们看来,女孩小小年纪就沉迷于怎么穿好看、怎么收拾漂亮等问题上,是不学无术、贪慕虚荣。但是,在心理学角度上讲，女孩出现这样的表现是因为，她已经进入了审美敏感期。从这个心理阶段开始，女孩的一生都会处于对美丽的探索之中。作为家长，是否能够很好地引导女孩建立起正确的审美观，对女孩一生的发展都起着关键的作用。

女孩欣欣是一个非常爱美，但却非常不会美的女孩。穿衣打扮上总是盲目跟风，别人穿什么、用什么，回来就跟妈妈要什么，也不管这些东西穿到自己身上、用到自己身上合适不合适。

前一阵儿，欣欣看到班上很多女生都剪了短发，回来就跟妈妈吵着要剪头发，任妈妈怎么说都不听，一意孤行跑到理发店剪了短发回来……欣欣的脸型根本就不适合短发，顶着一头乱蓬蓬的短发，就像是外星球来的小怪物……

女孩在成长过程中，对什么都充满好奇，对"好、坏、美、丑"也没有清晰的概念，可能因为别人有什么，她觉得好看了（其实在成人看来未必好看），就会也要什么。家长若是对孩子出现这些行为没有采取足够的重视，那么孩子的审美能力很可能会就此出现偏差。

所以，当我们的女孩出现了对美的追求倾向，比如，注意起亮晶晶的项链、美丽的衣服、丰富多样的化妆品……我们就该意识到，我们的女儿审美敏感期到来了，我们的审美教育课该"开讲"了。

看到这里，家有女孩的家长也许会问："我们的审美教育课，该怎么给孩子'讲'呢？"这就要看妈妈是否是个会美的妈妈了。

妈妈是否会美，是否懂美，对女孩审美观的形成有着重要的影响。养育过女孩的家庭都知道，女孩的审美取向往往和妈妈有着极大的相似之处，妈妈是不是能够很好地为孩子树起榜样的作用，决定了孩子是不是一个懂得审美的女孩。

● **建议一：引导孩子"只买对的"，"不买便宜的"——合适自己的，才是美的**

妈妈们是否有过这样的经历：

当和朋友逛商场的时候，一旦看到某个商场贴出打折优惠的标

签，便会头一昏、脑一热，一头扎进去大量选购。然而每次买完东西，大都会懊恼地说："这些衣服我并不一定要买啊，我穿也不合适啊……当时怎么就犯糊涂了呢？"

犯一次两次糊涂不要紧，但如果妈妈将这种购物理念不知不觉间传达给了女孩，那么，后果就会很严重了。

因为妈妈们在一窝蜂似的向打折店而去的时候，其实已经向孩子传达了这样一种思想：打折的东西既便宜又实惠。

但是，我们却不得不考虑这样一个事实：既便宜又实惠的东西是否是适合自己的，穿在身上是否是得体的、美观的？不适合的东西，即使再便宜，也是不美的。所以，家有女孩的妈妈，当你带着孩子一起逛商场的时候，不妨想一想：你的购物理念，是不是在不知不觉间影响到了孩子的审美观？是不是让她渐渐产生了便宜就是好的错误想法？

对此一位明智的妈妈是这样做的：

有时候带女儿一起上街，我试完一件衣服，就会故意给孩子看看，问她："妈妈穿这件衣服漂亮吗？"孩子有时候说漂亮，有时候说不漂亮，当我和她的意见重合时，我就会买下这件衣服。一般情况下，我会让孩子看到我付钱，有时候衣服很贵，有时候却很便宜，但是无论贵还是便宜，都是我们母女俩同时相中的……不仅如此，在给女儿买东西的时候，我同样也实施这个办法，我看着合适，她看着漂亮，适合她的才买……

看，这位妈妈是不是聪明多了？让孩子担当自己选购服装的参谋，在一次又一次的参谋过程中，慢慢培养起了自己的审美意识；当着孩子面付款，更是告诉了孩子衣服便宜和贵不是关键，关键是是否适合自己，买对了才是好的。

想要培养孩子审美观的妈妈，不妨让你的孩子也当当你的服装顾问，让孩子在实践中懂得什么样的东西才是适合自己的、什么样的东西自己用起来是美的。

● **建议二：让女孩自己打扮自己**

现在的孩子多为独生子女，被父母奉为掌上明珠，父母唯恐孩子吃不好、穿不好，习惯性地替孩子作决定，习惯性地为孩子安排好衣、食、住、行。

但是，我们要清楚，在我们这样做时，其实已经慢慢地抹杀了孩子的审美意识。当我们替孩子作决定买回公主裙、小皮靴的时候，当我们替孩子作决定买不带卡通人物的文具盒的时候，当我们替孩子作决定不剪头发的时候……孩子已经开始习惯了我们的安排，已经懒得自己去思考自己穿什么会更漂亮、用什么会更可爱了。

所以，为了避免这一情况的发生，家长就要将穿衣打扮的权利还给女孩。

珍妮是一个8岁的美国女孩，长着碧蓝的大眼睛，一头金色的卷发，很招人喜爱。妈妈很喜欢珍妮这头漂亮的卷发，并喜欢用各种服装来打扮年幼的珍妮。但是，妈妈为她选择的衣服，珍妮并不喜欢。

有一次，妈妈想给珍妮穿绉边的套装，珍妮大胆地说出了自己的不满。

又有一次，妈妈想说服珍妮穿苏格兰短裙，珍妮又拒绝了妈妈的好意。最后，珍妮和妈妈一致同意穿水手服。在和妈妈一步步讨价还价过程中，珍妮的审美意识越来越强。

做妈妈的对于衣饰的品位虽然高雅，可是我们执拗的儿女却并不喜爱。这个时候怎么办？不要强迫孩子听从自己的意见，而是尊重孩子的意见，站到她的角度去和她探讨，究竟是美还是不美，理性地引导孩子正确地认识什么是美、什么是不美，只有这样，才能帮助她树立正确的审美观。

细节 27

多才多艺
——让女孩成为最耀眼的明星

女孩父母的担心

别人家的女孩一个个都像是小天使,不是能歌善舞,就是心灵手巧。现实生活中那些多才多艺的女孩也更容易受到别人的关注,可我家这个小丫头整天就知道玩,真是让我伤透了脑筋。

相比于男孩,女孩似乎天生就具备心灵手巧的潜能:

有些女孩对色彩比较敏感,她们很早就可以握住画笔,按自己的意图画出美丽的动物、花、草和小房子;

有些女孩对针线、细小线绳情有独钟,看到妈妈织毛衣、做针线活,她们也会找些碎布织织缝缝;

有些女孩天生有一双美丽、纤细的小手,特别适合弹钢琴;

有些女孩对书法感兴趣,泼墨挥毫,像模像样……

因为手部的小肌肉群比较灵活,女孩能够更为充分地开发利用"手"的功能。

也因此,女孩天生就比男孩具有艺术方面的优势,如果家长能够发现女孩的艺术优势,并且对之善加引导,用心地培养女孩某些方面的才艺,那么,在不久的将来,你很可能就会拥有一位才艺绝佳的小公主。

而**多才多艺,恰恰就是女孩气质培养的一个重要方面。**

然而,在实际生活中,女孩的艺术天赋刚刚展露时,很多家长的错误做法，却可能对女孩才艺的培养产生不利影响。

青青3岁的时候，对色彩开始着迷，并乐此不疲地拿着画笔在房间里到处乱画。看着青青把家里干净整洁的墙壁画得面目全非，妈妈大发雷霆，不仅严厉斥责了青青，还没收了青青的画笔。从这之后，青青对画画再也没有什么兴致了。

不错，因为女孩艺术天赋展现之时，她们的年纪还小，不可能做得尽如人意，有些家长就担心女孩被针扎伤了手，不准她们触摸针线，或者因为她们在墙上、地上作画而大发雷霆。然而，家长这样做，却无异于"丢了西瓜拣芝麻"，家长们只看到事情消极的一面，却没有注意到其中女孩所展示出的才华，更没有意识到，女孩的才华就像宝藏一样，如果不被发现，就失去了闪亮的机会。家长们为女孩的捣蛋、调皮而头疼，因为怕麻烦而剥夺了女孩锻炼的机会，殊不知，这却在无形之中扼杀了女孩的艺术创造力。

明白了这些，家长就该知道，给予女孩一定的"创作空间"是非常有必要的。

例如，家长可以给喜欢画画的女孩准备好一些大的纸张，铺在地上或放在桌面上，让孩子尽情描绘；如果女孩对针线感兴趣，家长可以给孩子准备一个"巧手篮"，放一些不用的布头儿或者毛线在里面，让她用来给小娃娃缝制新衣。在孩子创造的过程中，家长还可以给予女孩适当的指导，例如告诉孩子针的用法，孩子自然会小心的。对于女孩的作品，家长也应该进行夸奖——

当女孩画出自己的第一幅"画"，缝制出第一件"服装"，写出第一个毛笔"字"，家长要懂得鉴赏，给予适当的褒奖，家长的夸奖往往会成为一种积极的暗示。

此外，家长还需要为培养多才多艺的女孩作好如下这些准备：

● 建议一：从女孩的兴趣入手

我们身边可能会有这样的家长：觉得会弹钢琴的女孩是最为优雅和高贵的，于是便不顾女孩的感受，让女孩去学钢琴；因为觉得

女孩比较适合学舞蹈,便不理会女孩自己的意见,执意要让女孩学舞蹈……

家长一厢情愿、独断专行的做法,会带来怎样的结果呢?

晓茵是一个三年级的女孩,每到周末,她的时间就被安排得满满的。周五晚上弹两小时的钢琴;周六上午学绘画,下午学舞蹈;周日上午又要学声乐。通常是一堂课一结束,草草收拾一下东西,就要飞奔到下个课程点。可是,生活这样"充实"的晓茵却一点儿都不快乐,甚至对每项才艺的学习都产生了厌倦的情绪。到现在,晓茵不仅没能像父母期望的那样成为一个多才多艺的小公主,反而在每项才艺上都表现平平。

虽然女孩天生具有艺术的天赋,但是家长在培养女孩才艺的过程中,若是不注意尊重女孩的成长规律,不注意遵从女孩内心发展的需要,很可能会事与愿违。

所以,家长在培养女孩才艺的过程中,就要做到这样一点:从**女孩感兴趣的事情入手,才可能让女孩将学习的激情保持下去,最终在才艺学习这条路上取得不俗的成就。**

● 建议二:引导女孩选择适合她的才艺

很多女孩都有这样一个个性特征:做事太过感性,总是凭着感觉去做事。在这个特质的影响下,女孩在选择学习什么才艺的过程中就难免会冲动行事,作出错误的选择。

这时候就需要家长从一旁做一点儿工作了。

菁菁成长过程中,也曾遇到过这个问题。

因为羡慕别人能够拥有优美的舞姿,在报艺术班的时候,菁菁不顾妈妈的反对执意要报舞蹈班,可是妈妈心里却清楚,因为身体发育的原因,菁菁并不适合学舞蹈,天生对色彩敏感的她更适合学绘画。但面对菁菁的坚持,妈妈并没有多说什么,而是将报艺术班的事情推迟了一下,随后在闲暇的时候开始有意无意地带菁菁去参观一些美术作品展。

在欣赏美术作品的过程中，菁菁渐渐对绘画产生了浓郁的兴趣。这次不用妈妈再说，菁菁自己就提出了改报美术班。

很多时候，女孩在面临诸多选择时，常常不能确定哪一种是适合她的，作出的决定往往会有一些感性因素在里面。作为最了解孩子的家长，如果你能确定孩子更适合学习某种才艺，就要适时地加以引导，让女孩学习适合她的才艺。

● **建议三：当女孩不能坚持的时候，请老师鼓励她**

当女孩出现半途而废、不能坚持的情况的时候，家长该怎么做呢？

和孩子的老师沟通一下，请老师多鼓励孩子。

现实生活中，家长可能也会有这样的发现：女孩受到老师的夸奖后往往就兴高采烈的，学习的兴致也会随之高涨很长一段时间。

家长如果能够很好地利用这一点，对于那些学习艺术没有长性的女孩而言就能起到神奇的效果。

在女孩小米学习绘画的过程中，她的妈妈就很好地运用过这个策略：

前不久，在绘画班学绘画的小米忽然表现得对画画非常厌烦，回家之后将画板一丢，连动都不想动一下。

看到小米这个样子，妈妈悄悄找到了小米的绘画老师，请老师找机会夸夸孩子，鼓励她一下。老师欣然同意了。

在老师和家长沟通之后，妈妈惊奇地发现，小米好像重新拥有了绘画的激情，学习绘画的兴趣果然高了起来。

家长不妨借鉴一下，当你的女孩学习某项才艺不能坚持的时候，也去和女孩的老师沟通一下，请女孩的老师鼓励、夸赞自己的女孩。相信女孩尝到了"甜头"后，便能学得更加带劲儿，进步更加神速了！

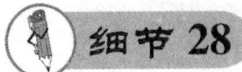

有计划，有条理
——从容自若气自华

女孩父母的担心

在我的眼里，女儿是个娇柔可爱的小天使，但这个小天使却总是让我们非常头疼。她经常会忘记自己把洋娃娃放在了哪里，脱下来的衣服也总是随手一扔，书包里的文具也是乱糟糟堆在一起。面对这样一个迷迷糊糊、丢三落四的天使，我们真是一点儿办法都没有！

与好动、粗心的男孩相比，细心、安静的女孩做事总能表现得更有条理性。在很多人的观念里，"没有条理"似乎和女孩沾不上边，然而，实际生活中没有条理的女孩却并不在少数，就像例子中的女孩，生活中丢三落四、做事没有计划，结果生活一团糟。

为什么会出现这样的情况呢？

其实，这可能是家长们在最合适的时期，没有及时训练及培养孩子做事条理性的缘故。

教育学家研究发现，0～4岁是个体秩序感发生、发展的敏感期，在这期间，家长赋予女孩一定的机会，让她自己动手归置物品就能很好地培养她的秩序感，这样，孩子6岁之后，在人际交往中会表现出自如与和谐的一面。

所以在这一阶段，家长在与女孩相处的过程中，就要注意为女孩创造一些培养条理性的机会。比如，让她自己收拾自己的玩具、让她自己收拾自己的书桌、让她自己做周末计划……

在女孩自己收拾、安排、整理的过程中，女孩头脑中就能够慢慢形成一种秩序感，做事也就更加有计划、有条理了。

● **建议一：房间弄乱了，让女孩自己收拾**

生活中，我们常常看到下面这种情况：

女孩东西乱扔，大人来收拾；衣服弄脏了，妈妈立刻洗；女孩出门前，父母千叮咛万交代是否带齐了东西。

为此，女孩本就依赖父母的心里，形成一种"安全感"，觉得凡事都有父母给自己安排。自己不用操心，从而自己对一切事情不闻不问。结果，一旦父母有疏忽，或自己离开父母，就无法很好地安排自己的生活，生活处于混沌状态。

我们可以想象一下：一个连房间都不会收拾、衣服都不知道怎么洗、出门该带什么都不知道的女孩，长大以后会是什么样子？不难想象，当有一天她自己面对生活的时候，会不知所措。其实，女孩会变成这样，归根结底还是家长的教育方式出了问题。女孩"富养"的真正内涵是什么？是赋予她在这个社会上生存的能力和骄傲的资本。

这些能力和资本从何而来？从日常生活中的实践而来。所以，作为家长不能只是自己干净整洁、有条理就可以了，更要适时地为自己的女孩创造实践的机会。

对此一位聪明的妈妈是这样做的：

我小的时候母亲曾告诉我，一个做事有条理的女性，才会优雅。所以，从小我就是一个整洁有条理的人。周末的时候，我正在整理房间，女儿放学回来了，她旁若无人地在客厅里转了几圈，把书包扔到沙发上，一屁股坐下，打开电视开始看。看着我的劳动成果瞬间被"糟蹋"成这个样子，我决定好好"惩罚惩罚"女儿。我把电视关上，告诉女儿："妈妈刚刚收拾好客厅，现在你把客厅弄乱了，

妈妈要求你,跟我一起收拾干净。"

女儿脸上露出几丝委屈,嘟着嘴道:"妈妈,我一会儿再收拾行吗?"

我摇着头说:"还有10分钟,《动画城》开播,10分钟内,咱们收拾好就可以继续看电视,收拾不好,今天就别看了。"

女儿没有办法,只得乖乖和我一起收拾屋子。

家庭生活中,女孩家长不妨向例子中这位妈妈学学,给女孩创造一点"表现"的机会,同时,在女孩和你一起收拾的过程中,告诉女孩该怎么收拾才能更整洁、美观,怎么收拾才能让房间看起来更有秩序感。

当家长给女孩提供的"机会"多了,她自然就知道该怎么做了,也就能够成为一个有条理、爱整洁的女孩。

● **建议二:从小培养女孩的计划性**

女孩做事计划性和自觉性的培养是一个循序渐进的过程,家长在这个过程中,要学会引导。

第一步,要先把大人的计划详细地告诉女孩。

例如,星期天吃早饭时,跟女孩说:"今天我想这样安排,你看好不好?吃完饭我们先去公园玩,10点钟从公园出来去奶奶家,下午3点半从奶奶家去大文馆,回家后,我做饭,你画画,看完动画片就睡觉。怎么样?"

开始的时候,女孩会没有时间概念和计划安排的概念,但由于爸爸、妈妈一本正经地跟她商量,女孩也就会学着大人的样子,"不懂装懂"地点头表示:"那好吧。"次数多了,女孩就慢慢体会到了时间和活动安排的含义了,有时就要对爸爸、妈妈的计划提出自己的修改意见。比如女孩会说:"从公园出来不先去奶奶家,去完天文馆再去奶奶家吧。"这时家长要给女孩讲:"如果先去天文馆就要耽误吃午饭了,而且奶奶也会等得着急。"通过这样的解释,女孩就能对时间和活动安排的意义有更深刻的认识。

第二步，只说出具体活动内容来，让女孩自己安排次序。

比如："今天我们去公园玩3个内容：划船、坐碰碰车和玩电子游戏。你来安排先玩什么、后玩什么吧。"女孩一般只是按自己的兴趣安排次序，如果她的安排是合理的，就照女孩的安排办；如果不合理，则要给她讲清楚为什么。久而久之，就可以使女孩学会怎样统筹安排活动内容。

第三步，只给个大框架，让女孩自己安排具体活动内容。

比如说："今天上午我们可以到公园玩两个小时，你看玩什么，怎么玩呢？"女孩想玩的内容很多，开始会说出一大堆来。这时要告诉女孩，玩哪一项需花多长时间，算下来，两个小时只够玩3项的，让她从那些都想玩的内容中再选出3项最想玩的来。这样，就把玩什么内容与时间的概念联系到一起了。

学会了做计划，并懂得了按计划进行活动，稍加引导，女孩在现实生活中就能做到做事有条理、有计划了。

● 建议三：让良好的生活习惯彰显气质

作为成人，我们常听到这样一句话：细节彰显气质。的确，一个人的气质如何，往往能够通过一些生活中的细节表现出来。所以，我们可以这样说：培养女孩的良好生活习惯是塑造其气质的关键。

一位有着丰富教育经验的老师曾说起这样一件教学过程中的往事：

冬天的一个早晨，我很早来到教室，一边准备课上要讲的内容，一边陪孩子们晨读。上课铃快要打响了，一个孩子急冲冲地跑进教室。也许是过于着急，他忘记了关门，大量的冷空气灌进教室里，同学们都冷得把手放进了口袋里，前排的一位同学赶紧把门关好。

不一会儿，又一个同学冲进了教室，随手"砰"的一声把门关上，震得全班同学都抬头看他。

这时，我走到最后进门的那两个孩子面前，分别对他们说："刚才你进门的时候，把一件东西落在了门外，请把它捡回来。"

我跟着他们来到教室外面,平静地对他们说:"刚才你们进门的方式出现了错误,现在重新进一次。"两个孩子一下子就意识到了是怎么回事,不好意思地向我承认了错误。

看到这里,家长也许会说:"孩子只是没有随手关门,和关门的声音大了一点,做老师的用得着这么较真,让孩子再进一次门吗?"

在很多家长眼中,孩子没有随手关门、关门的声音很大等,都是一些微不足道的小事,没有必要在这些方面跟孩子计较太多。但家长却没有认识到,正是这些微不足道的小事体现着孩子的生活习惯是好是坏。尤其对女孩而言,这些生活习惯的好坏,更是在某种程度上影响着其气质的高低。

试想一下:一个从容进门、优雅关门的女孩和一个风风火火进门、将房门摔得震天响的女孩哪个更有气质?答案不言而喻。

自 信
——不自卑的女孩更美

女孩父母的担心

女儿是个乖巧伶俐的女孩，很招人喜欢，但有一样，就是非常不自信，比如，上课老师提问，她总是把头垂得低低的，生怕被老师叫到；比如，当小伙伴们一起玩耍时，她也总是不敢上前；每次要做什么事情，她也总是会不断地问我们"我行吗"。

在一所幼儿园里曾出现了这样的场景：

当所有的孩子都在操场上跳皮筋、踢毽子、荡秋千的时候，一个小女孩静静地站在操场一角，羡慕地看着别的孩子玩得热火朝天，却没有参加任何活动的意向。老师好奇地走过去问她："为什么不和小朋友们一起玩呢？"

这个小女孩闷闷不乐地低下头，嗫嚅道："我跳绳跳不好，毽子也踢不好……"

看到这里，你是否发现了问题？不错，这个小女孩有很强的自卑心理，她怕自己跳不好、踢不好惹来同伴的嘲笑。

实际上，我们如果对女孩的成长足够留心就能发现，在女孩很小的时候，自卑的苗头就已经有所表露了。比如——

女孩在参加某些活动之前，可能就会不住地问家长："我能行吗？""我可以吗？"

女孩看到别人漂漂亮亮的，而自己却其貌不扬时，可能就会不

愿意再抛头露面，甚至是闷闷不快了。

女孩考试成绩不理想时，将自己关在房间里不吃不喝。

女孩可能因为害怕某件事做不好，惹来别人的嘲笑，而不敢去做某事。

……

反观男孩却不会这样问，其中的差异在哪里？就在于女孩很容易滋生自卑心理。这种情况在女孩的成长过程中非常常见，比如稍微胖一点、功课不好一点、眼睛小一点，都可能成为女孩自卑的借口。

一旦发现了女孩的自卑情绪冒头，家长要及时帮助女孩告别自卑，快乐自信地成长。想要女孩与自卑绝缘，从小注意培养女孩的自信是最行之有效的方法。

● **建议一：向女孩灌输一种理念——"我可以"**

有这样一则为大家所熟知的关于天才的故事：

一位美国心理学专家到一所普通的学校调研，一位老师问他："先生，你能不能挑出班上智力超常的学生？""当然可以。"专家爽快地答应了，然后自信地用手在学生中指点起来："你，你，你……"被点到的孩子从此受到了同学的羡慕、老师的关怀和家长的夸赞，孩子们自己也找到了天才的感觉，成绩不断提高，从普通的学生一跃成为佼佼者。

一年后，专家再次访问该校，问："那几个孩子的情况怎么样？"

老师回答："好极了！可是先生，我感到惊讶，你来之前他们都只是普普通通的学生，可经你一指点，一个个都变了。请问您有什么诀窍，能够判断得如此准确？"专家微笑着说："没有任何诀窍，只是随便指的。"

这个小故事给人的启示是深刻的：当人们坚信一个人是天才的时候，他真的可以成为天才！只要孩子有了信心，相信自己是天才，而孩子周围的人也深信孩子的潜能，对孩子充满信心，孩子就真的会成为天才。这就是信念的力量，是信念激发了孩子前进的无穷动力。

在成长的道路上，敏感自卑的女孩更需要家长给她灌输这样一种信念："你能做好！要相信自己！"只有在家长不断的肯定声中，孩子才能慢慢发现自己的潜能，认可自己的能力，逐渐变得自信起来。

● **建议二：鼓励女孩"抢风头"**

因为天性内向，女孩往往不像男孩那样喜欢竞争，也不像男孩那样喜欢抛头露面，而总是习惯充当默默无闻的观众。作为女孩的家长，当我们发觉女孩不愿意"抢风头"，不愿意和别人去竞争时，就要意识到，女孩会出现这样的情况，很可能就是自卑情绪在作祟。

鼓励女孩大胆地站出来，去和别人竞争，在某种程度上说，就是培养女孩自信心的一个不错途径。

菁菁上小学时，曾经一度非常害羞：跟人说话不敢看别人的眼睛；课堂上，不敢举手回答问题；班上有什么活动，也从来都不主动参加。挂在她嘴边最多的话就是"我不行！""我做不到！"

看到菁菁处处表现得不够自信，菁菁的父母开始有意地培养菁菁"抢风头"的意识了。不敢和别人说话，不敢回答问题，归根结底就是菁菁不善表达。针对菁菁这个不足，父母给她报了一个演讲班，在演讲班里大家经常会轮流上台演讲，一开始菁菁还会有些拘谨、不自然，次数多了，菁菁也就适应了。随后她自身也慢慢开始有了些改变：说话不再扭扭捏捏了，也敢在人前大声说话了。

发现了菁菁的这一变化，在学习生活中，父母开始鼓励菁菁去"抢风头"，比如：面对课堂上老师的提问，小伙伴们一筹莫展时，菁菁开始"大展身手"了；学校召开晚会没有主持人，菁菁自告奋勇去担当了……

在一次又一次表现自己的过程中，菁菁变得越来越自信了。

研究显示，越是自信的孩子，越容易成功，越成功则越是显得自信。反之，越是缺乏自信越会导致更深的自卑。女孩自卑的原因，

大多是对自己的弱项不够自信,作为家长,当你发现女孩身上存在什么弱项时,就要采用恰当的方法帮孩子把这弱项巩固一下,比如,你的女孩审美能力差,你可以给她报个绘画班,或经常带她一起欣赏一些具有审美性的作品;你的女孩交际能力差,可以鼓励她参加一些联谊活动……对于女孩来讲,帮助她发展强项,引导她适度地"抢风头",不仅能让孩子尝到成功的快乐,更是能够让她在追求这种快乐的过程慢慢自信起来,从容起来。

 建议三:让女孩大胆去尝试

很多时候,女孩的不自信跟"不敢"有很大的关系。女孩这种"不敢"究竟缘何而来呢?

或许我们从身边一些女孩的表达中能够得到一些启示:

看别人玩滑板,其实我也想玩,但是我害怕会摔倒;

看院里的小弟弟都能骑脚踏车,其实我也很想试一试,但我害怕会被摔疼;

看班上的同学站起来回答老师的问题,得到老师的夸奖时,我也想要回答问题,但是又害怕回答得不好,被大家笑话;

……

从这些女孩的表达中,我们可以得出这样一个结论——无论是不敢做这个,还是不敢做那个,女孩其实怕的是"失败"。

所以,现实生活中,在保证女孩安全的前提下,鼓励女孩去尝试一些新鲜事物,增加女孩对成功的体验,就能很好地提升女孩的自信。

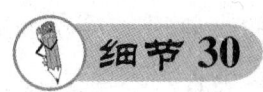

妈妈要做女儿气质培养的第一人

女孩父母的担心

别人的女儿都是文文静静、惹人怜爱的小公主，我的女儿怎么就成了暴躁的女王，动不动就大呼小叫，一旦有什么事情不顺她的意，就会砸东西骂人，像个假小子，没有半点儿淑女的样子。她要是这么下去，可让我们怎么办呢？

常言道："有其母必有其女。"实际生活中，我们不难发现，有些母女惊人的相似。当然，这里并不单是指长相，还有气质。很多时候，人们能够一眼看出某某和某某是母女，大多是因为她们的言谈举止、行事为人有着某些共通之处，而这些共通之处，就是妈妈的气质，就是妈妈在养育孩子的过程中，不经意间传递给孩子的。

一位妈妈就曾这样说：

很多人都说，女儿是妈妈的影子。这一点，在我和女儿身上是表现得再明显不过了，我的女儿总是喜欢跟着我跑前跑后，陪我一起做家务、买东西、看望朋友，在她跟我做这些的时候，我注意到，女儿总是喜欢关注我说些什么、做些什么。

注意到这一点后，与别人打交道的过程中，我就格外注意自己的言谈举止：是不是有什么不妥之处，会不会让这个小机灵偷偷学了去……因为我平时很注意自己的榜样作用，女儿看到的多是我谦和礼让的样子。就这样，不知不觉间，女儿也学着我的样子，待人接物礼貌谦和。很多朋友都说，我的女儿将来一定会是个彬彬有礼的好孩子呢！

的确，女孩天生就有着比男孩敏感的观察能力、学习和模仿的能力，更因为与妈妈有着相同的性别、相同的身体发育和心理变化，女孩对妈妈的模仿，较之男孩对妈妈的模仿要多很多。**优雅动人的妈妈，往往能够养出同样优雅动人的女儿；大大咧咧的妈妈，则很可能养出粗心大意的女儿。**

作为妈妈，在女孩的气质培养上所起的作用，常常是具有决定性的。就像例子中提到的妈妈那样，因为她明白自己对女儿成长所起到的引导作用，所以在平常与人交往的时候，就注意把谦逊礼貌的品性展现给女儿，一直这样坚持下来，女儿也就在不知不觉中学到了妈妈的品性，成为了一个彬彬有礼的好孩子。

美国著名心理学家特尔曼对来自全球的301位成功女性进行了调查研究。他发现，这些人在青少年时代，大都具有镇定自若、尊贵大气、坚强自主、勇往直前、乐观向上的性格特征。而这些性格特征的形成，与妈妈为孩子们营造的环境息息相关。

● **建议一：做一个优雅的妈妈——不慌张，不忙乱，有条理**

父母是孩子的第一任老师，妈妈更是女儿学习的第一人，作为妈妈，要想做好女儿气质塑造的榜样，要想让自己的女儿气质不凡、招人喜爱，就该努力把自己最美、最优雅的一面展现给女儿，而不是无所顾忌地想做什么就做什么。

关于这一点，一位成功塑造了气质女孩的妈妈是这样做的：

每个母亲都爱自己的女儿，我也不例外。为了女儿能够成长为与众不同的女孩，我从小就注重对女儿的气质培养。

其实，说起来也很简单，就是平时注意自己的言传身教。作为一个妈妈，我不仅时常告诉女儿，女孩应该衣着得体，更是时刻注意自己的形象，给女儿作好示范。除此之外，我在做事的时候，总是能够做到不忙乱、不慌张、有条理。

举个例子，女儿小的时候，有一次我送她去幼儿园，到了学校才发现，她的文具盒没有带。女儿眼巴巴地看着我，似乎要哭出来了。

我蹲下来抱着女儿安慰道:"宝贝儿乖,我们先去上课好吗?一会儿妈妈给你'变'一支铅笔出来?"

女儿半信半疑地进了教室,我则快速地到幼儿园旁边的便利店,给她买了铅笔送到她的教室。趁着女儿还没上课,我笑着蹲在她身旁问她:"如果今天妈妈不在你身边,你的铅笔盒没带,你会怎么办呢?"

女儿嘟着小嘴想了一会儿,歪着头道:"我还可以跟同学借。"

望着女儿可爱的模样,我欣慰地笑了。

送女儿上课没带铅笔,或许并不是一件大不了的事,但是这位母亲的做法,却很值得我们借鉴:发现文具盒没带,没有慌张,也没有忙乱地在书包里乱翻一气,更没有喋喋不休去埋怨女儿的粗心大意,而是说要"变"一支铅笔出来,既呵护了女孩的单纯,又用实际行动告诉了女儿,遇到事情要沉稳。不仅如此,她还借机教育女儿,在自己独自面对这样的问题时该怎么做。相信若干年后,这个女孩回忆往事的时候,想到最多的不是妈妈怎么给她"变"出了一支铅笔,而是妈妈面对问题时的从容不迫、应对自如。在她以后碰到问题、与人相处的时候,妈妈就是她第一个模仿的目标、学习的对象。

苦于不知道如何培养女孩气质的妈妈,不妨向例子中的妈妈学习一下:**不慌张,不忙乱,有条理,做一个优雅的妈妈。**

● **建议二:教会女儿正确的仪态——站、坐、走**

一位妈妈曾经这样说过:

我的女儿今年14岁了,做作业总是喜欢趴在桌子上,天长日久,小小年纪竟已经开始驼背了,像只虾米一样。看着本应该亭亭玉立的女儿,没有半点青春活力的气息,整天倒像个"小老太太"似的,我的心里真是着急⋯⋯

气质之美,很大程度上通过一个人的外在形象表现出来,如果

一个人畏畏缩缩，含胸驼背，谁能说这样的人有气质？

的确，"气质"二字，首先是从一个人的仪容仪表体现出来，然后是通过人的举止谈吐体现。而仪容仪表得体、言谈举止优雅，都是需要从小开始培养，才能终生相伴的。作为与女儿最为亲近的妈妈，如何对女儿进行这方面的教育是关乎女孩一生幸福的大事。

作为妈妈，想要自己的女儿亭亭玉立，气质出众，教会女儿正确的仪态，是塑造女儿气质的重要一课。一静一动，美观自然，才是气质的最高境界。

曾经看到这样一句话："女孩可以不美，但一定要有气质，有气质的女孩纵使不美，也会让人心生倾慕之意。"

女孩的第一气质，就是仪态。

那么，女孩该从哪些方面来塑造仪态美呢？

一位美体专家对于女孩气质培养，给出了这样三个步骤：

站：站一定要挺，抬头挺胸收腹，这是最起码的站姿，而且不管在哪里，在哪种场合，只要是站就要保持这种形态，长久下来就会形成一种习惯。

坐：坐姿一定要雅，上身要正，臀部只坐椅子的三分之一，腿可以并拢向左或向右侧放，也可以一条腿搭在另一条腿上，两腿自然下垂。但切忌不能两腿叉开，腿也不能翘椅子上。

走：先把站姿练好，抬头挺胸收腹。要走得旁若无人，目不斜视，走出自己的气势，不要急步流星，也不要走得生怕踩了路上的蚂蚁，要不快不慢，稳稳当当。

看到这里，家有女孩的家长，是不是知道该如何来塑造女孩外在的气质之美了呢？站，要挺；坐，要雅；走，要美。相信只要妈妈多用心，你的小公主就一定会是最优雅的公主。

● **建议三：从生活小习惯做起，培养女孩的品位**

心理学研究表明：表面看来梳头发、叠衣服确实只是芝麻小事，但如果对待这些事情的女孩总是马马虎虎、不求细致，那么这个女孩也将成为一个大大咧咧、对生活要求不高、得过且过、漠视生活品位的人。

所以，在女孩小的时候，家长就该有这种意识：让孩子养成良好的生活习惯，认真细致地对待生活。只有孩子对生活持有认真的态度，才可能懂得去品味生活、品味一切美好的事物。

在这一点上，一位家长是这样纠正女儿的不良习惯的：

女儿莹莹小的时候跟我父母一起生活，无论丢掉什么东西也不会受到惩罚，而且很快就会有新的东西出现。女儿跟我们一起住后，依然丢这丢那。面对女儿这丢三落四的毛病，我决定好好地"惩罚"她。于是，当女儿再丢了什么之后，我故意不给她买。像上次女儿的红领巾丢了，很久都没有新的戴，女儿总觉得缺了点什么。于是，她难过地找到我说："爸爸，我再也不丢东西了，你帮我买一条新的吧！"看着女儿委屈的表情，我知道这次她是真的吸取教训了。

教育学上把这种方法叫做"自然惩罚法"，意指当孩子犯了错误之后，家长不要去为孩子收拾"烂摊子"，而要她自己承受错误所带来的后果。在经历了犯错之后的"恶果"之后，孩子就会对自身的错误有深刻的认识，进而下意识地去避免再犯类似的错误。

除了这个方法，家长在更正孩子不良习惯的过程中，还可以尝试下面这个方法：**给孩子要做的事情画个"圈"。**

所谓"圈"就是让孩子每天要做的事情成为一种固定的模式，循环往复。

这样有利于孩子优秀生活习惯的养成，比如：

毛毛的妈妈就是这样做的，早上起来毛毛要先刷牙，接着快速地喝下一杯温水，再去洗脸、吃早餐等。这样有规律的生活有效地培养了孩子良好的生活习惯。

当女孩在生活中不知不觉养成了一些优秀的习惯，这些习惯就能帮助她更好地适应生活，品味生活。

细节 31

善用爸爸的神奇鼓励，女孩会更出众

女孩父母的担心

每当看到别人家的女孩自信得像个公主，在人前落落大方地展现自己，我们就会不由自主地为自家的小丫头担心。我家那个丫头就像是一只害羞的小猫，无论到哪里，都是缩在别人的后面，看到女儿唯唯诺诺的样子，我们真不知道该拿她怎么办了。

关于如何培养女孩的自信，下面例子中的爸爸可谓是经验丰富：

自女儿出生以来，我就立志：一定要培养出一个自信的女儿。

所以在日常生活中，我非常注意呵护女儿的自信心。女儿小的时候，觉得自己太瘦，像根豆芽菜，我就会说："谁说我的女儿瘦了，这叫苗条，好多人想苗条还苗条不了呢……"后来女儿慢慢长大，觉得自己太黑，我又说了："这叫健康！"女孩不敢当众表演，怕别人嘲笑自己，我就用充满信任的眼光看着她，鼓励说："宝贝儿，你行的，爸爸相信你是最棒的！"

就这样，在我的鼓励之下，女儿总是能够尝试着去做一些力所能及的事情，一直这样坚持下来，再碰到什么困难时，女儿居然再不说自己不行，而是想办法解决问题了……

看到这里，女孩家长想必已经明白了，女孩之所以能够充满自信，就在于这位善于使用鼓励的爸爸，很好地树立起了女孩的自信心，使她在面对任何问题的时候，都能充满信心地站出来，无论在什么样的场合都不怯场，都敢冲上去。

作为成年人，我们都很清楚，女孩的自卑，对女孩的一生有着怎么样的影响：自卑的女孩，不敢表现自己，由此，很多有天赋的女孩平凡无奇了；自卑的女孩，不敢面对他人，于是，很多本应属于她的快乐与她绝缘了；自卑的女孩，做事瞻前顾后，所以，很多她本可以做好的事情一塌糊涂了……

如何避免自己的孩子陷于自卑的泥淖不能自拔，是需要家长多费些工夫的。

而在这个过程中，尤其要多做一些工作的，就是爸爸。就像我们在题目中提到的一样，"爸爸的鼓励最神奇"。为什么说爸爸的鼓励最神奇呢？其实，这就涉及了爸爸在女儿心目中位置的问题。

首先，在女儿眼里，爸爸是一家之主，意味着权威，爸爸说一句话比妈妈说十句话都有分量。所以，作为爸爸，在平时教育孩子的时候，就要注意，对女孩要多加鼓励，不要一味地指责女孩，因为爸爸的鼓励，往往能够起到意想不到的效果。

其次，爸爸是女孩接触的第一异性，代表着异性标准。爸爸说的话，女儿往往最往心里去。妈妈说女孩不漂亮，女孩可能并不把它当回事，但如果这话从爸爸口中说出来，那问题就严重了：轻则，使女孩对做什么事情都没了兴致；重则，女孩产生严重的自卑心理。想要养出自信女孩的爸爸，不妨向本节刚开始提到例子中的爸爸学习：巧妙地将女孩自卑的东西，转化为她自信的东西，这样一来，在面对任何问题的时候，女孩都会想：我做得一定是最好的！

当然，除此之外，爸爸还可以用这样几个高招来激发女儿的自信。

● 建议一：放大她的闪光点

闪光点即优点，作为爸爸，要善于发现女儿身上的优点，并把它们放大。比如女儿总觉得自己什么都做不好，但有一天，你发现她画画得好，你就要告诉她："宝贝，你画的画真漂亮，继续努力啊！"比如不经意间发现女儿唱着小调，居然十分动听，你就告诉她："乖宝贝，唱得真好听，平时要多给爸爸唱唱啊！"

放大一个人身上的优点,才可能使一个人找到自己的位置,振奋起来。

成人还需要别人发现他身上的闪光点才能振作,作为孩子更需要家长的鼓励,才能自信地坚持下去,而生性敏感自卑的女孩,更是需要家长尤其是爸爸给予更多的爱与关注。

对此一位爸爸深有体会:

我的女儿总是觉得自己一无是处,这也不行那也不行。看到孩子整天缩手缩脚的样子,我心里真是着急,孩子如果这样下去可怎么办呢?

无意间我看到一篇父亲鼓励孩子的文章,我的脑中灵光一闪:我为什么不试一试呢?于是在日常生活中,我总是试着发现孩子的优点,并把这些优点放大。比如,女儿能够自己穿上鞋子了,我就毫不吝惜地赞美道:"宝贝儿真厉害!都能自己穿鞋子了!"送女儿去上幼儿园,路上碰到她的小朋友们,女儿总是挥着小手跟她们打招呼,我就拍着她的小脑袋说:"宝贝儿真懂礼貌,下次看到叔叔阿姨,也这么做好吗?"女儿认真地看着我,点点头。

现在,女儿已经是人见人爱的一个小姑娘了,独立、懂礼貌、自信等等优点也越来越明显地表现在女儿身上,她再不是那个畏首畏尾、什么都不敢做的小丫头了。

发现孩子的闪光点,不要吝惜自己鼓励,这些在爸爸们看来"矫情"的鼓励,大多时候能成为女孩把这些优点坚持下去的动力,在爸爸的鼓励之下,她会渐渐地勇敢起来,自信起来。就像例子中提到的一样,小女孩总觉得自己一无是处,但善于鼓励孩子的爸爸,在日常的生活中,用一双敏锐的眼睛捕捉到孩子的闪光点,点出了孩子的优点,并加以肯定,这就在孩子的心目中留下了这样的印象:爸爸说是好的,就一定是好的,我要这样做下去。

每个孩子都渴望得到赏识,每个孩子都有渴望成功的热情,每个孩子都有值得骄傲的闪光点;每个孩子都有其独特的长处;每个孩子都是一座等待发掘的宝藏。作为爸爸,只要我们为她增加一点自信心,多为她创设展示自我的机会,她定会放射出奇异的光彩!

● 建议二：女孩的自信是夸出来的——不要过谦

在一所中学的校庆活动中，一位女孩引起了所有人的瞩目：这位女孩无论做什么事总是充满自信：学校举办运动会，她参加长跑比赛，轻松地拿下了冠军；学校举行诗歌朗诵，她来参加，又拿走了第一名……

同是中学生，为什么有的学生面对长长的跑道，未曾开跑就已经放弃，而这位女孩却能坚持下来？一样参加朗诵，为什么有的学生还未开始朗诵，声音就已经开始打颤，而这位女孩却声情并茂地将朗诵内容表达了出来？

或许，从这个女孩自己讲述的经历中我们能找到答案：

其实，我以前是一个非常不自信的女孩，望着别人取得好的成绩，我只有羡慕的份儿。多亏了我的爸爸，大家才能看到现在的我。在我不自信时，爸爸总是会走到我面前，拍着我的头和蔼地对我说："孩子，有什么困难吗？"当我说出这些困难后，爸爸又会笑着说："我相信，我的女儿能够解决掉这些问题。"

在别人家，只有男孩才有资格走进爸爸的圈子，但在我的家里，爸爸总是会带着我走进他的圈子，并且总是向朋友自豪地介绍："这是我的女儿，她可是个运动健将！""这是我的女儿，很有表演天赋！""我女儿数学一点不比男孩子差！"

每当爸爸说这些话的时候，我都觉得：不能让爸爸失望，我要像爸爸说的那样去做。这样坚持下来，我也就拥有了很多强项，无论面对什么都能应对自若，当然也就自信了。

人们都说，女孩好养，但是怎么养才能养出一个自信的女孩，却不是每个人都知道的。例子中这位爸爸的做法，很好地告诉了我们，怎样养出一个自信的女孩：**即使在外人面前也不要吝惜对孩子的夸奖。**

也许有的人会说：中国是个讲究谦虚的国家，我怎么能整天去夸自己的孩子呢？谦虚固然是一种美德，但是过度的谦虚，很可能

就扼杀了本就敏感、自卑女孩值得自信的资本。爸爸要清楚，夸奖不同于鼓励。鼓励，是擦亮眼睛努力寻找孩子的优点，进而把优点放大；而夸奖，则是孩子本身就拥有这些优势，我们只是客观地把它们说出来，不要因为过度的谦虚，而使孩子的信心受到打击。

明白了这一点，爸爸在夸奖自己的女儿的时候，就不必感到不好意思、难为情了，你不必为了所谓的谦虚，扼杀了孩子对赞美的向往。而且，在女孩眼中，爸爸威严，权威，有力量，爸爸的一句夸赞，能够抵上妈妈十句赞赏。既然爸爸有着这样伟大的力量，为什么不很好地加以利用呢？

温顺乖巧，人见人爱
——好性格成就女孩的好命运

- 细节32：爱心（一）——培养心中有爱的天使
- 细节33：爱心（二）——培养女孩的爱心，父母需要扮演的"三重"角色
- 细节34：激发女孩的勇气，培养女孩的自信心
- 细节35：不做脆弱的公主——女孩也要坚强
- 细节36：耐心——有耐心才有好涵养
- 细节37：学会分享，让女孩远离自私
- 细节38：懂得感恩的女孩，是父母的"贴身小棉袄"
- 细节39：让女孩拥有一颗宽容、博大的心
- 细节40：拥有乐观心态的女孩，一生快乐、幸福
- 细节41：帮助女孩从"遇事退缩"转变为"积极主动"

不娇不宠,富养女孩的100个细节

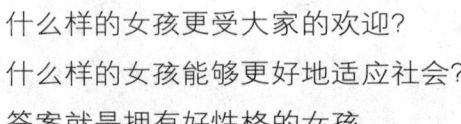

引 语

什么样的女孩更受大家的欢迎?

什么样的女孩能够更好地适应社会?

答案就是拥有好性格的女孩。

乐观、善良、自信、勇敢、细心、积极进取……女孩拥有这些性格,就像鸟儿拥有了丰满的羽翼,能够搏击长空,迎接生活中那些风风雨雨,成为让父母骄傲的优秀女孩。

因此,要想培养出最优秀的女孩,家长必须有意识地赋予她这些鲜明的个性和品质。

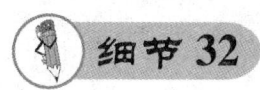 细节 32

爱心（一）
——培养心中有爱的天使

女孩父母的担心

人们都说女儿是妈妈的贴心小棉袄，可我家的"小棉袄"却一点儿都不贴心，整天把我折腾得团团转。有时候我生病了，很累了，她也不懂得心疼我，照样该怎么支使我还怎么支使我。这样一个不懂得考虑他人感受、不知道孝顺父母的女儿，我该拿她怎么办呢？

梅梅是家里的独生女，被爸爸妈妈视为掌上明珠，好吃的好喝的好玩的，她要什么父母就给什么。可现在，梅梅看到什么好东西都想着自己独占：和小伙伴一起玩，自己的玩具从来不许别人碰，霸道得像个女王；父母带她回爷爷奶奶家吃饭，好菜都被她一个人霸着，谁都不许吃，一点都不知道尊敬老人……

的确，在很多家长看来，女孩是娇柔的，需要更多关爱和呵护，也正是在这个意义上讲，为数不少的家长就对富养女孩有了这样的认知：富养女孩就是给予女孩更多的物质满足和感情关爱。

尤其是现在家庭的孩子多为独生子女，家长更是恨不得把全部的心血都倾注在孩子的身上。孩子要什么，家长就尽量满足，哪怕自己苦点、累点也不会委屈到孩子。

但这种养育孩子的方式真的是正确的吗？不是的。

这样养育出的孩子往往会养成自私自利的个性。就像例子中提

到的女孩一样，因为家长总是以她为中心，这就让她产生了这样一种心理：什么都要先给我，所有好的东西就应该是我的。这样的女孩，对朋友不知道谦让，对父母不知道孝顺，对他人不知道同情……

女孩少了爱心，也就相应缺少了孝心、体谅他人之心、同情弱小之心，也就是一个对别人漠不关心、冷漠自私的人。

这样的女孩长大成人之后眼中只有自己，她看到的只有自己的利益，也只会考虑自己的感受。一个自私自利、只是考虑自己的女人融入社会之后，会是什么样子的呢？不难想象，这样的人融入社会之后，不会得到朋友的认可，不会得到同事的信任，不会得到上司的青睐，她不会有一个好的人际关系网，也不会有一个温馨和睦的生活环境。她的生活也就不会幸福。

所以，作为女孩的家长，为了女孩以后的幸福，从现在开始，重视女孩的爱心教育，实在是必不可少的一课。

● **建议一：聪明的父母懂得调动女孩的爱**

让我们来看这样一幕：

一位妈妈站在小区游乐场的旁边，看着孩子们玩得热火朝天，忽然有一个孩子跌倒了，哇哇大哭起来，而这个孩子的家长并不在她身边。这个妈妈蹲在自己孩子身边说："乖女儿，如果摔倒的是你，你痛不痛呢？"看到小女孩点头，这位妈妈又说："那乖女儿去扶起那个小伙伴好不好？"小女孩接着点点头，跑过去扶起了自己的小伙伴。

看到这，我们不得不佩服这位妈妈的良苦用心。通常我们碰到这样的情况，有三种解决方式：自己走过去把孩子扶起来、找孩子的父母来哄孩子、视而不见。

然而，对于培养孩子的爱心来说，这三种方式哪一种都没有这位妈妈的做法来得更有效。大人自己扶起孩子，或许是最快的解决问题的方法，但是在你扶起孩子的同时，在自己孩子的心中就留下了这样的印象：跌倒了等着大人扶就行了，跟我没有关系。同样，当你选择找孩子的家长或者视而不见时，在孩子的心目中，便会留下这样的印象：别人的事，别人去解决，跟我没有关系。

看，这样也和她没关系，那样也和她没关系，长此以往，她还能不冷漠吗？一个冷漠的孩子，还怎么培养她的爱心呢？

所以，家有女孩的家长，当你抱怨你的女孩不知道关心别人、没有爱心的时候，先检讨一下自己吧：自己的一言一行，是不是做到了很好的示范作用？

日常生活中，与女孩接触最多的就是妈妈，妈妈的行为往往影响着女孩的思想。比如，当女孩看到街上一些乞讨的人衣衫褴褛、可怜兮兮的时候，妈妈往往会告诉她一句："这些人都是骗人的。"尽管你所说的可能是真话，但在敏感的女孩心中就留下了这样的阴影：这个世界好可怕，到处都是骗子。如果这个小精灵脑袋里总是装着这样的思想，她还会对谁敞开心扉，又怎么会真诚地去关心别人？

作为妈妈们，你如果想要自己的女孩成长为一位有爱心的天使，就要懂得赋予女孩爱心的策略。

● 建议二：让"小棉袄"暖起来——妈妈不妨装装委屈

人们都说女儿是妈妈的"贴心小棉袄"，这一点，很多养育过女儿的妈妈都深有体会，说出女儿种种的好：下班回来，女儿给自己端来一杯茶；晚饭后，陪着自己到楼下散散步；自己的手擦破了，女儿心疼得眼泪汪汪……

然而，也有很多妈妈"义愤填膺"地说："我家的'小棉袄'一点儿都不贴心，我辛辛苦苦炒的菜，我还没上桌呢，她已经把好菜'扫荡'得差不多了……从来就不懂得关心我。""上了一天班，我都累死了，让她帮忙擦擦桌子，她都懒得动，还'贴心'？哪里知道体贴我半点儿？"

无可否认，上述情况在有的家庭确实存在，但是，妈妈仔细想

过没有，当你的女孩第一次出现这样的情况你是怎么做的？如果当孩子这些苗头刚出现的时候，你就把孩子的这些不良习性扼杀在摇篮里，还会出现这样的情况吗？

一位聪明的家长就曾说起过自己教育女儿过程中一件"以柔克刚"的往事：

有一次，我在厨房做饭，不小心被溅起的油烫伤了。我急忙跑回客厅找药箱，这时我看到女儿正在客厅看电视看得起劲儿，心头一动，何不趁此机会对女儿进行一下"爱心"教育呢？

于是我说："玲玲，快帮妈妈找药箱，妈妈手烫伤了，找不了东西。"

女儿回头看了看我，有些不大情愿。

我并没有因为女儿对电视机眷恋而不给我找药箱发火，而是走到了她跟前，像她往常跟我装可怜的样子，蹲在她身前委屈地说："你看，你看，都红了……"

女儿低头看着我手上那红红的一片，小脸上不觉就有些紧张，急忙道："妈妈，你等一下，我马上帮你找药箱。"

看到这里，你是不是也在佩服这位妈妈的"演技"高超？其实，在女儿面前，妈妈有的时候适当地发挥一下自己的表演天赋，往往能取得意想不到的效果。尤其是在女儿面前学女儿受了委屈的样子，更能让孩子联想到，当她受到伤害时，做妈妈的是如何来呵护她的，由此及彼，孩子还能不心疼你吗？

所以，当你抱怨自己的女儿不知道关心你、没有爱心的时候，不妨想想：是不是你从来都没有给她创造过一个奉献爱心的机会呢？

爱心（二）

——培养女孩的爱心，父母需要扮演的"三重"角色

女孩父母的担心

孩子是父母的影子，为了给孩子做出一个合格的榜样，我们几乎每时每刻都很注意自己的言行，可有时候在某些方面，我们仍旧感觉做得不够好。比如，在培养女孩的爱心方面，我们该怎么做，才能既让孩子养成爱心，又不会让孩子觉得我们做父母的太虚伪呢？

让我们先看这样一组现实生活中的对比：

公交车上人很多，大部分人都没有座位，公交车到达一个站点时，一位老人上了车。车上有两对父女坐着4个座位，面对刚刚上车的老人，一对父女是这样做的：小女孩拽拽爸爸的衣服，示意爸爸抱着自己坐，把座位让给老人，可这位爸爸却不耐烦地瞪了小女孩一眼，便不再理会她，小女孩嘟着嘴不解地低下了头。

另一个小女孩的爸爸，低头看了看一直盯着自己的小女孩笑了笑说："你想把座位让给爷爷是吗？"小女孩重重地点点头，这位爸爸满意地拍拍女孩的脑袋："宝贝儿真是个有爱心的好孩子！"边说边抱起女孩，把座位让给了老人。

许多家长一直在寻找"怎样培养一个有爱心的女孩"的方法，这个例子或许给了我们最好的答案——**用你的行动引导孩子。**

研究显示,对孩子来说,行为的影响远比语言的影响要大得多,实际生活中,敏感的女孩更是能从点点滴滴的小事上发现很多,学到很多。就像上面所提到的这个例子,两位爸爸的不同做法会给女孩的心里留下什么样的印象呢?不难想象,第一位爸爸已经教会了女孩"自私",给女孩心里留下了不可磨灭的负面影响;与他相反,另一位爸爸的做法则是在用行动肯定女儿的善意,鼓励女儿的爱心,那么当她再次碰到别人需要帮助时,她依然会把自己的座位让给别人。

家庭教育中有这样一句话:"父母是孩子的镜子,孩子是父母的影子。"孩子做得好不好,很大程度上取决于父母的榜样树立得好还是不好。所以,在日常生活中,家长就该给自己定一个位,该从哪些方面引导孩子,才能把孩子培养成一个具有爱心的小公主。

关于此,一位资深的家庭教育专家提出下面三个要点:

 建议一:爱心引导者——利用故事培养女孩的爱心

家长在对孩子的爱心培养过程中,首先要担当起这样一个角色——爱心引导者。所谓"爱心引导者",顾名思义就是要让自己的孩子认识到什么是爱、怎样去爱。孩子只有知道了什么是爱、怎样去爱,才能懂爱、会爱。

对此一位智慧的爸爸是这样做的:

女儿蓉蓉是个惹人怜爱的女孩,从她小的时候我就注重对她的爱心教育。比如,我给她讲《丑小鸭的故事》,讲到丑小鸭受到歧视、排挤挨饿受冻的时候,我故意停下来指着故事书上的图画问女儿:"蓉蓉,你看这只小鸭子受人歧视、排挤是不是很可怜呢?"女儿望着我点点头。于是我蹲在女儿身前,装作小鸭子的样子嘎嘎叫了两声:"我是小鸭子,我好冷、好可怜,蓉蓉给我点温暖,抱抱我好不好?"女儿听着我的话,奶声奶气地说:"小鸭子好可怜,我要给他温暖。"说着张开小手抱住了我。

的确,女孩成长过程中对爱心的认识是需要引导的。如何引导,却需要家长费些脑筋。就像例子中的爸爸，在给孩子讲故事时，在孩子不知不觉间已经开始引导着孩子去关爱一些弱势群体了。女孩天生想象力丰富，家长可以充分利用孩子的想象力，在给孩子讲故事的过程中，用故事中主人公的遭遇，引起孩子同情，唤起孩子的爱心。

除此之外，在日常生活中引导孩子认识爱心的机会有很多，比如：带孩子一起体验一下贫穷的滋味，让孩子知道那些贫困地区孩子的不幸，然后带孩子一起给贫困地区捐款；家里老人生病了，家长带着孩子去探望问候，帮老人做事；新闻报道有人需要救助，家长带孩子去捐款，献上一份爱心……经常用实际行动引导孩子怎么同情、关心、帮助他人，对培养孩子善良品质是最好不过的了。

● 建议二："粗心"老爸——让女孩发挥细腻温柔的天性

作为男性，爸爸对待生活往往比较"粗心"，而由于女孩天生的细心，爸爸的"粗心"，恰恰是培养女儿爱心的一种有效方式。

不信，来看看一位"粗心"爸爸的日记：

今天和女儿一起上公园去玩，在公园的石子路上，我们看到了一个大约4岁的小男孩，一直站在那里哭。当我们从他身边走过的时候，我发现小男孩的鞋带开了，而此刻他的妈妈并不在他身边。我本想帮小男孩系上鞋带，但转念一想：何不趁此机会给女儿上堂爱心课呢？于是，我故意装作没看到，这时候细心的女儿摇着我的胳膊道："爸爸你看，那个小弟弟的鞋带开了，他那么小自己肯定系不上，我们帮帮他吧？"我笑了笑说："宝贝儿自己也能系鞋带了吧？帮小弟弟系上好不好？"

女儿点了点头，帮那个小男孩系上了鞋带。

我拍了拍女儿的小脑袋说："你看爸爸真是粗心，都没看到小弟弟的鞋带开了，宝贝儿，以后类似的事情，要多多提醒爸爸啊！"

从那以后，细心的女儿总是能够发现一些需要帮助的人和事，并且总能热心地去给予帮助。

虽然这位爸爸的粗心是有意为之，但是实际生活中，有的爸爸的粗心是有目共睹的，比如：

家里养的金鱼需要换水了，他却没有注意到，结果金鱼死了；

周末需要去看看爷爷奶奶了，他想不起来，爷爷奶奶打电话抱怨了；

冰箱里的牛奶没有了，他忘记了，一家人没有牛奶喝了；

……

这些细枝末节爸爸们可能很少注意到，而细心的女孩很可能已经注意到了，所以，爸爸想要培养女儿的爱心不妨好好地利用一把自己的粗心，让你的女孩"忙"起来。比如：

家里的小狗嗷嗷叫着，爸爸可以粗心地不去理会，而家里的女孩可能已经觉察到小狗饿了，心疼地给小狗喂食呢。

妈妈做家务的时候，找不到垃圾袋了，粗心的爸爸可以说，我不知道放哪了，细心的女孩却已经开始为妈妈找来了。

邻居家的老奶奶很久没到小区散步了，粗心的爸爸可能并没有发觉，可是细心的小女孩也许已经知道老奶奶可能生病了……

家有女孩的爸爸，你说你的粗心对细心的女孩来讲，是不是很好的培养爱心的方式呢？

● 建议三："爱心呵护者"——发现孩子的爱

著名教育专家卢勤老师说："孩子的爱心是稚嫩的：你在乎它，它就会长大；你忽视它，它就会枯萎；你打击它，它就会死去。"

很多时候，家长抱怨自己的女孩没有爱心，事实上，是家长缺少一双发现爱、呵护爱的眼睛。比如：

小女孩为刚下班的爸爸倒了一杯茶，爸爸却着急地说："去去去，快去写作业，谁用你倒茶。"

小女孩蹲在地上帮一只受伤的小鸡包扎，妈妈却生气地说："谁让你摸它了，小鸡多脏啊！"

……

孩子的爱心就这样被父母剥夺了。

说到这里，家长或许会感到疑惑：家长究竟该怎么做，才不会误读女孩的行为，伤害她的爱心呢？

关于此，我们不妨看一看，前苏联教育家苏霍姆林斯基的故事：

苏霍姆林斯基当校长的时候，学校的花园里开出了一朵极大的玫瑰花，每天都有许多人前来观赏。一天早晨，苏氏在花园里散步时，发现一个4岁大的小女孩已经摘下了那朵玫瑰花，正拿在手里快活地往外走。

故事到这里，我们不禁会想：苏霍姆林斯基一定会走上前去，对这个小女孩进行批评。然而，实际上苏霍姆林斯基却根本没有去批评小女孩，他是这样做的：

苏霍姆林斯基蹲下身子，亲切地问道："孩子，你摘这朵花是送给谁呀？能告诉我吗？"小女孩有点羞怯地说："我奶奶病得很重，我每天都陪着她说话。我告诉她校园里有一朵非常大的玫瑰花，奶奶就是不相信，我现在摘下来送给她看看，看过了我就把它送回来。"听了小女孩天真的回答，看着小女孩纯朴的小脸，苏霍姆林斯基心里很感动。他牵着小女孩的手又回到了花园里，摘下两朵大的玫瑰花对她说："一朵是奖给你的，因为你有充满爱的心灵；另一朵是送给你奶奶的，感谢她养育了你这样好的孩子。"

我们可以想象：我们面对这样的情况的时候会怎么做呢？

或许，我们会斥责女孩不知道爱护花草树木，缺乏公德心；或许，我们会责怪女孩光知道自己拿去欣赏不管别人看不看得到，十分自私……可是，这样做的结果呢？小女孩出于对奶奶的爱来摘玫瑰花的本意受到了人们的误解，她会觉得委屈，她会觉得自己真的是个没有公德、自私的女孩，到最后，她可能就这样自责下去。

是的，女孩的爱心是需要我们发现和呵护的。只有家长不断呵护女孩的爱心，她才有坚持下去的动力。

细节 34

激发女孩的勇气,培养女孩的自信心

女孩父母的担心

女儿今年6岁了,聪明伶俐,惹人怜爱,可就是生性胆小,怕这个怕那个:跟我一起到小区散步,看到人家的宠物狗都吓得直往我身后躲;我们带她去游乐园,望着小朋友玩海盗船羡慕得不得了,可她自己就是不敢上去玩;和同学们一起玩捉迷藏,不和别人藏在一起,她自己就不敢藏……女儿这么胆小,可真是愁死我们了!

受体内荷尔蒙的影响,女孩天性安静、温柔、敏感……同时也决定了女孩性格中含有懦弱的成分——相比于喜欢冒险、竞争的男孩,女孩更倾向于安静地守候在爸爸妈妈身旁,依赖于爸爸妈妈给予她的安全感。比如:

她们怕黑;

她们不敢一个人睡在房间里;

她们害怕生人,不敢跟陌生人说话;

她们害怕各种各样的虫子;

她们经不起一点儿挫折,很容易在问题面前六神无主;

……

因为她们胆小,人们经常会将女孩与怯懦联系起来。例如:如果受到了男孩子的欺负,她们只知道哭,而不知道反抗;即便是那些已经长大成人的女性,在面对自己的正当利益受到侵犯时,也常常是不敢反抗。所以,在大多数家长的心目中,女孩与男孩是完全不同的，她们就是"弱者"的代名词。

正是在这种观念的影响下，大多数的家长都对女孩疼爱有加，他们不仅在衣、食、住、用、行等各个方面对女儿进行最细心的照顾，而且还试图在任何方面都避免女孩受到伤害。

或许家长对这样一些场景并不陌生：

女孩自己踩着小凳子去够高处的东西，妈妈看见了，急忙把女儿抱下来，抱怨道："你想要什么，跟妈妈说，妈妈给你拿，爬这么高，摔着了怎么办？"

女孩拿着剪刀想要自己做洋娃娃，妈妈夺过剪刀吓唬道："什么都乱动，割破手怎么办？"

……

家有女孩的家长，你是不是也曾面临着这样的情况：当你的女孩想要做些什么的时候，生怕孩子受到一丁点的伤害，急忙当起了"护花使者""全能超人"？

在父母如此多的"怎么办"、如此多的"越俎代庖"面前，女孩开始学会等待，开始怯懦、胆小了，开始缺乏勇气了，面对问题开始止步不前了，开始畏缩了……

明白了这些，家长在现实生活中，就要将锻炼的机会还给女孩，努力做到这样几点：

● **建议一：妈妈要对女孩"狠"一点——做女儿勇气的激发者**

在一次年级联欢会上，我认识了这样一个女孩：

女孩叫小楠，能歌善舞，面对全校师生表演，一直落落大方、镇定自若。对小楠的表现我很是好奇：一个女孩面对这么多人，还能勇敢地表现自己，她是怎么做到的呢？

后来在一次家长开放课上，我认识了小楠的妈妈，谈话间我提到了小楠在学校中的表现，并问她是否有什么培养女孩勇气的高招。

小楠妈妈笑着告诉我下面的经验：

我自己也是一个教育工作者，很明白"勇敢"对女孩一生来说

有着怎样重要的影响。所以,在日常生活中,我并不像其他妈妈一样对孩子宠溺无度,而是留心为培养女儿的勇敢创造条件。

比如说,前段时间我和女儿一起逛商场,等我们买完东西之后,我发现钱包不见了。大多数情况下,妈妈们一定会选择自己解决问题,而我不是这样做的。我郑重地告诉女儿:"妈妈的钱包不见了。"女儿一听这话就慌了:"钱包不见了,我们怎么回家啊?"

看着女儿一脸担心、害怕的样子,我尽量用平静的语气跟女儿说:"我们来想一想还有其他方法没有?"说这话时,我故意掏出手机看了看。先前还没精打采的女儿,一见我手中的手机,忽然眼睛一亮,说:"有了!妈妈快给爸爸打电话,让爸爸来接我们。"

就这样,在女儿的"指导"下,我给老公打了电话。

看到这里,你是不是认为这位家长的举动有些多此一举?如果是这样,那我就要告诉你,你误解这位家长的良苦用心了。

的确,碰到这样的情况,大多数家长第一时间做的就是自己想办法解决问题,孩子还小,没有必要让孩子跟着担心,其实这种想法对孩子勇敢的培养没有半点好处。从来不给孩子面对问题的机会,也就剥夺了孩子增长勇气的机会。

案例中这位妈妈的做法就很好,她既不在女儿面前表现出慌张,给孩子心里增加过多的恐惧,也没有在女儿面前表现得无所谓,让女儿感受不到问题的存在,而是恰到好处地"狠下心"告诉女儿,她们现在的处境,并将女儿和自己放到同一个水平上来思考解决的办法。当女孩意识到,自己和妈妈一样具有解决问题的能力的时候,她的勇气也就慢慢形成了。

很多时候,妈妈们就需要对女孩"狠"一点,让她知道,有些事情是她必须要面对的,有些事情是她能够解决的。比方说:当女孩哭着告诉你,她不想做什么的时候,你就要"狠"下心告诉她,这些事情是她必须要做的,不要因为女孩流眼泪就心软了;当女孩因为对某个事物畏惧而不敢做什么的时候,你就要学会引导她,让她了解到这些事物并不像她想象的那么可怕……在女孩被"逼"的过程中，妈妈恰当地教给她解决的方法，她独立面对问题的勇气也就能慢慢培养起来了。

● 建议二：爸爸要对女孩"宠"一点——做一个善于鼓励的好参谋

说起"宠"养女孩，一位女孩家长发出这样的感叹：

我对女儿宠得可不是一点半点，她要什么我给什么，女儿从小身子就弱，犯了错误，谁也不敢说她，一说她就哭起来没完……有时候发点小脾气，我也由着她。现在可倒好，女儿对我是厉害得不得了，一到了外面，就跟一只小猫似的什么都不敢说，什么都不敢做……你说这孩子怎么越宠越不像话呢？

看到家长发出这样的感叹，我真不知道该说些什么。很多家长都认为，宠养女孩就是要给女孩丰裕的物质条件、足够的关心与爱护，为女孩撑起一个"保护伞"，保护她不受到外界的伤害，然而，这样宠养女孩真的是正确的吗？

我看不是。宠养女孩不仅是要给予她足够的爱与呵护，更是要赋予她将来在社会上生存的种种能力。如果像上述爸爸那样宠养女孩，结果会是怎么样呢？毫无疑问，女孩将失掉享受挑战生活的乐趣，失掉勇敢战胜困难后的成就感。

有的家长或许会问："我们到底该怎么样'宠'养女孩，才能让女孩在感受到父母关爱的同时增长自身的能力呢？"

一位聪明的爸爸是这样做的：

我的女儿小薰今年8岁了，相比于同龄的孩子，小薰总是那么自信、勇敢。每当和同学们一起参加活动，碰到问题的时候，女儿总是第一个站出来积极地解决问题；每当学校组织什么活动的时候，女儿也总是第一个站出来表现自己。学校的老师曾经问过我："为什么你家的女孩总是那么勇敢？"

其实，这和我教育孩子的方式是分不开的，一直以来我都十分宠爱女儿。不过我宠爱女儿的方式却和别的爸爸们不同。比如，我

和女儿一块儿去逛商场,女儿看上了某件东西,却不敢跟我说,我就会装作没有看出来,直到她亲口告诉我想要什么,我才可能满足她。再比如,女儿要参加学校的活动,然而她却忐忑不安地告诉我,她害怕自己做不好,我就会要求她先在我面前表演表演,虽然在表演过程中女儿可能会出现一些失误,但我总是尽量用温和的语言告诉她做得不错,如果改正哪里应该更好……

家有女孩的爸爸,这位爸爸的经验之谈,是不是对你有所启发?当你的女孩不勇敢的时候,你不妨试一试这位爸爸的做法:一、鼓励孩子说出自己内心的需要。二、做一个不挑剔的好参谋,温和地指出她的不足,激励她做得更好。

的确,如果孩子连自己内心的需求都不敢说出来,在面对别人的侵犯时往往就会选择逃避,当面对自己需要的东西时往往就会选择舍弃,当面对新的环境、新的挑战时也就选择了退缩。这样,对女孩的成长来说是非常不利的。

所以,家有女孩的爸爸,你该明白,"宠"孩子不是简单地满足孩子的物质欲求,也不是简单地充当她的代言人帮她解决一切麻烦,而是要在生活中帮助她发掘出她的勇气,帮助她树立起信心,当你的女孩自信、勇敢地把自己展现在别人面前的时候,才是你最成功的时刻,也才是孩子最幸福的时刻。

● 建议三:循序渐进,克服女孩的心理障碍

女孩之所以表现得胆小,什么都不敢做,主要原因其实就是对有些事情不了解、自己没有接触过、尝试过,存在莫名的心理恐惧。这时候,父母就更应具备耐心,循序渐进,帮女孩克服这种心理障碍。

对此一位幼儿园老师为家有女孩的家长作出了表率:

珠珠是一个幼儿园小班的女孩,因为父母的过度保护,珠珠对什么事情都不敢接触,十分胆小。就比如玩滑梯,别的小朋友在那里玩得热火朝天,她却躲得远远的,面对这样的情况,老师是这样

做的：

老师走过去，问："你看小伙伴们玩得开心吗？"

她说："开心。"

老师说："那咱们走近一点看看。"

老师拉着珠珠靠近滑梯。她看别人玩得那么高兴，越看越眼馋。

老师进一步诱导说："你也滑一个好吗？"

珠珠吓得赶紧往后面缩。

老师说："这么办，我抱你，咱俩一起滑，好吗？"

珠珠勉强同意了。

在老师的怀里，珠珠很有安全感，她和老师一起滑了下来。

老师问："好玩吗？"

珠珠说："好玩。"

老师又问："害怕吗？"

珠珠说："不害怕。"

老师说："你真勇敢！这回你自己玩好吗？我在旁边保护你。"

珠珠终于敢自己玩滑梯了。

这位幼儿园老师做得就非常好，她对胆小的珠珠没有任何的指责，也不是放弃不管，而是为孩子设立具体的小目标，允许孩子尝试，成功了立即表扬，终于使她自己敢玩滑梯了。试想：如果这位老师冷冰冰地讥笑珠珠："人家都玩滑梯，你怎么不去？胆小鬼！"结果会如何？这样的老师不是没有，这样的父母也多得是。

家有女孩的家长，当你的女孩也开始惧怕什么事情、不敢做什么事情的时候，不妨向这位老师学学，循循善诱、逐步引导，带着孩子慢慢尝试，使她在不知不觉间消除心中的障碍，克服内心的恐惧。

 细节 35

不做脆弱的公主
——女孩也要坚强

女孩父母的担心

女儿是个名副其实的公主,生活当中异常的娇气:手臂擦破了一点儿皮,会哭个昏天暗地;遇到一点儿问题,马上就会六神无主,四处求援;内心受到一点点冲击,便觉得全世界都抛弃了她……

一位家长曾这样说起过自己成长过程中的往事:

小的时候家里条件不好,想吃什么好吃的,穿什么好看的,妈妈都不给我买,当时,我还很委屈,觉得妈妈不爱我,连吃点好吃的、穿点好看的都不满足我。等大一些,明白一些事理,对妈妈的做法,我也能渐渐理解了。然而,小时候没有被满足的缺憾却深深地影响着我。

如今,我也当上了母亲,对于自己的孩子,我总是拿出更多的爱和耐心去呵护,孩子想要什么,我都会尽量满足她,不让她感到一点儿委屈和不快……

相信这位家长所说到的情况,道出了很多家长的心声。我们这一代多多少少都吃过一些苦,正是因为我们知道吃苦的滋味不好受,所以,在我们养育孩子的过程中,总是会刻意地避免让孩子吃苦,总是会尽量地给孩子更多的关照和呵护。

然而,我们这样做带给孩子的是什么呢?

就拿上述家长的孩子来说,这位家长总是由着孩子,纵着孩子,宠着孩子，不让孩子受到一点儿委屈，可是现在孩子怎么样了呢？吃不得苦，受不得累，没有一点儿自理能力，受到一点儿打击就哭天抹泪，有什么要求得不到满足，就寻死觅活，甚至还闹过离家出走。

她的妈妈为此也是愁眉不展："女儿被我惯成了这个样子，我可怎么收拾这个残局呢？"

的确，孩子的教育问题是百年之计，对女孩的性格塑造更是如此，现在的教育不当，就可能给孩子的一生造成无法挽回的影响。

对于大多数女孩而言，因为受到父母过多的宠爱和保护，她们性格当中缺失最严重的就是坚强。所以，培养女孩坚强的性格显得非常有必要。

● 建议一：爸爸，不要成为孩子依恋的"靠山"

在家庭生活中，我们常常可以看到这样的现象：当女孩被草丛里的小昆虫吓得哭起来的时候，爸爸往往像救世主一样出现在女孩的面前，告诉她："别怕，爸爸在呢！爸爸给你打死它！"当女孩面对难题一筹莫展的时候，爸爸出现了："有什么问题？爸爸帮你解决。"久而久之，爸爸，也就成了女孩心里的"靠山"，有爸爸在，自己什么都不用做，什么都不用想。

这样的直接后果就是，一旦爸爸这个"靠山"不在女孩的身边时，女孩就会慌了手脚，不知道到底该怎么做，也就勇敢不起来了。

看到这里，家有女孩的家长或许会问："爸爸不当女儿的靠山，那爸爸应该怎么做呢？"

对此，一位成功培养出勇敢女孩的爸爸这样说：

我从来不会在女儿面前表现得无所不能，我只是会在女儿需要的时候告诉她，遇到这样的事情该怎么做。比如，前不久和女儿一起去公园散步，恰巧看到了隔壁的邻居牵着自家的小狗也来了公园。女儿一看见小狗就吓得往我身后躲，我知道如果女儿不能克服对小狗的恐惧，在她的心里就会对狗产生阴影，这对她以后的成长来说

并不是好事。于是,我先是抱着女儿来到了邻居跟前,跟邻居寒暄起来,接着摸了摸邻居家的小狗说:"这小狗真可爱。"说这话时,我偷偷看了看女儿,果然,随着我夸奖小狗,女儿也开始怯怯地打量起小狗来。我顺势拍了拍小狗的脑袋望着女儿说:"乖女儿,跟小狗打个招呼,好不好?"说着我握着女儿的小手去摸小狗的毛,女儿开始时还有些害怕,当她一接触到小狗那柔软的毛时,竟开心地笑了:"爸爸,小狗摸起来好舒服啊!"

我们可以想一下,多数家长遇到相同的情况时是怎么做的:一、抱着孩子走开;二、对孩子说"小狗有什么好怕的",带着孩子走过去。

然而,这两种方式都不能很好地培养女孩的勇气,因为,当你抱着孩子走开,或者带着孩子走过去的时候,孩子对狗的恐惧,并没有因为你们的回避而消除。

例子中,爸爸的做法就比较明智:他先是自己示范一下,用行动告诉孩子,小狗并不是那么可怕,接着试着让孩子自己去接触小狗,让她亲自体验到小狗是很温顺、很乖巧的动物。这样,女孩对小狗的恐惧也就慢慢减弱,直至消失了。

家有女孩的爸爸,当你的孩子也对什么事物或问题畏葸不前的时候,不要再充当孩子的"靠山",用行动告诉孩子该怎么做,对培养孩子的勇气来讲比"全权代劳"要有效得多,也明智得多。

● **建议二:妈妈,不要把怯懦传染给孩子**

我们曾多次提到这样一点:妈妈是孩子的第一任老师,有什么样的妈妈就会有什么样的女儿。正因如此,家有女孩的妈妈就一定要记住这样一点:即使你自身不够勇敢,但在女儿面前也不要表现出你的怯懦,因为你的表现对孩子的影响,比别人要强得多、大得多。

为什么这么讲?打个比方,作为妈妈,当你发现虫子或者老鼠,失声尖叫时,你的女孩也已经被你的这种恐惧深深感染了,在她看来大人们都害怕的东西,一定是非常可怕的,你的怯懦已经在潜移默化中传染给了敏感的女孩。

所以，家有女孩的妈妈，在你养育女孩的过程中一定要注意，**你可以不勇敢，但是在女儿面前你一定要表现得勇敢；你可以不坚强，但是在女儿面前你也一定要表现得坚强。**

看到这里，有的妈妈或许会问："表现得坚强，表现得勇敢，说得容易，我们自己本身就胆小，可怎么表现呢？"

对此，一位同样也很胆小的妈妈，给出了这样的经验：

其实，我也是个非常胆小的人，但是为了女儿以后不要像我一样怯懦，我和女儿在一起的时候，从来不会表现出害怕，即使有时候，我真的已经怕得要命。

举个例子来讲，前段时间老公出差，家里只有我和女儿，白天还好，女儿上幼儿园我上班，一到晚上，偌大的房子里只剩下我和女儿，静得让人害怕。但我若因为害怕而早早把女儿安排到屋里去睡觉，在黑夜里女儿可能会更加恐惧。于是我装作像往常一样，若无其事地打开电视机，抱着女儿坐到沙发上陪她一起看动画片，看着女儿看电视着迷的样子，我心里害怕的情绪也慢慢退了下去。很多时候，我都是在装作若无其事地去做别的事情的过程中，慢慢淡忘了心中的恐惧。所以，在女儿面前，我一直都是一个勇敢的妈妈，不怕黑、不怕苦……

家有女孩的妈妈，如果你同样是位胆小的妈妈，如果你不知道在女孩面前该如何装得勇敢，不妨像例子中的妈妈学习学习——给自己找点别的事情做，转移自己的注意力。你在这样做的时候，已经悄悄把一种信息传达给了孩子：妈妈是勇敢的。当女孩心中滋生这样的信息的时候，她就会自觉地把妈妈当成自己学习的对象。

● **建议三：女孩也能玩枪——男孩教育方式的加入让女孩更坚强**

教育专家对某小学一个班级的女生进行了长达18年的跟踪调查。调查的结果显示，在这些女生之中，有4名女孩一直都非常优

秀,她们现在的职业分别是律师、建筑设计师、政府要员和商界精英。而且,她们身上有着很明显的共同点,那就是坚强,有很强的进取心。而其他的女孩要么是碌碌无为,要么就是早已过起了家庭主妇的生活。

同样的年龄,接受同样的学校教育,为什么这4名女孩会比别人更加出色呢?

教育专家们从这些女孩的家庭教育中找到了突破口,他们惊奇地发现,这4名女孩的家庭教育也存在一个很大的共同点,那就是,她们的父母对她们采用了倾向于男孩的教育。在这其中包括,在她们小的时候,让她们玩一些男孩玩的玩具,和她们做一些男孩们才喜欢的游戏和运动,如打篮球、赛跑等。

由此得出这样一个结论:对女孩采用倾向于男孩化的教育,可以促使女孩更加优秀。

其实,这些倾向于男孩化的教育方式之所以能让女孩更加优秀,是因为在女孩的童年期,它弥补了女孩身上的女性弱点,如软弱、依赖性强等。例如,男孩游戏的竞争性会让女孩明白,依赖他人只能是失败,只有通过自己能力的提升才能赢得成功;家长带女孩玩的那些男孩游戏以及参加的体育运动会告诉女孩,一个坚强、勇敢的女孩才能赢得他人的喜爱和尊重……

另外,还需要提醒家长的是,对女孩进行倾向于男孩式的教育,并不是说要把女孩当成男孩来养,否则不但会使我们的女孩变成"假小子",而且对她的心理健康也有很大的影响。其实,对女孩进行倾向于男孩式的教育指的是,**家长鼓励女孩的女性特征,同时还要用男性的坚强来弱化女孩身上的弱点。只有让女孩同时具备两种不同的品质:女性的细腻和体贴、男性的勇敢和坚强,我们的女孩才更加容易走向成功。**

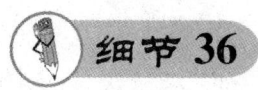

耐 心
——有耐心才有好涵养

女孩父母的担心

和大多数安安静静的女孩不一样，我的女儿就像个坐不住的假小子。她还没听完一堂课，就开始坐立不安；她不等我们把话说完，就会不耐烦地跑开；和小伙伴一起做游戏，还没玩多长时间就会没了兴致……

在人们的传统观念里，女孩做事要更细心一些：她们能敏锐地感触到他人情绪的变化；她们更能塌下心来认认真真做事情；她们更愿意从事一些细致的活动，比如跟妈妈学针线活……

然而，我们不能忽视的一个现象是，在我们身边，也有很多女孩出现了做事没有耐心、马虎粗心的问题。

很多家长为此头疼不已，这些女孩做事这么没有耐心，怎么能够把事情做好？家长的这些担心不是没有道理的。耐心作为做成一件事情的必要条件，在人的一生之中都有着非常重要的作用。就好像一开始提到的那种女孩：不能够安静地听完一堂课，也就不能掌握课堂的知识；不能够耐心地做完作业，就不能及时巩固学过的内容；不能够和小伙伴一起做完一个游戏，就不能体会到游戏的快乐、融入小伙伴的队伍……

如果一个人没有养成耐心的习惯，那么这个人就难免会吃心浮气躁、急功近利的亏。

一个女孩若是缺乏耐心、风风火火,难免给人留下不稳重的印象,而"稳重"恰是气质女孩必备的要素之一。

所以,当女孩身上开始出现急躁不安、不耐烦等一系列表现时,女孩的家长就要格外注意了。

 建议一:在女孩做事的过程中,家长切勿随意打扰

生活中,我们常常会发现这样的现象:

女孩正在房间埋头写作业,妈妈探头进来说:"宝贝儿,先吃饭吧,吃完再写。"

女孩正和小伙伴们一起堆雪人,妈妈走到孩子身边说:"乖女儿,跟妈妈回家吧,外面冷。"

或许有的家长认为这并没有什么不妥,毕竟自己的出发点都是为了女孩好,都是爱女孩。但家庭教育专家认为,当孩子正在做一件事情的时候,作为家长最好不要去打断她。因为家长打断孩子之后,孩子再重新去做这件事的时候,本身的激情和兴趣都会随之下降许多,相应的在遇到困难的时候,就更加容易放弃、没有耐心。

一位家长就曾经跟我说起过这样一件事情:

我的女儿小时候十分喜欢搭积木、玩拼图,往往是一玩起来连饭都忘了吃。每次都是我去叫她,她才会出来。开始的时候,她还会因为我打断了她的游戏而不高兴,后来也就习惯了。慢慢地我发现,女儿做什么事情都没有耐心,经常会"三天打鱼,两天晒网",做作业也坐不住,坐一会儿就会到处走动走动,逗逗小猫,摆弄一下玩具……

我经常会想:女儿怎么会变得这么没有耐心呢?

相信很多家长都会觉得奇怪:一个喜欢搭积木、玩拼图的女孩,本应该是一个非常有耐心的孩子,怎么会变得那么没有耐心了呢?其实,原因还是在于家长好心办了错事。的确,家长看女孩玩得饭都不知道吃,往往会不由自主地去喊女孩吃饭,然而,在家长一次又一次打断女孩的过程中,其实已经向她传达了这样一个信息:有些事情不一定非要做完,才能去做别的事情。女孩在这样的信息暗示之下,做事可能就会拖拖拉拉、马马虎虎、没有耐心。

所以,聪明的家长,当你的女孩正在全神贯注地做一件事情,而做这件事对她又不会造成损害的时候,切记不要去打断她,以免女孩养成半途而废的不良习惯。如:她练琴没有结束,不要跟她说别的;女孩在做手工的时候,不要让她分神去做别的事情……这些都是为了让女孩养成一种做事耐心、仔细的好习惯。

● 建议二:让女孩学会负责

一位中学语文老师这样讲述了自己童年时的一段经历:

我的父亲是中医。许多年前一个暑假,父亲拿出一摞医书,对我和哥哥们说:这些医书是我借来的,请你们帮我抄下来,有重要用处。

当兄妹三人准备抄写时,父亲又提醒道:"抄医书非同寻常,抄错一个字就可能给病人开错药方,害了人家性命。所以,必须字字端正清楚,不可贪玩马虎。"

孩子们听了,无不心生神圣之感,似乎真的成了医生,如同给病人开处方一般,一笔一划认真抄录。几个假期,兄妹三人都与医书为伴,练出了坐功,练出了严谨,也练就了一手好字。

看到这里,我们不得不称赞这位父亲的高明,赋予孩子以"责任感",让她知道她所做的事情有多么重要,这就让孩子小小的心里充满了对自己所做事情的"神圣感",从而更加仔细、耐心。

当你培养女孩耐心的时候,不妨也试着赋予女孩"责任感",让她明白自己身上的担子关乎着什么。比如,家长可以让女孩喂养几条鱼,告诉女孩,金鱼活得好还是不好,死还是活,都掌握在她的手里;比如,家长可以告诉女孩,不扫地家里的卫生就得不到保证,生活在一个脏兮兮的环境里,对家人的健康非常不利……

当女孩知道了自己身上担子的重大,生活在关系之中的女孩,就会多多地替别人考虑,担起责任,耐心仔细地做好每一件事情。

 细节 37

学会分享，让女孩远离自私

女孩父母的担心

> 人们都说女孩是水做的，对于我家的宝贝女儿，我也是百般呵护。可我越是疼她，越是宠她，她反而越目无尊长，唯我独尊起来，家里有什么好吃的，都自己独占，孩子要这么成长下去，还不成了自私的"小气鬼"？

现在的孩子多是独生子女，娇生惯养似乎已是每个家庭的普遍现象。

所以，在日常生活中，我们经常能够看到一些孩子因为一些鸡毛蒜皮的小事，吵得热火朝天、不欢而散：

"这个布娃娃是我的，不许你碰！"

"这是我家的脚踏车，我不给你骑！"

"你撞倒我了，我让爸爸揍你！"

家长如果仔细观察就会发现，这样的女孩并不在少数，而在她们身上也有这样的共通之处：她们往往是不受小伙伴们欢迎的，她们往往孤僻、自我，身边没有一个朋友。

究其根本，就是女孩的自我意识太强，吃不得亏。或许有的家长会说，孩子，尤其是女孩生性都是善良的，为什么会变得这样自我呢？

或许，从一些小女孩的话语中，我们可以找到答案：

从小爸爸妈妈就非常疼爱我，好吃的好玩的，我想要什么就给我什么。所以，在我观念里就有这样的想法，只要我想要的，我就一定要拿到。

生活在关系世界中的女孩,本来应该是处处关心他人、照顾他人的,怎么在这些女孩身上倒出现了"唯我独尊"的现象呢?仔细分析她们的话,我们可以发现,这些女孩之所以会如此自我,其实是因为父母的过度宠溺,因为父母对她们百依百顺,父母对她们的要求总是不问缘由地满足,从来没有教过她们要懂得分享。长期生活在这样的环境中,她们怎么可能不自私、不自我呢?

一个自私、自我的女孩即使其他方面再优秀,也不会得到大家的喜爱。所以,作为家长,想要自己的女孩受到别人的喜爱和欢迎,就要教会她学会分享。

● 建议一:告诉女孩,分享能够带给她朋友和快乐

一位妈妈这样说起自己生活中的一件事:

前段时间,带女儿宁宁去公园玩,玩累了在公园的长椅上休息。女儿拿出饼干开始吃了起来,这个时候,我注意到长椅的另一头一个小男孩眼巴巴地看着女儿吃饼干,我灵机一动:女儿平时不善交际,我何不利用这次机会,好好锻炼锻炼她呢?想到这儿,我对女儿说:"宁宁,把饼干给小弟弟一些好吗?"

女儿迟疑了一下,缓缓把手中的饼干伸向那个小男孩:"给你吃……"

小男孩顽皮地笑了笑,接过女儿手中的饼干吃了起来,两个孩子很快聊得热火朝天了。回家以后,我问女儿:"和别人一起分享好吃的饼干,是不是更快乐呢?"女儿点点头。"那宁宁以后要多和小伙伴分享好东西哦,这样你就能够更快乐,得到更多的朋友了。"女儿似懂非懂地点点头,以后真的这么做了,并且真的赢得了很多朋友。

的确,一点好吃的、好玩的,能够拿出来和大家分享,很快就能拉近孩子之间的距离,女孩家长如果懂得了这一点,在教育女孩的过程中,让她学会和小伙伴分享,不仅能让女孩很快得到小伙伴的喜爱,更能够锻炼她的交际能力。

● 建议二:和孩子"抢"东西吃

一位儿童教育家说:"只知索取,不知付出,只知爱己,不知爱

人，是当前独生子女的通病。"的确，现在的父母对子女的爱简直到了溺爱的程度。

然而，一位资深家庭教育专家这样给父母们敲起了警钟："溺爱是父母与孩子关系上最可悲的事，用这种爱培养出来的儿童不肯把心灵献一点儿给别人。"仔细想想不无道理，"自私自利""自我中心"是"分享"的最大敌人。

如果你的孩子不懂得和别人分享，那你就帮帮她，多和她"抢抢"。下面这位妈妈的做法，就很好地告诉了家长该怎么和孩子"抢"：

女儿稍微大了一些之后，我不再把好吃的、好玩的全部留给她一个人去享受，我会和她一起吃，一起玩，甚至有时候还会和她"抢"。打个比方：上个周末，我带孩子去爷爷奶奶家，正赶上他们做螃蟹。螃蟹做好端上来以后，女儿饿狼扑食一样奔着螃蟹就去了，我也不甘落后，伸着筷子就去夹螃蟹，不过片刻，盘子就见了底。孩子爷爷奶奶笑话我说："你多大的人了，还和孩子争？"我笑了笑没有说话，只是把夹到碗里的螃蟹放到了孩子爷爷奶奶碗里，女儿瞪着眼睛看着我，仿佛在说："为什么不给我？"

看着女儿这副样子，我一敲她的脑门道："爷爷奶奶也喜欢吃螃蟹啊，平时爷爷奶奶什么好吃的都给你，你看到好吃的，也要想到爷爷奶奶啊……"

女儿低着头看了看碗里的螃蟹，又看了看一个劲要把螃蟹夹给她的爷爷奶奶，小脸一红，把碗端开了，"爷爷奶奶，你们吃，你们吃……"

看着女儿懂事的样子，我欣慰地笑了。

女孩不懂得分享怎么办？上面的例子就给出了很好的回答。当你的女孩只顾着自己的时候，你不妨去和她抢着吃，让她意识到这个东西不止她爱吃，别人也爱吃，用实际行动教她要学会关心他人。

懂得感恩的女孩，是父母的"贴身小棉袄"

女孩父母的担心

女儿真是越来越像个公主了，不仅对我们颐指气使，而且我们帮她把事情做好之后，她也是一副理所当然的样子，丝毫不懂得感恩。作为父母，我们可以迁就她，可以后步入社会，谁还会迁就她呢？

在家庭生活中，我们常常可以听到这样的对话：

"出门戴上帽子，外面冷。"妈妈细心地叮咛。

"知道了！"孩子不耐烦地回应。

"冒汗了不要马上脱衣服，小心感冒。"妈妈一边体贴地帮孩子穿衣服，一边说。

"不要你管！"孩子倔犟地推开妈妈。

的确，在很多家庭中，孩子对于父母给予的关爱无动于衷，甚至麻木、不耐烦，早已不是什么稀罕的事。面对这样的情况，不知道家长们有没有想过，到底是什么原因造成了孩子这样的表现。

我以为，归根结底就是父母对孩子的爱心教育没有做好。她们不懂得家长说这些话、做这些事，是关心她、爱她、为她好。

既然如此，家长该怎么做才能让孩子认识到自己对她的关爱，懂得感恩呢？不妨让女孩学着做这样几件事：

● **建议一：让女儿为你洗一次袜子**

小女孩们聚到一起，经常这样谈论自己的家长：

"我每天穿的衣服都是妈妈帮我准备好，放在床头的。"

"我的妈妈真是'包办'，什么事情都要帮我做好！"

"我的爸爸也是，什么都不让我做！"

听到这些话，你作何感想？是不是觉得自己为孩子付出那么多，孩子还不知满足地挑三拣四呢？是不是觉得自己做了那么多，在孩子眼中怎么就那么不值一文呢？

如果你意识到这一点，那我就要告诉你，现在开始对孩子的思想、行为进行纠正还不晚。

孩子对家长所做的一切，熟视无睹或者厌烦、无所谓，正是不懂得感恩的表现，一个不懂得感恩的孩子，我们很难想象她会去感激别人，关爱别人。

对此，一位女孩曾这样说起自己生活中的一件事：

记得有一次，我和妈妈一起洗脚。洗完之后，妈妈忽然说："苗苗乖，把袜子给妈妈洗了，好吗？"

当时我愣了好一会儿，妈妈的袜子为什么要我洗呢？我心里很不乐意，就嘀咕道："我不洗。"

妈妈并没有生气，而是心平气和地对我说："苗苗，妈妈每天给你洗袜子，你帮妈妈洗一次都不行吗？"

想想妈妈的话，我惭愧地低下了头。妈妈为我付出那么多，我怎么能连一双袜子都不给妈妈洗呢？

想到这里，我默不作声地把妈妈的袜子放到盆子里，洗了起来。

家长们总是说自己的孩子不知道感恩、不知道体贴父母，其实，根本原因就在于家长没有给孩子制造一个感恩的机会。

对待孩子，父母可谓是用心良苦，生怕孩子受到一点委屈，在家里孩子想要做点什么的时候，父母常说的就是："宝贝乖，去看动画片吧，这里爸爸（妈妈）来干就好了。"

一次、两次，当孩子习惯坐享其成的时候，也就不再觉得父母为自己做的事情会有多辛苦，自己需要对父母为自己做出的事情心存感激了。

所以，作为父母，只有让孩子亲身为别人做一次事情，才能体会到别人为自己做这件事情的辛苦。只有懂得了其中的辛苦，孩子才会懂得感恩；懂得了感恩，才能体会到爱、深入地理解爱，也才能做到爱他人。

家有女孩的家长，如果你的孩子不懂得感恩，不懂得体贴你、关心你，不妨也让她为你做一点小事，可以是洗一次袜子，可以是洗一次脚，也可以是端一杯茶、拿一次拖鞋……

相信你的孩子在做这些事情的时候，会这样想：原来，爸爸（妈妈）为我做了这么多事，我真是应该感谢爸爸（妈妈）。

● **建议二：让孩子学着照顾人**

在一个亲子论坛，一位妈妈这样抱怨：

"前段时间我生病了，老公恰好出差，虚弱地躺在床上，看女儿依然无忧无虑地看着动画片，我的心凉透了。孩子已经8岁了，按理也该知道心疼人了，怎么看到我这个样子连问都不问一下……"

这位妈妈的抱怨很快引来了很多妈妈的跟帖：

"我家孩子也是，平时工作累了，回家做完饭想早点休息，可这小丫头就是不让你休息，吵着让你给她讲故事、陪她玩……"

"周末的时候，带孩子回我父母家，我父母年纪大了怕吵，跟这孩子说了多少遍了，到了外婆家不要大声吵闹，可她就是不听！"

到底是什么原因造成妈妈的"贴心小棉袄"不贴心了呢？原因无他，就是对孩子的爱心教育不到位。换句话说，就是孩子没有意识到自己应该去关心别人。

的确，在现代家庭中，长辈们的中心都是围着孩子转，久而久之，孩子自然就形成了唯我独尊的优越感，也就不懂得去考虑别人的感受、关心别人过得好坏。也正是在这个意义上讲，让孩子学着

照顾一下人，是非常有必要的。

看到这里，有的家长也许会问："孩子那么小，她们怎么懂得照顾人呢？"

对此，一位成功让孩子学会照顾人的妈妈是这样做的：

孩子7岁那年暑假，孩子的奶奶生病住院了。当时老公在外地出差，孩子的爷爷年纪大了，也没有那么多精力照顾病人。所有的重担一下子压在了我身上，每天我像一个陀螺一样，从家里转到医院，又从医院转到家里，经常累得喘不过气来。有时候家里的饭都顾不上做。女儿晴晴对此颇多抱怨。一天早上，吃完饭后，我对女儿说："晴晴，跟我去医院看奶奶吧！"女儿似乎对医院感到好奇，爽快地答应了。在医院里，女儿亲眼看到了我怎样照顾婆婆、喂饭、喂水、擦洗、倒尿……

回家之后，女儿默默地给我打来一盆热水，端到我跟前跟我说："妈妈，你累了一天了，好好洗洗吧！"

自那以后，女儿仿佛一瞬间懂事了、长大了，在我照顾婆婆的日子里，女儿甚至还给我做过饭、洗过脚……

试想一下：如果妈妈对孩子的抱怨置之不理会是什么结果？孩子依然不会知道妈妈的辛苦，依然会对妈妈没能好好照顾自己无休止地抱怨，也就不会知道妈妈在照顾病人的同时还照顾自己需要付出怎样的辛劳。

例子中的妈妈做法就非常明智，她没有向孩子解释自己没能好好照顾到她的原因，也没有斥责孩子不知道心疼自己，而是让孩子亲眼看到自己一天中所经历的事情，让孩子切身感受到自己的辛劳。母女连心，这个时候孩子还会抱怨妈妈对自己照顾不周吗？

所以，家有女孩的家长，当孩子不知道怎么去关心人、照顾人的时候，你不妨先给她作个示范，让她在不知不觉中受到你的熏陶，进而渐渐成为一个富有爱心的小公主。

让女孩拥有一颗宽容、博大的心

女孩父母的担心

> 女儿在学校就像是一个独行侠，没有朋友，我们鼓励她交一些朋友，她却开始数落同学身上有这样那样的缺点，根本不配做自己的朋友，孩子这么挑剔，还不真成了孤家寡人啊？

何谓豁达？《中国大百科辞典》中是这样解释的：豁达指心胸开阔，性格开朗，能容人容事。可以这样说：豁达是一种大度和宽容的性格，是一种美好的品德，是一种乐观的豪爽，是一种博大的胸怀、洒脱的态度，也是人生中最高的境界之一。

如果要为豁达找一些相对立的词，那一定是"心胸狭窄""小肚鸡肠""睚眦必报"。

如果一个女孩的性格与这些词语沾上边，她不仅会在人群之中落单，她今后的人生也将有很多不快乐。

有这样一个女孩：

她的朋友很少，问她为什么不主动去交朋友，她总能罗列出周围所有人的缺点，例如，莉莉不爱干净、小雨说话有些刻薄、薇薇爱向老师打小报告……也正因如此，她与周围人之间的矛盾总是接连不断，今天因为莉莉的一个眼神而生气，明天因为小雨不经意的一个动作而烦恼……总之，不管是学习、工作还是生活，她总是觉得不顺心。

这个女孩为什么不快乐？毋庸置疑，这与她不够豁达的心胸有很大的关系。作为成人我们知道，人无完人，每个人身上都会不可避免地存在这样那样的缺点，如果一个孩子总是因为他人身上的小

缺点、他人的一个小过失而耿耿于怀,这种做法无异于庸人自扰。

一个心胸狭窄、睚眦必报的人身边肯定不会有真正的朋友、志同道合的合作伙伴,因为人与人之间的相处就是这样的:如果她不喜欢周围的人,周围的人肯定也不愿意与她接触;如果她对周围的人不宽容,那周围的人对她必然也会睚眦必报;如果她总是看周围人不顺眼,周围人必然也会频频地找她的麻烦……人与人之间少了理解、宽容,矛盾自然会接连不断。

正因如此,为了避免女孩在人生道路上有这诸多的麻烦,及时培养女孩宽容、豁达的性格就显得极为必要。

如何让女孩具备宽容的性格、豁达的人生态度呢?

● **建议一:教女孩宽容对待周围的人和事**

美国著名的文学家爱默生说过:"宽容不仅是一种雅量、文明、胸怀,更是一种人生的境界。宽容了别人就等于宽容了自己,宽容的同时,也创造了生命的美丽。"

一本杂志曾刊登过这样一个故事:

一天,在一个"儿童俱乐部"的活动现场,一位满脸歉意的工作人员,在安慰一个大约4岁的小女孩。原来那天小孩较多,这个工作人员一时疏忽,就将这个小女孩遗忘在了网球场。等工作人员找到这个孩子后,小女孩因为一人在偏远的网球场,受到惊吓,哭得十分伤心。

不久,孩子的妈妈来了,看到哭得惨兮兮的孩子,她没有因为心痛孩子而责备那个工作人员,而是蹲下来,一边安慰受惊的孩子,一边很理性地对她说:"已经没事了,那个姐姐因为找不到你而非常紧张,并且十分难过,她不是故意的。现在你必须亲亲那个姐姐的脸颊,安慰她一下。"

4岁的小女孩听了妈妈的话,停止了哭泣,踮起脚尖,亲了亲蹲在她身旁的工作人员的脸颊,并且轻轻地告诉她说:"不要害怕,已经没事了。"

这位妈妈是智慧的,她知道怎样爱孩子,怎样培养孩子的宽容之心。

宽容是一种非常珍贵的感情,它主要表现为对他人过错的原谅,它表现的不仅仅是孩子的大度,还是家人赋予她的一种人生态度。只有胸怀宽广,孩子的内心才会快乐,性格才会更加活泼,只有这样,孩子才能拥有一个好人缘,才能拥有更加宽广的人生。

● 建议二:让女孩远离斤斤计较

在很多时候,女孩心胸狭窄,是因为她们还没有学会从他人的角度思考问题,或者说她们还没有从别人的角度思考问题的意识。这时,家长要巧妙地引导女孩站在他人的角度思考问题。

女儿的同桌不小心把她新买的文具盒弄坏了,女儿不依不饶,不仅把同桌的文具盒也弄坏了,还把她的文具扔得满地都是。

我得知这件事情之后,很想告诉她,与人相交要大度一些,要多为别人想想,但我还是决定让她亲身体味一下被别人"报复"的滋味。当天晚上,女儿不小心把饭打翻了,我知道教育她的时刻来了。于是,我大声对她喊:"你怎么搞的,吃饭也不好好吃,浪费粮食,罚你今天晚上不许吃饭了!"

女儿看我这种态度,委屈地对我说:"妈妈,我不是故意的。"

这时,我温柔地对她说:"谁都有不小心犯错误的时候,妈妈只是想告诉你,因为不小心犯了错误而不被人原谅是很不舒服的。这正如你不原谅你同桌的不小心,还把她的文具盒弄坏一样。你说是吗?"

女儿不好意思地低下了头。

记得教育界的一位专家对家长们说过这样一句话:"你的孩子会成为天使还是恶魔,这主要取决于你。"这句话向家长们所传达的教育观念是非常明确的:在孩子小的时候,她的是非辨别能力是非常薄弱的,别人把她的物品弄坏,她们会很自然地报复、怨恨别人,如果这时家长仍然添油加醋地告诉孩子:"一定要让他赔!"那么女

孩只会成为一个心胸狭窄、睚眦必报的人；反之，家长及时地引导她站在别人的角度思考问题，那女孩就会成为一个善解人意、宽容大度、拥有豁达人生态度的人。

● **建议三：教女孩正确看待他人的缺点**

生活中，我们经常听到女孩这样评价同学：

"妈妈，××真笨，连课本也能弄丢了，他怎么这么笨呀！"

"老爸，我们班有个同学可脏了，同学们都不愿意搭理她，我也不想和她玩！"

……

在说这些话时，女孩经常会流露出不满和不屑的神色。这时，家长应该注意了，如果你顺着她的话说："××就是很笨""不要和有缺点的孩子一起玩"则很容易使她对别人产生偏见，进而变得不能容忍别人的缺点，使她的心胸变得日益狭窄。

在这种情况下，家长要及时纠正孩子的"世俗"观念，告诉孩子人人都有缺点、人人都可能犯错误，更多的时候，我们要包容别人的缺点，帮助别人改正错误。只有这样，孩子才能拥有一颗宽容、博大的心。

拥有乐观心态的女孩，一生快乐、幸福

女孩父母的担心

女儿最近总是闷闷不乐，动不动就哭鼻子抹泪儿，遇到事情不能如意，还会来一句"我就知道不会有好结果"，愁眉苦脸代替了童颜欢笑，真不知道女儿怎么会忽然如此悲观！

曾在一本教育杂志上看到这样一则话：只要孩子对自己持正面的看法，对未来持有乐观的态度，那父母就大可放心，这个孩子这辈子都不会离幸福和成功太远。

仔细回想生活中的女孩，在她们之中有很多孩子很乐观，从不为打翻的牛奶而哭泣，而有些孩子却生怕牛奶会忽然一下打翻，在很多时候，好事在她们眼中也常常会变成坏事。例如——

小女孩静静，由于个子高挑，长相甜美，被选为学校联谊会的主持人，同学们都羡慕她，要知道，这可是她们都努力争取过的职位啊！但静静却没有一丝兴奋感，相反，她还忧心忡忡地对我说："老师，要是万一我出错了，在众目睽睽下，多丢人呀！"

众人羡慕的好事在这个女孩看来却变成了一件坏事，思想如此悲观，她将如何去面对成长过程中的那些风风雨雨呢？想想看，如果一个人总是遇到不开心的事，不管是在学习上还是事业上，她能取得成功吗？更重要的是，如果一个人的思想总是消极悲观，许许多多的麻烦事就会不请自来。所以，要想让女孩将来能够快乐、成功，家长从现在开始就应该培养她的乐观心态。

孩子的乐观从何而来？是父母遗传因素决定的吗？与此有一定

的关系，但这绝不是主要决定因素。家长为其创设的成长环境如何，才是最为重要的。

美国儿童教育专家多萝西·劳·诺特在她的著作《孩子从生活中学到什么》一书中这样论述："如果一个孩子生活在敌意之中，他就学会了争斗……如果一个孩子生活在恐惧之中，他就学会了忧虑……如果孩子生活在猜忌中，他们将学会嫉妒……"

同样的道理，如果一个家庭中总是充满着消极悲观的思想，孩子是无论如何也学不会乐观的。在生活中，我常会听到家长这样教育活泼好动而又不拘小节的孩子：

"晚上开着窗子睡觉，你想冻死吗！"

"不是爬树就是登高，你想摔死呀！"

"别动那个插线板，你想电死呀！"

……

毋庸置疑，这些带"死"字的话语所传达出的都是消极悲观的负面信息。孩子之所以变得悲观，罪魁祸首往往就是它们。想想看，一个整日担心会摔死的孩子，她会放开手脚大胆地去探索吗？一个总是担心会电死的孩子，她是不是会变得缩手缩尾……更重要的是，每天接触到的都是这种消极的负面信息，孩子很自然就会朝着消极悲观的方向思维。

所以，要想让女孩拥有阳光心态，家长必须要学会使用正确的语言教育她，引导她朝着积极乐观的方向思维。例如：

天凉，孩子睡觉忘了关窗子，家长不能说："你想冻死呀？"而是说："把窗子关上吧！免得着凉！"

孩子的语文考了五十分，家长不能说："你居然有一半题不会做，没前途了！"而是说："你能考五十分，表示已经掌握了一半的题目，再努力一点点，马上就要及格了！"

……

多向她灌输这种正面的思维，终有一天，你的女孩会从那个"生怕牛奶会突然打翻"的孩子变成"即使牛奶打翻了也不会哭泣"

的孩子，因为正向的思维已经使她掌握了一种神奇的乐观能力，总能在不幸的事情之中发现幸运、光明的一面。

除此之外，家长还可以用以下这些方法来培养女孩的阳光心态：

● 建议一：教女孩学会说"太好了"

在生活中，无论遇到什么情况，乐观的人都会习惯性地说一句："太好了！"例如，天气好，她们会说："外面阳光明媚，太好了！"天气不好，下着雨，她们会说："太好了，雨后可以看到彩虹了！"……这既表明了她们对生活充满了感恩，又是她们积极乐观心态的一种体现。

所以，家长教会女孩说"太好了"，在很大程度上也有利于她阳光心态的形成。

在这一点上，一位妈妈给孩子做出了榜样：

这位妈妈的工作需要时不时地出差，虽然她不希望离开孩子，但每次出差之前，她都会表现得非常轻松，而且还会神秘地对孩子说："宝贝儿，你知道吗，现在妈妈面前有一个非常好的提升自己的机会，偶尔出几次差，妈妈的工作能力就会越来越强，真是太好了！"因为她的渲染，孩子从没有因为她的出差而消极悲观过。

有时周末也要加班时，这位妈妈就会这样对孩子说："太好了，宝贝儿，明天妈妈要去参加一个非常重要的会议。"这时，孩子便会自豪地这样问妈妈："妈妈，你在单位是不是特别重要的人物呀？"

看，孩子的思维方向是可以由家长的教育方式来决定的。大多数人都不喜欢出差和加班，但这位妈妈却懂得把这些不喜欢做的事换一种方式表述给女孩，这实际上就是在向孩子传达一种积极的思维，在潜移默化地向她灌输乐观心态。

出差本是一份辛苦的事，但通过这位妈妈的渲染，孩子就会觉得出差是提升工作能力的好机会；加班也很辛苦，这位妈妈的说法却让孩子产生了这样的感觉：妈妈的工作能力很强，在单位是很重

要的人物。

无论遇到什么事情,家长总是先从它的积极方面入手,习惯性地说"太好了",在这种氛围中成长,女孩自然而然就会形成积极乐观的心态。

建议二:多让女孩讲一讲自己的优势

一位老师在教学的过程中,常常会让班上的同学逐个讲自己的优点和优势。刚开始,学生们很容易就能讲出,例如"我的成绩好""我做数学题比别人快"……每当这时,老师都不忘对他说:"看你多幸运,有这么多优点。"

但讲得多了,身上那些明显的优点和优势几乎都讲完了,学生们再也找不出了,这时老师又这样引导他们:"生活中那些习以为常的事情是不是你的优势呢?例如,与那些孤儿相比,你有疼爱你的爸爸妈妈,还有奶奶爷爷等这么多爱你的亲人,这是不是你的优势呢?"

掌握了这种讲述自己优势的规律,学生们很快就能从平常事中寻找自己的优势了。例如,可以在宽敞、明亮的教室里上学,可以每天吃到妈妈做的好吃的饭菜,偶尔还能和爸爸妈妈去游乐场游玩……

一个对自己的优点和优势熟视无睹的女孩,是很难乐观起来的。所以,亲爱的家长,想让女孩变得积极乐观起来,不妨学学这位老师的方法,引导女孩讲讲自己的优势吧!

建议三:教女孩正确认识自己的缺点

在生活中,很多女孩悲观消极,与她们本身具有的缺点有很大的关系。例如,一个女孩很胖,她很可能就会悲观地认为:"也许上天注定我就是那个不被关注、容易被忽视的人。"在这种情况下,家长就应该及时引导她认识到:每个人身上都有缺点,这些缺点都是可以弥补的。

例如,一位从事儿童心理学研究的家长就这样引导女儿看待自己的缺点:

女儿的个头不高,他这样对女儿说:"别人在个头方面超越了你,但你却在品德方面超越了别人。"

女儿的数学成绩不理想,他这样对女儿说:"在语文这一学科上你有绝对的优势,在数学这一学科上再用一点力,你就可以天下无敌了!"

……

世上没有完美的人,孩子身上有些缺点和小毛病是非常正常的事情。要想让女孩积极乐观,家长就不能总是盯着她的缺点看,而应该用"寻宝"的态度去挖掘她的优点。哪怕她真的不够优秀,家长也应该把她身上那些小小的优点努力放大,多引导她关注自身的优点,她的思维就会逐渐变得乐观、积极起来。

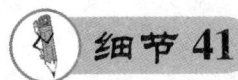

帮助女孩从"遇事退缩"转变为"积极主动"

女孩父母的担心

女儿什么都好,可就是有一样,对什么事情都看得很淡,小小年纪就一副与世无争的样子,从不肯参加一些竞争类活动。女儿如果一直这样下去,等她步入社会,面对激烈的社会竞争,可如何在社会上立足呢?

在一次教育研讨会中,一位老专家提出了这样一个问题:"未来的孩子最应该具备的能力是什么?"这可难坏了与会者,能够帮助孩子行走于社会的能力有很多,比如与人交往的能力、学习能力、总结能力等,但哪一种才是最应该具备的呢?

老专家笑着讲了一个故事提醒大家:

有个孩子很优秀,成绩好、品德好、个性好,但也有一个缺点,很怕参加竞争性的活动,用她自己的话说就是:"竞争太残酷了,真不明白人们为什么总是喜欢比来比去!"所以,在平时的学习生活中,她很少与小伙伴玩有输赢的游戏,也很少参加学校组织的任何比赛……大学毕业后,虽然成绩很优秀,但她始终没有找到工作,因为她排斥"竞争",也就很难适应找工作的层层面试和选拔。她不止一次对周围人说:"真想像陶渊明一样找个地方隐居起来。"

老专家的讲述使得大家恍然大悟,原来他提到的是应对竞争的能力。仔细一想,的确很有道理,女孩天性容易自卑,面对激烈的竞争很容易会打退堂鼓。

然而现实的情况却是，当她步入社会，就需要面对层层的激烈竞争，缺少了这种能力，女孩不但会在未来的社会站不稳脚跟，她自己也会因为适应不了社会而感到痛苦万分。孩子向往陶渊明式的田园生活，但那种悠然自得的生活只能出现在没有竞争的理想社会。在经济日益发展的现代社会，向往那样的生活就是在逃避竞争、逃避现实，长久处于这样的姿态中，孩子的未来也就可想而知了。

其实，即便我们不思考未来，仅仅就眼前来说，没有竞争意识，不敢去竞争，女孩的成长道路也会一直留下平庸的记号。

当问一些有经验的老师"对哪些孩子印象更深刻"时，他们想都不用想就会回答："当然是那些敢于去竞争也具有出众竞争力的孩子了。"如果我们接着问原因，他们能列举出无数条理由。例如：

那些敢于去竞争的孩子给班级赢得过很多荣誉，比如她们在学校组织的运动会中取得过很多奖项；

那些敢于比试、竞争的孩子学习成绩都很棒；

那些积极主动去应对竞争的孩子比一般孩子的心智成熟很多；

那些不惧怕竞争的孩子适应能力特别强；

……

除此之外，还有非常重要的一点，正是因为他们身上那股勇于竞争的劲头，注定了他们的未来绝不会平庸。

所以，在女孩小的时候，家长引导她积极勇敢地去面对竞争是非常有必要的。

● **建议一：经常跟你的女孩"比赛"**

提到培养女孩的竞争意识，一位家长的经验是，**把"比赛"变成女儿生活的一部分**。以下是她的分享：

女儿小的时候是个"慢性子"，走路慢、吃饭慢、穿衣服慢，有一次我统计了一下，从开始穿衣服到穿好衣服下床，孩子竟然用了一个多小时。我知道照这样下去，女儿不仅会变成名副其实的"慢

性子",而且还会因为"慢"而日渐惧怕竞争。

为了避免这种情况的产生,我将"比赛"贯穿到了我们的生活之中。我们比穿衣服、比走路、比吃饭、比刷牙……总之,凡是能比速度的,我们都会拿来比一比。这样一比,女儿做事的积极性大幅度提高了,不但速度快了、动作快了,而且还喜欢上了比赛。

如果一个女孩从小是在"比赛"的环境中成长起来的,她长大后会惧怕竞争吗?

当然不会。社会中的竞争很激烈,但仔细一想,它实际上就是家庭中竞争的"扩大版"。家庭中的竞争虽然没有那么残酷,但它对孩子的积极影响一点都不会少。它告诉孩子:只有勇敢地去面对比赛,你的能力才会最完美地发挥出来;不能硬碰硬,要讲究技巧地竞争……

另外,对于女孩来说,比赛就是一种游戏,她们喜欢游戏,但绝不喜欢单调重复的游戏,所以,在引导女孩比赛时,家长一定学会变换花样,例如,今天这样对她说:"谁先穿好衣服,谁就做'第一名'。"明天你就应该变一个花样,比如这样对她说:"谁最后穿好衣服,谁就负责把被子叠好。"

● 建议二:鼓励女孩多参加学校的比赛

不管是在幼儿园还是小学,各种各样的比赛活动络绎不绝,例如,比才艺、比知识、比体育等。面对这样名目繁多的比赛,家长千万不要让女儿只做"旁观者",真正地参与进去,她才能成为敢于竞争的"勇者"。

一位家长在博客中这样纪录自己的教育感想:

学校要举办一个朗读比赛,虽然孩子并不擅长朗读,但我仍然鼓励她报了名。孩子告诉我,她对这场比赛非常没有信心,我笑着对她说:"离比赛还有10天时间呢,现在有没有信心并不重要,重要的是赛前有没有信心。现在多加练习,一切都来得及!"

于是,只要一有空闲时间,我就与孩子一起大声朗读,除此之外,我还教了她很多实用的朗读技巧。比赛完之后,我没问孩子成绩怎么样,而是先给了她一个热情的拥抱。之后,孩子兴奋地告诉我:"虽然比赛前'狠狠地'紧张了一会儿,但比赛时并没有太紧张,由于赛前作了充足的准备,我感觉自己发挥得特别不错!"

孩子能够说出这样的话,我想,即使她的成绩并不理想也没有关系,因为孩子在这次比赛中已经收获很多了。

女孩到底在比赛中收获了什么?其实,从她对家长说的话中我们也能总结出:比赛不像想象的那样可怕,盲目地紧张是没有用的,赛前进行大量的训练是必要的。相信当孩子自己总结出这样的经验时,她定能镇定自若地去面对每一次竞争。

除了鼓励女孩多参加比赛之外,对于年龄稍大的女孩,家长还可以引导她参加班干部竞选。现在很多学校选拔班干部都在模仿社会上的竞选模式,公开投票。女孩提前接触并参与这样的竞选,将来面对激烈的竞争时才不至于手忙脚乱。

当然,在这个过程中,我们还要有这样一点认识:既使她成绩不理想,即使她暂时还不具备领导才能,即使明知道她会落选,你也应该鼓励她去试一试。只有亲身体验过,她眼中的竞争才不再可怕和神秘。

● **建议三:教女孩正确看待"输"与"赢"**

如果我们仔细询问那些不敢参与竞争的孩子:"你们到底怕什么?"她们中大多会这样回答我们:"怕输。"

是的,有比赛就必然有"输"与"赢",有竞争就必然有"胜"与"负"。家长如何看待这些结果,常常决定着孩子如何面对竞争:家长过于强调"赢"的重要性,孩子就会输不起,甚至还会因为害怕输而拒绝参与竞争。

因此,要想让女孩勇于竞争,家长必须要教她正确看待"输"与"赢"。

我在教育孩子时就是这样做的:

在孩子小的时候，我仅仅是把比赛当成一种简单的游戏。孩子赢了，我亲亲她的小脸恭喜她"越来越厉害了"；孩子输了，我仍然会亲亲她的小脸，然后问她"想想下一次怎样才能赢妈妈"。而孩子也仅仅是把比赛当成游戏。

当孩子年龄稍大一些，我就鼓励她去参加一些适合她的比赛，但并不要求她一定要赢。在我看来，对于孩子来说，"赢"不一定是好事，"输"也不一定是坏事。不论结果如何，我都会与孩子一些作一个总结：为什么会赢？是不是赛前做了大量的准备工作？输的原因是什么？如何才能避免？

因为我不注重结果，我的孩子对竞争的结果也不像其他孩子那样在意，但每次比赛、竞选她都会全力以赴。

不管你家的孩子是男孩还是女孩，在接受教育方面，有一个道理是相通的：如果你的教育方式是不科学的，那孩子就会沿着不健康的道路成长。家长太过注重比赛的结果，那孩子的眼光也就会只盯在输赢上，即使参加的比赛再多，对于她们来说也没有任何意义。

完美的女孩不任性,更理性
——能管住自己的女孩才有好未来

- 细节42:不要让女孩成为任性、自我的"倔公主"
- 细节43:女孩的理性多一分,所受的伤害就少一分
- 细节44:掌握这样几个对女孩说"不"的技巧
- 细节45:教女孩正确认识自己的负面情绪
- 细节46:引导女孩远离错误的价值观
- 细节47:家长理性教育,女孩才更理性
- 细节48:赏罚分明:对要赏,错要罚
- 细节49:一定要让女孩有自己的主见
- 细节50:犯错误后,让女孩自己说怎么办

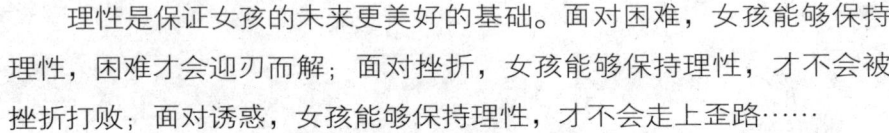

引　语

　　理性是保证女孩的未来更美好的基础。面对困难，女孩能够保持理性，困难才会迎刃而解；面对挫折，女孩能够保持理性，才不会被挫折打败；面对诱惑，女孩能够保持理性，才不会走上歪路……

　　所以，作为女孩的家长，在女孩成长的关键期，一定要赋予女孩理性的特质！

不要让女孩成为任性、自我的"倔公主"

女孩父母的担心

我家琳琳非常任性,一旦看中了什么东西,就一定要得到,不满足她,她就大哭大闹不肯罢休。女儿要是一直这个脾气,长大后可怎么得了?

报纸上曾有这样一篇报道:

13岁的女孩平平因为期末考试没有考好,妈妈批评了她两句,她觉得很没面子,和妈妈吵了一架之后,偷偷离家出走了。

看到这篇报道,你或许会觉得不能理解:现在的孩子怎么都这么倔?芝麻大点儿的小事,值得离家出走吗?

其实,这种情况发生在女孩身上一点都不稀奇。原因无他,因为女孩看待问题更感性。因为女孩生性敏感的缘故,看待事物总是喜欢"感情用事",对待问题也往往带着自己的主观色彩,喜欢沉溺在自己营造的"感觉"里面。

或许,家长对这样的情况并不会陌生:

孩子指着商店橱柜中的玩具,任性地说:"我要,我要,我就是要!"

看着大姐姐在冬天里拿着的冰激凌吃得有滋有味,女孩小嘴一瘪:"我也要吃!"

正在做作业时,女孩喜欢的动画片开演了,女孩扔下手中的笔,咻溜跑到了电视机跟前,将作业的事情抛到九霄云外去了。

凡此种种,不胜枚举。因为女孩感性的缘故,她们做事总是喜

欢任性而为，跟着自己的感觉走，常常不会想到这样做的后果。如果孩子一直这样发展下去，长大成人之后会是怎样一番局面呢？因为做事感性、冲动而为，她可能犯下很多无可挽回的错误；因为不够理性、缺乏自控，她可能耽误很多事情，贻误很多机会……

所以，作为女孩的家长，在养育女孩之初就对孩子进行理性教育，是非常有必要的。

 建议一：多给孩子提几个"如果"——不让女孩成为任性公主

在一所小学家庭教育讲座中，几位妈妈发出这样的疑问：

"我家女儿很贪玩，每次到了睡觉的时间都不睡，还玩得兴高采烈，任我们怎么哄都不管用，我们也只好由着她。可第二天上课她就无精打采的，听课的效果自然不好，成绩也一直上不去……"

"我家那个小鬼头每次跟我上街总是会撒几次'泼'，不是缠着我要这个，就是缠着我要那个，从来不想想，她的要求我是不是能够达到。"

"我的女儿平时挺乖巧的，可就是有时候犯点儿'傻'，认准一件事一闷头走到黑，你说一个女孩子家，这么倔可怎么得了？"

……

的确，女孩子有时候任性起来，真是"九头牛都拉不回来"，真有一股不达目的誓不罢休的"志气"。很多时候家长出于对女孩的宠溺，在女孩出现"犯倔"情况时，便会束手投降，赶紧摇起"白旗"，但是，摇起白旗的后果是什么呢？女孩更加任性、自我，更加意气用事。

任性、自我、意气用事，是做事不够理性的大敌。如果家长在无意之中滋长了孩子这些习性，就是在埋没孩子的理性。基于这样的考量，家长在日常生活中就要多多注意自己的教育方式了。

对此，一位聪明的妈妈是这样做的：

女儿媛媛7岁了，身为妈妈，我总觉得怎么爱她都爱不够，在日常生活中也就对女儿颇多照顾，尽量满足她的需求。但近些日子以来我却发现，女儿似乎抓住了我疼爱她的心理，总是跟我要这要那。这时候，我猛然意识到：我不能把她宠成一个任性自我、固执偏激的孩子。于是，当孩子再向我要什么东西的时候，我不是简单地满足她，而是会用迂回的方式告诉她，如果满足她的要求，我们将面临怎么样的后果，引导她深入地去思考一些问题。

比方说，女儿想买一个大号玩具熊，这个玩具熊的价格相当于我们一家半个月的伙食费，于是我跟女儿讲："如果我给你买了玩具熊，在接下来的日子里，我们就只能每天吃咸菜和馒头了。我看这样，从明天开始我们吃半个月的咸菜、馒头，回来就给你买。"

真的吃了一天馒头、咸菜之后，女儿似乎有些动摇："我看我们还是不买玩具熊了吧，我不想每天吃馒头、咸菜！"

看着女儿开始理性地思考问题，我偷偷地乐了。

这位妈妈的做法是不是给了家长一些启发呢？当你的孩子也在固执地坚守着自己的阵地，不达目的不罢休的时候，你不妨也给她上上"如果"引导课，让她自己去想象后果（女孩的想象力绝对是非常丰富的），如果她还执意坚持，你不妨就把"如果"变成真实，让她切实受点"苦头"，相信经历过几次想象或"苦头"之后，女孩便会重新审视自己的行为，用一个全新的、理性的视角来看待问题了。

● 建议二：告诉她为什么"不许"

当你不许女孩这么做，不许女孩那么做的时候，你告诉女孩为什么不许的原因了吗？如果没有，女孩总是不听话，那就是你的错！

为什么这么说？

孩子还小，本身没有分辨对错的能力，当你简单地告诉孩子"不许"的时候，孩子并不知道这样做有什么不对，为什么"不许"，所以，当家长不在自己身边的时候，对家长明令禁止的行为，孩子还是会不自觉地去做。因为她不知道自己到底错在哪里。孩子如果总是在不知道为什么的情况下被告诉"不许"，她的脑袋里就会

很迷糊，就不会形成一定的思维，这样不仅不利于孩子改正不良的行为，更是不利于孩子理性思维的养成。

关于此，一家游乐场中两个截然不同的教育场景为我们提供了借鉴：

两个刚刚玩过海盗船的小女孩缠着自己的爸爸，让他们给自己买冰激凌。

场景一：

一个爸爸粗暴地对女孩说："大冷的天，吃什么冰激凌！"结果，小女孩委屈地坐到地上哭了起来，任这位爸爸怎么哄，都不肯起来，嘴里还大喊着："爸爸不疼我了，爸爸不爱我了！"

场景二：

另一个爸爸看着吵着要吃冰激凌的女儿说："妞妞告诉爸爸，上次感冒难受吗？"小女孩似乎想到了上次的难受情形，点了点头。这位爸爸又说："妞妞刚刚玩过海盗船，身上很热，并不适合马上吃冰激凌，如果现在吃了冰激凌你可能会像上次感冒一样难受。"小女孩低着小脑袋好像在想着什么，终于点点头对爸爸说："爸爸，我不吃冰激凌了。"

从对比中我们可以看到：如果爸爸没有试着跟孩子讲道理，只是一味地告诉孩子"不许吃"，后果会怎样？爸爸重复的、单调的命令式语言，让孩子感觉不到爸爸的爱，更是在爸爸单调重复"不许"的过程中，混淆了理由和结论之间的关系。当命令式的语言越来越多，解释的越来越少，女孩习惯了服从的时候，也就丧失了主动思考、主动探寻的动力。这样下去，孩子还可能理性得起来吗？

所以，作为家长，在养育女孩的过程中，要尽量避免那些单调命令式的语言，引导孩子多一点思考，当家长为孩子解释的原因越来越多的时候，孩子就会慢慢养成一种逻辑思维能力，当逻辑思维能力越来越强的时候，这个孩子就是一个理性的孩子了。

 细节 43

女孩的理性多一分，所受的伤害就少一分

女孩父母的担心

女儿今年上初二了，最近总是魂不守舍的，跟她的好朋友一打听才知道，这小丫头居然失恋了！孩子才多大，竟然就谈开了恋爱，而且更严重的是，她好像一直沉迷在这段感情里不能抽身，学习情况就更是一塌糊涂。女儿这个样子，我们怎么能不担心呢？

家长曾经留心过的话，就会发现，男孩与女孩观察问题和思考问题的方式是截然不同的。

一项对全国青少年早恋问题的调查资料显示：

全国400件早恋事件，约有350件早恋事件中受伤害最大的是女孩。

这其中的原因何在呢？恰是因为男女之间思考问题的方式不同。相比之下，男孩更为理性，当他发现早恋对他的学习和成长不利时，往往能够中止自己不理智的行为，重新审视自己，果断抽身；而女孩则不同，因为她们比较感性，她们往往沉溺于过去不能自拔。

因为感性，女孩看问题的时候，总是更容易浮于表面，很难理性地思考问题。就好像我们在前面例子中所说的那样：看到街头的乞丐，我们单纯的女孩也会流泪，仿佛别人的不幸就是她的不幸似的；看韩剧时，经常也会被一些故事情节感动得欲罢不能。

也正因为女孩的感性，她们很容易受到外部事件的影响或喜或

悲，也很容易在外部事件的刺激下做出一系列冲动的举动，比如为了得到喜欢的衣服而哭闹不休、因为失恋而自残等等。

在这里，我们不妨看一看生活中一些真实的事例——

××年××月，女孩因为失恋，心情抑郁，在自己的房间里吞下了一瓶安眠药，结束了自己花儿一样的生命。

××年××月，女孩因为和妈妈吵架，离家出走，不幸被人贩子盯上，贩进了深山……等公安机关找到她的时候，还不足18岁的她，已是两个孩子的母亲……

这样的事例还有很多，带给我们的启示也是深刻的。

女孩的感性一方面固然可以让她生活在一个美好的世界里，一方面却很可能给她带来很多不必要的伤害。

所以，作为女孩的家长，在养育女孩的时候，面对女孩的感性特质，我们要掌握正确的方法，平衡女孩的"感性与理想"思维，让我们的女孩明白什么事情需要感性、什么事情需要理性，从容地走上人生路。

建议一：多和女孩展开一些辩论活动

研究发现，争辩不仅可以引发孩子进行认真的思考，还能让其更为理性。因此，在生活中，父母可多与女孩就现实问题进行讨论，如在看电视的时候就某个人物进行争辩和分析、玩游戏的时候就某个游戏方式进行争辩……这样，时间久了，女孩的理性思维就能得到提升。

婷婷刚刚看完青春偶像剧坐到沙发上，妈妈就故意问她："你喜欢电视剧里哪个人物？"婷婷立刻兴奋地回答："当然是男一号了，真是太帅了。"妈妈马上反驳婷婷："是吗？我不喜欢那个男一号，除了长相好，他还有什么优点？"婷婷急了，马上进行反驳："他性格也好，心地也善良……"婷婷一边说，一边思考，对妈妈的反驳也越来越带劲儿了。

在长期和妈妈这么"对着干"的过程中，婷婷养成了遇事多思考的习惯，做事并不像同龄人那样容易冲动和感性。

不错，很多时候女孩会感性和冲动，跟她们对问题认识不深有很大的关系，在家庭生活中，有意识地引导她多思考、多总结，那么女孩的理性思维能力就能到极大的提升，遇到问题的时候也就理性多了。

● 建议二：和女孩一起讨论生活中那些"女孩受伤害事件"

感性的女孩总是容易受到伤害，如何让女孩受伤害的可能性降到最低呢？和女孩一起讨论生活中那些"女孩受伤害事件"，让女孩自己多思考，进而让她引以为戒，就是不错的方法。

有一次，法制频道播出一个节目，说是一位初中女生菲菲非常迷恋某男生，对这位大哥哥的话言听计从。然而，让人没想到的是，菲菲眼中充满魅力的大哥哥，却是个不折不扣的坏小子——他吸烟，酗酒，打架，赌博。因为欠下赌债无法偿还，这个坏小子将主意打到了菲菲身上，趁着菲菲家里没人，将菲菲骗出了家，贩给了人贩子……

看到这个节目的时候，妈妈开始这样问女儿："你觉得，菲菲为什么会受害？如果她能够对这个男生认识更深入一些，这样的情况是不是就不会发生……"

和女孩一起讨论生活中那些"女孩受伤害事件"，讨论的过程，其实就是赋予女孩理性思维的过程。家长和女孩讨论过的问题也必定不会发生在女孩身上。在实际生活中，家长不妨在这方面多用心。

细节 44

掌握这样几个对女孩说"不"的技巧

女孩父母的担心

孩子还小,总是会有这样那样的要求,有些要求是无理的、错误的,但面对孩子这些要求,我却不知道该如何对女儿说"不"……

管孩子是一门学问,尤其是管那些不听话、任性调皮的孩子,更是需要妈妈拿出"十八般武艺"来"见招拆招"。如何对孩子错误的行为说"不",就是最考验妈妈们"功力"的一环。

在家庭生活中,我们经常能够看到这样的现象:

一家人在餐桌上吃饭,孩子不高兴地对着妈妈喊:"妈妈,这些菜,我不爱吃,你给我做点别的吧!"

一家人出去游玩,孩子闷闷不乐地耍起小脾气:"妈妈,我要回家!"

和朋友一起聚会,孩子很不配合地不搭理前来逗他的叔叔阿姨。

……

面对孩子这样的行为,家长们该如何应对呢?

家长们也许会说:"孩子这样,又不是什么大不了的问题,用得着大惊小怪吗?"

对持有这种观点的家长,我们可以这样说:"这不是大惊小怪,而是对孩子的未来负责。"

我们可以想一想,孩子总是在餐桌上对你呼来喝去,总是任性妄为,总是毫无礼貌……这个孩子会长成什么样子?不用我说,家长也能猜到吧？

对于我的这一说法，很多家长都觉得犯难：孩子那么小，我们总不能跟孩子一般见识吧？这个"不"字，我们实在是不好说出口啊！

的确，对于身边朋友一些让我们心里不高兴的行为、举动，我们尚且不好意思出口说"不"，对于自己最为亲近的孩子，这个"不"字出口，则更是难上加难了。

有这样的担忧，我们可以参考这样几个方向的建议：

● 建议一：如何对任性吵闹的孩子说"不"

家庭之中有了孩子，整个家庭的气氛就变得不一样了，孩子就像是一个小天使，给家中带来更多的欢声笑语。然而，如果这个小天使过分地吵闹，那么你所享受到的就不是快乐，而是无边的烦恼了。

一位育有一对双胞胎的家长就这样苦恼地说：

别人都羡慕我有两个孩子，两个孩子互相能做个伴，让大人少操点儿心。可谁知道养着一对活宝的苦呢！两个人经常为了一点儿鸡毛蒜皮的小事就吵闹不休，整天在我身边团团转，"妈妈，姐姐又抢我的玩具！""妈妈，你到底管不管妹妹，她老是像个尾巴似的跟着我！"……听着这两个孩子没完没了地在我耳边相互"告状"，我真是一个头两个大，真想脚底抹油溜之大吉。

相信类似的情况，很多家长也曾遇到过，当你的孩子和小伙伴一起玩耍时，当你的孩子和你一起乘车外出时，不甘寂寞的她们总是会找出许多事来做，将你搅得不得安宁。

面对孩子的吵闹，你是不是也想和上述家长一样脚底抹油溜之大吉呢？你如果真这么想，可就不是一个称职的好家长了。

也许你会问："孩子整天吵闹，烦都被她烦死了，我们到底该拿这样的孩子怎么办啊？"其实，让孩子安静下来的方式有很多。家长只要能够找到孩子吵闹的问题所在，就能很好地向孩子的任性吵闹

行为说"不"。

据调查，孩子们出现任性吵闹的情况分这样三种情况：

孩子无事可做闲得无聊，吵闹让他们感到有事可做，不空虚；

孩子渴望被重视，想借此引起家长的注意；

孩子想要做某事，而她自己的能力又达不到，想借助妈妈的帮助。

不同情况不同对待，家长就能很好地解决孩子任性吵闹的问题。比如说：孩子闲得无事可做，家长就可以给她安排一些事情做，给她准备一些她爱玩的玩具，比如积木、九宫格、画板等等；孩子想借吵闹引起家长的重视，你就可以抓住孩子的这个心理，多多关注孩子，一旦孩子有好的表现，及时地表扬她，当孩子因为好的表现受到妈妈的表扬之后，就会渐渐向好的方面靠拢了；孩子因为能力不够不能做好某事，向家长寻求帮助，家长就要好好看一看，孩子想要做的事情是否是合理的，是否是自己可以帮助的。

如果家长能够找准孩子哭闹任性的症结所在，想要对孩子的哭闹任性行为说"不"，就是非常容易的一件事了。

● 建议二：对孩子的不良表现说"不"的技巧

一位教育专家曾说起自己这样一段经历：

前段时间去一位朋友家做客，还没进门，就听见朋友家的音响开得震天响。

我不禁有些纳闷：朋友一直都是安静内敛的人，今天这是怎么了？

我一进门才发现，把音响开得震天响的并不是朋友，而是她上初中的女儿。

看到我，朋友无奈地笑着说："这个孩子太不懂事，把音响开这么大声，把邻居都吵得不行，找我提了好几次意见。说她，她也不听，真不知道这孩子犯的什么毛病！"

朋友说这话时，我注意到她那个在音响前又唱又跳的女儿，根本就没有一点儿停下来的意思。

望着朋友一脸无可奈何，我也是感慨良多：孩子越长越大，身上的问题也开始越来越多，如何帮助孩子改正这些问题，让其朝着优秀的方向前进，成为摆在家长面前的艰巨任务。

现实生活中像例子中那位妈妈一样，对孩子的种种不良表现显得无能为力的家长并不在少数：

孩子和小伙伴一起玩的时候，小伙伴把她弄得不高兴了，孩子可能会忽然冒出一句："滚开！"

孩子上初中了，忽然有一天你发现，孩子顶着一头黄黄的卷发，穿着满是补丁的衣服进了门。

面对孩子这样的不良表现，对其放任自流绝对不是一个好家长应该做的。既然如此，家长该怎么做才能对孩子的种种不良表现说"不"呢？

一位知名教育家在她教育孩子过程中的经验，或许能给家长带来启发：

孩子越来越大，身上的毛病也越来越多。周末的一天，不知道这孩子从哪里找出来一件花花绿绿像是破烂的外衣就要穿着出门。

我非常不快地告诉她："你不能穿这件衣服出门，去穿你的运动衫。"

孩子不以为然地反驳我："可我喜欢穿成这样。"

我依然坚持："穿你的运动衫。"

孩子抗议："凭什么你让我穿什么我就要穿什么？"

我不急不恼："穿你的运动衫。"

孩子急得跳脚："你就会说这一句话吗，就不能说点别的？"

"穿你的运动衫。"

"好吧，好吧，你赢了……我去穿运动衫。"

"谢谢。"

如何对孩子的不良表现说"不"，这位妈妈给我们提供了很好的借鉴：**运用重复命令式技巧，一再重复你的话，坚持你的立场，让**

不娇不宠，富养女孩的100个细节

孩子没有讨价还价和争辩的余地。也只有妈妈坚持自己的立场，让孩子认识到她的做法是不被容许的，是错误的，她才可能慢慢改正这些不良的行为表现。

● 建议三：对孩子无理要求说"不"的方法

一位教育专家在做教育报告的时候，在现场互动环节中，有位妈妈焦灼地问了这样一个问题："我的孩子才上小学，可是，这孩子的虚荣心却不是一般的强，别人有个什么，回头就跟我要个什么，小小年纪竟学会了攀比，要是不满足她，就没完没了地闹，这样的孩子该怎么管教呢？"

这位妈妈的话一落，就引来了很多妈妈的附和：

"是啊，我家的孩子也是，想怎么样就一定怎么样，你要不依着她，她就给你哭个天昏地暗。"

"我家孩子经常缠着我，要我给她买名牌的衣服，一点儿也不考虑家里的实际情况。"

"我家孩子就是喜欢'多一次'，吃零食要多要一次，出去玩要多玩一次，给她讲故事要多讲一个，要大人陪，就央着大人要多陪5分钟。"

……

无论是孩子的攀比、讲究名牌，或者总是要求"多一次"，归根结底，就是孩子总是喜欢提出无理要求。

面对孩子种种的无理要求，家长到底该怎么将这个"不"字说出口呢？

一位教育学者说起了自己现实生活中的例子：

小侄女7岁的时候，也和很多孩子一样，特别任性，总是提出一些无理的要求。比如说，她和家人一起逛街，看上了某样东西，你要是不给她买，她就能从街上一直哭到家里；比如说，她想吃什么东西，你要不赶紧满足她，立马她就能跟你翻脸……哥哥和嫂子都拿她没有办法。

暑假我去哥哥家住了几天，哥哥逮到救星似的对我说："你可得帮我好好管管孩子。"

听哥哥说完缘由，我一口应承了下来。

在其后的几天，陪伴小侄女的任务就落在了我身上。一天上街，小侄女又开始吵着要一个新玩具。我非常镇定地告诉她："想要这个玩具可以，帮姑姑做点儿家务，姑姑付给你酬劳，等你攒够钱，自己来买，好不好？"小侄女开始不同意，但我一直态度坚决，不同意我的方法就不给买。

小侄女看自己怎么闹，我都无动于衷，开始向我妥协了。此后的几天，小侄女帮着家里洗碗、打扫卫生……我也按照规定付给孩子一定的酬劳。一周下来，小侄女攒够了买玩具的钱，我带着她去买回了那个玩具。回来的时候，小侄女对着玩具小大人似的叹了口气说："我为了来买你，可真不容易啊！"我被小侄女的话逗笑了。从那以后，哥哥嫂子也开始炮制我的方法，想要得到什么，自己"挣钱"去买，当小侄女的要求太过分时，她所受的"累"就要多一些。在自己劳动过程中，小侄女总是提出无理要求的现象慢慢得到了改善。

其实，很多时候，孩子之所以会提出很多无理要求，就在于妈妈没有让孩子意识到，她这样做会给父母带来什么。也就是说，孩子总是站到她的立场想问题，不懂得体贴别人。

面对孩子的这些无理要求，家长就该让孩子明白，想要得到某样东西，需要付出怎样的"代价"。比如说，孩子没完没了地对你索取，你就可以跟孩子说："想要，可以，自己去买。"孩子没钱怎么办呢？让她帮你做事，你付给她报酬。当孩子在为得到某样东西付出劳动的时候，就会明白，自己的过分要求对家长来说意味着什么。孩子明白一件东西来之不易，就会试着收敛自己的欲望，变得越来越懂事了。

 细节 45

教女孩正确认识自己的负面情绪

女孩父母的担心

都说女孩应该是温柔娴静的,可我家那个小丫头却是火爆脾气,一不顺心,就火冒三丈,不是口不择言地跟我们吵,就是摔门把自己关在房间里拒绝和我们交流。孩子这个样子,做父母的能够迁就她,可以后她走入社会之后,有谁还能像父母一样容忍她的坏脾气呢!

对于这些成长中的小女孩来说,要做到理性,除了不任性及知道如何认识自己的错误之外,还有一个重要的方面,就是在负面情绪来临时能够让自己保持理智,如对自己愤怒、畏难、依赖等情绪的控制等。

在本节中,我们主要讲述怎样教女孩对自己的愤怒情绪进行控制。

一位家长曾无奈地这样讲述:

我的女儿年纪还小,才3岁,可她的脾气却一点儿也不小。一次,她正在搭积木,但搭了几次,每次都是搭到一个固定的高度积木就会倒塌。女儿生气了,气愤地把所有的积木都推倒,还把积木扔得到处都是。

读到这里,肯定有不在少数的女孩家长会与这位家长产生共鸣:"我家女儿也是个火爆脾气,只要一不顺心就发火,真不知道该如何才能让她学会控制自己的情绪!"

其实,要想让女孩学会控制自己的情绪,家长首先要让她知道,产生负面情绪与发脾气并不是一回事。例如，当女孩因搭积木搭不好而不高兴时，这只是代表她产生了负面情绪，并不代表她在乱发脾气。但在很多时候，孩子的"火爆脾气"往往是被家长激发出来的。

专家曾这样问上面案例中的那位家长："看到孩子因为搭不好积木而不高兴时，你会怎样对待她？"

这位家长想都没想就直接回答："孩子不高兴，那就赶紧哄吧，不愿意玩积木，那就玩别的玩具，不行就拿好吃的来分散她的注意力。"

听到这位家长这样的回答，这位专家笑着对他说："这样你只能是把孩子培养成爱发脾气的'暴君'！"

是的，并不是所有的孩子天生就爱发脾气，她们的"火爆脾气"是在日常生活中被家长一点点"激发"出来的。看到孩子因为搭不好积木而不高兴，家长就想尽一切办法哄她、逗她开心，甚至还会答应她的一些过分要求，家长这样做的目的仅仅是为了博孩子一笑，使她放弃那种不高兴的情绪。

但就在这一过程中，家长的这一做法实际上是向孩子传达了这样的信息：只要我不高兴，爸爸妈妈就紧张，如果我发脾气，那不管我提什么样的要求，他们肯定都会答应。就这样，孩子的脾气被家长激发出来了，而发脾气也成了孩子控制家长的一种手段。

久而久之，遇到不顺心或不高兴的事情，即使不是为了要挟家长，孩子也会很自然地表现出"火爆脾气"，因为乱发脾气已经成了她发泄自己负面情绪的一种固定方式。

然而，我们又很清楚，人在情绪激动的情况下是很难保持理性的，也经常会做出一些冲动的行为，可以想象，女孩的坏脾气一直伴随着她的成长的话，她今后的人生也就堪忧了。

所以，要想培养女孩的理性，首先就要让她学会控制自己的"火爆脾气"，家长应该有意识地向她灌输这样两种观念：

● **建议一：引导女孩，正确面对负面情绪**

看到孩子因为搭不好积木而不高兴时，家长先不要拿别的玩具来哄她，或是用好吃的来分散她的注意力，而是应该让她意识到她的负面情绪的产生是很正常的。例如，家长可以这样对她说："爸爸妈妈在做不好一些事情时也会不高兴。"

当女孩能够正确面对自己的情绪时，家长仍然不需要"贿赂"她，而是应该这样理智地问她："你需要帮忙吗？"得到女孩的允许之后，家长可以和女孩一起搭积木，这样既不会把女孩的坏脾气激发出来，又不会使女孩养成轻易放弃的坏习惯。

● **建议二：告诉女孩负面情绪并不可怕，关键是要正确地表达**

负面情绪并不可怕，也无须压制。其实，让女孩学会自控就是让女孩学会正确表达自己的负面情绪。即，不通过发脾气的方式来表达，而是通过对人对己无害的方式来表达。

对此，一位父亲这样分享经验：

每当看到女儿不高兴要发脾气时，我都会递给她一个抱枕并对她说："用它去发泄你内心的不高兴吧！"这时，女儿就会非常默契地拿着抱枕走到自己的房间，关上门狠狠地捶打那个抱枕。等女儿从房间里再出来时，她内心的不高兴几乎消失了。

我们都知道，当内心的负面情绪足以影响我们的心情时，不把它发泄出来就会严重影响我们的理智。而对女孩来讲，将这些负面情绪发泄出去的渠道有好多种。比如，她们可以用哭来发泄内心的委屈，可以找人倾诉自己的心里话来排解内心的压力，遇到不顺心或者不高兴的事情可以做一些自己感兴趣的事转移注意力……

当然，我们还可以向上述案例中那位父亲学习，送给女孩一个抱枕或者发泄球，引导她用正确的方式发泄负面的情绪。

当女孩能够做到不被负面情绪所左右时，她也就能在面对问题的时候最大可能地保持理性了。

引导女孩远离错误的价值观

女孩父母的担心

现在很多年轻人，心理上都不够成熟，非常依赖长辈，待人接物都很被动。我们也常常在想，自己的女孩长大后会如何呢？她是否能成长为一个成熟、独立的优秀女孩呢？

孩子的价值观在生活中是如何体现的呢？

先让我们来看这样一个事例：

一次，两个孩子因为一点小事吵了起来，两个人都觉得非常委屈。当同学们把她们拉开之后，其中一个小孩说："你等着，我奶奶会来替我报仇的！"但另一个小孩却这样说："咱们吵来吵去的多没劲，我们找老师去评评理，谁错了谁就要向对方道歉。"

在孩子的生活中，这种打打闹闹的事情很常见，但她们在吵闹之后的反应却在很大程度上体现着她们的价值观。例如，上述案例中的情况，吵闹后觉得自己委屈，其中一个小女孩很快就想到了搬"救兵"，其实，这就是她价值观的一种体现，是消极对抗、报复的价值观；而另一个小女孩则想到了找老师评理，并规定有错的一方要向对方道歉，这也是一种价值观，是积极、理性的价值观。

而她们这两种截然不同价值观的形成，大部分是受到家庭的影响。

想要搬"救兵"的女孩家庭条件非常优越，但爸爸妈妈工作很忙，所以她从小跟着爷爷奶奶长大。但老人对孩子特别溺爱，舍不得让孩子受一点委屈，因此经常向孩子灌输这样的思想："受了别人

的欺负跟爷爷奶奶说，爷爷奶奶去给你出气。"因此，与同学产生矛盾时，也不管是谁对谁错，她都会说这句话："我爷爷奶奶会替我报仇的！"

而主张"找老师评理"的小孩出生在一个知识分子家庭，父母对她的家教很科学。父母经常这样告诉她："不管受了多大委屈都不要蛮干，要通过讲道理来解决问题。"因此，这个女孩轻易不会招惹别人，即使别人招惹了她，她也会通过讲道理或找老师评理的方式来解决这些问题。

是的，对于这些年龄尚小的孩子来说，家庭教育在很大程度上决定着他们的价值观。就像上述案例中的情况：如果家长溺爱孩子，孩子与同学发生了矛盾，家长不但不帮孩子分析原因，还给孩子"撑腰"，引导孩子去报复，那孩子就会形成消极对抗、狭隘的价值观；但如果家长平时就引导孩子用讲道理的方式去解决与同学之间的矛盾，那孩子就会形成积极、理性的价值观。

与同学产生矛盾后的表现体现的仅仅是孩子价值观的一个方面，其实，在生活中，孩子的行为每时每刻都在体现着其价值观，例如对父母是否尊重、是否孝顺，对待学习的看法和态度，她的人生理想，等等。

家长可不要小看女孩的价值观，女孩在小时候具有什么样的价值观，往往决定着她长大后会成为什么样的人，以及她将会走什么样的道路。

还拿前面我们提到的那种情况为例：一个受了一点委屈就想报复别人的孩子，她将来会走什么样的道路呢？心胸狭窄，睚眦必报……很容易就会走上错误的人生道路。而一个主张通过讲道理来解决问题的孩子，她又将获得什么样的人生呢？能够理性地面对任何事情，深受周围人的喜爱……总之，她的理性会使她获得一个非常美好的人生。

所以，女孩家长，在我们教育女孩过程中，一定要对孩子的价值观培养给予足够的重视。因为孩子在小时候所形成的价值观，很可能直接决定着孩子是否理性，进而影响孩子的一生。

那家长应该如何培养女孩正确的价值观呢？

● 建议一：不说误导女孩价值观的话

在生活中，我们常常会听到家长这样教育孩子：

"不好好学习，将来你就只能去扫大街！"

"不好好学习，将来你就没有好日子过！"

"只有现在好好学习，你将来才能找到一份好工作，才能挣大钱！"

……

是的，大多数家长都习惯于这样教育孩子，但是我们要清楚，如果你总是这样教育孩子，那你就"失职"了，你不但没有做好女孩价值观的监督者，而且还使女孩形成了不正确的价值观。

为什么这样说呢？

这是因为家长这种教育方式会使女孩产生这样一种错觉：我在为家长而学习。在这种错觉的影响下，女孩自然就会产生这样迷茫的价值观：我不知道在为谁而学习，总之，家长逼着我学习，我只好学习了。在这种情况下，女孩是不会产生学习的动力的，甚至还可能因为心中的逆反情绪而自暴自弃。长久下去，女孩认识问题、对待问题、解决问题就会很消极，做事也很难理性起来。

所以，家长绝不能用这样的教育方式误导女孩的价值观。

● 建议二：先引导她说出来，再引导她往正确的方向走

除了家长的误导之外，周围的环境也常常会使孩子产生错误的价值观，例如，当听到同学散布学习没有用的言论之后，孩子很可能也会轻视学习。

但不管孩子这些迷茫、错误的想法是由何而引起的，作为女孩的监督者，家长只有及时地纠正她的这种想法，女孩的价值观才不会偏离正轨；也只有这样，女孩才能形成理性的价值观。

具体来讲，家长应该如何发现女孩这些不正确的价值观呢？或

者说，家长应该如何做才能成为女孩价值观的合格"监督者"呢？

对此，一位幼儿园阶段的老师这样分享经验：

除了教孩子们学习、游戏之外，每周我都会给他们一个自由讨论的时间，让他们畅所欲言。当然，孩子们的观点有对的也有错的，对此，我的原则是，正确的思想及时鼓励并在班上推广，错误的思想及时纠正。

例如，有个孩子说他长大后要当一个玩具制造商，让所有的小朋友都玩他生产的玩具。我这样告诉他："如果你好好学习，并经常研究各种各样的玩具，你的愿望很容易就会实现。"

又如，有个孩子说学习没有用，所以她不想学习了。我这样告诉她："如果不学习，连最基础的字都不认识，连最简单的算术都不会算，那这样的人肯定连火车、飞机怎么坐都弄不明白，这样的生活多没意义呀！"

……

总之，自从有了这种自由讨论的活动，孩子们错误的思想越来越少了，他们的想法也越来越理性。

女孩总是充满幻想的，在生活中，如果家长用心引导她把自己的想法说出来，不仅能够收获很多有意思的想法，更是能够从她这些想法中捕捉到她的价值观，并及时对她的价值观加以引导。

当然，家长也可以像上述案例中的那位老师一样，在家里展开这样一个自由讨论的活动，让女孩在自由宽松的氛围中，将内心的想法自然而然地说出来，这样家长就可以对女孩的价值观进行"监督"。家长也可以借鉴案例中那位老师的原则：对正确的价值观及时进行鼓励、对错误的价值观及时进行纠正。因为有家长这种科学的"把关"，女孩的价值观不但不会"偏"，而且会科学、理性。

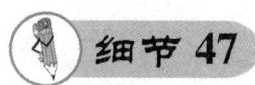

家长理性教育，女孩才更理性

女孩父母的担心

女儿是个倔娃娃，有时候认准的事情，就算是大家都说不对，她也不肯听。女儿这个性格，以后走向社会岂不是要吃大亏？

在教育界有这样一句话历久不衰："父母是孩子最好的老师。"的确，家庭教育中，父母的榜样做得是好是坏，对孩子的成长往往起着决定性的作用。

前段时间在楼下小区散步，和几位妈妈闲聊，言谈之间提及了孩子的教育问题，一位妈妈无限苦恼地对我抱怨道：

"我家的女儿真是任性得可以，跟她说了多少次了，不要总是看见别人有什么就跟我们要什么，可她还是改不了这个毛病……"

这位妈妈的苦恼很快引来了其他几人的共鸣：

"我家那个宝贝女儿也是，做什么事情都是那么冲动，别人一句话说得不如她的意，就给我们来个'暴风骤雨'！"

"我家女儿太容易相信别人了，不明是非，这要是让坏人给骗了，可怎么办啊？"

看着几位妈妈为自己的女儿急得火烧火燎的样子，我问道："孩子这个样子的时候，你们都是怎么做的呢？"

一位妈妈无奈地说："哄她，满足她，给她讲道理呗！女孩本来就娇贵，哭坏了怎么办呢？"

听到这位妈妈的回答，我也只有无奈地笑了。

女孩一哭闹，家长就满足她的做法真的是正确的吗？

我们不妨看看下面这位家长在实际生活中的经历：

女儿秀秀今年7岁，从小到大，我和老公对她可谓是珍爱非常，带着孩子出门时，只要孩子的目光在哪里一停，老公便心领神会地帮女儿把想要的东西买回来。一次次下来，这个聪明的小鬼头似乎也意识到了，只要她想要的东西，我们便会尽量满足她。结果现在，这个小丫头经常是"恣意妄为"，大冷天想吃冰激凌、穿裙子……我一劝，孩子就坐到地上哭，任我和老公好话说了一箩筐也不管用。难道我们宠爱孩子还宠错了不成？

看到这个真实的案例，家有女孩的家长还认为女孩单靠"哄"就能乖乖听话吗？答案十分明显，"哄养"女孩是并不科学的。

为什么这么说？

当女孩因为要求得不到满足哭闹的时候，她并没有意识到自己的要求是合理的还是不合理的，在这种情况下，家长不问是非地满足孩子的要求，在一定程度上是在助长孩子任性而为的习性。试想：孩子如果养成了任性而为的习性，遇事只认自己的道理，还怎么可能理性地看待问题？一个不理性的孩子，长大之后，如何面对生活中遇到的挫折和困难，如何和他人正确地相处？

所以，家有女孩的家长，想要让你的女孩今后能够理性，你的教育首先就要理性。

 建议一：小时候要严，长大要宽

一位教子有方的家长，培养了一双优秀的儿女，现都在美国留学。每当有人向她请教教子之法，她都会给出这样的答案：小时候要严，长大要宽。

仔细想来，确实很有道理。

孩子在10岁之前，自我管理能力很差，妈妈如果在孩子小时候管束太过宽松，孩子就很难养成良好的个性和习惯。比如说孩子懒散、自制力差，家长对其听之任之，那么孩子就可能会形成"三天打鱼两天晒网"的个性；孩子骄纵、霸道，家长对其宽容、放任，那么孩子就可能会形成自私冷漠的性格……

相反，如果家长对孩子管束从小到大都太过严厉，那么孩子长到一定的年龄阶段，有了自己的独立思想和意识，就很容易叛逆，与家长关系疏远。

"小时候要严，长大要宽"其实就是说，身为"教官"的角色，家长的教育策略要随着孩子的年龄变化不断调整，不能以一贯之，不一个方法用到底。

孩子都是会长大的，小时候辨别是非能力不是很强，没有正确的认知观，这时候，就需要家长对其严加管教。

当孩子渐渐长大，自尊心和自我意识慢慢觉醒，妈妈就必须要把一些权利还给她，让孩子拥有一定的自主权，给予孩子尊重和理解。

就像上述那位家长的孩子，就曾这样说起自己的妈妈：

小的时候，在我眼中，妈妈非常严厉，每逢我犯错误的时候，妈妈总是会严厉地批评我。比如说，我偷偷拿了同学的玩具，想玩一个晚上，结果却被妈妈发现了，妈妈就会毫不留情地告诉我，这样做是不对的，并且会惩罚我一天没有零花钱。

长大之后，我渐渐懂得了很多东西，有了自己辨别是非的能力，妈妈对于我的管教也越来越少了，对于我的事情，她从不过多地说教；我遇到什么事情时，妈妈总是先征求我的意见，给予我充分的尊重。在妈妈这样的教育方式之下，我懂得了很多东西，也知道什么时候该作什么样的决定。可以这样说：我能取得今天的成绩和妈妈宽严相济的教育方式是分不开的。我对妈妈的感情，是既敬又爱。

听了这位孩子的话，家长是不是已经明白了呢？在孩子小时候，将她身上一些不良的苗头及时拔除是多么重要啊！当孩子长大之后赋予她自主的权利，又是多么的意义非凡呢！

● 建议二：大事要严，小事要宽

一位家长这样介绍自己教育孩子的经验：

不娇不宠，富养女孩的100个细节

　　我对女儿的管理上是宽严相济：该严的时候，我是一点儿都不跟她讲情面；该宽的时候，我也会尽量给她放权。比如说，女儿有一次考试没考好，回家之后就跟我撒谎说，成绩还没下来。正巧那天我去邻居家串门，和邻居说起了孩子成绩的事，邻居奇怪地说："我家孩子的成绩已经下来了啊！"邻居家的孩子和女儿是同班同学，人家的成绩下来了，女儿的成绩怎么会没有下来呢？我马上意识到女儿可能对我撒了谎。

　　回家之后，我找来女儿，非常严肃地问起了这个问题。女儿支吾了半天，红着脸承认自己说了谎。我很郑重地告诉她："说谎是要受到惩罚的，这个月的零花钱扣除。另外把考试做错的题目整理出来，重新做一遍。"女儿对我撒娇道："妈妈，我知道错了，下次不会了，零花钱不要扣除好吗？"女儿哀求了半天，见我态度坚决，就没有吭气，乖乖回房间整理题目去了。

　　在教育女儿的过程中，我一直秉持着这样的原则：如果不是非常重大的原则问题，我不会特别地管制她。比如说，女儿周末的时候，想多玩一会儿；女儿做完作业，想看一会儿课外书……我常常都会给她自主安排的自由。

　　这些年下来，女儿不仅具备了极佳的自我管理能力，还拥有了很多优秀的品格，前段时间，还被选为了班长。

　　这位妈妈的做法，就很好地为我们诠释了"大事要严，小事要宽"的内涵。管，但不全管，给孩子留下一定自由的空间，这样不仅有利于培养孩子的自主意识，更能培养孩子的自我管理能力。

赏罚分明：对要赏，错要罚

女孩父母的担心

现实生活中，女儿总是给我们制造出许多状况，面对女儿这个小麻烦，我们真不知道该怎么办才好了！

现实生活中不乏这样一类孩子：她们任性自我、刁蛮霸道；她们冷漠自私、没有责任感、同情心……

在这些孩子不尽如人意的表现背后，我们找到了相似的教育背景：当孩子身上出现上述种种不良表现时，家长选择了对孩子宽恕或视而不见。

家长们这样的表现，是对孩子的爱吗？是正确管理孩子的方式吗？肯定不是。

孩子出错了，家长不去纠正，就好比一棵小树长歪了，园丁不去修剪一样。长歪的小树，今后成材的可能性不大；满身错误和毛病的孩子，今后优秀的可能性也不大。

正是因为这样，我们才一直提倡这样一点：作为女孩的家长，在教育孩子的过程中，一定要做到赏罚分明，对要赏，错要罚，让孩子心里有正确的是非取向，知道哪些是对的、哪些是不对的。

一位做教师的家长在教育孩子的过程中就做得很好：

婷婷小时候非常刁蛮，和小伙伴一起玩，经常会把小伙伴欺负得哭鼻子、抹眼泪。这事儿要放在一些娇惯孩子的妈妈身上或许也不会当回事儿——小孩子一起玩儿，哪能没有磕磕碰碰的？但我却不这样认为，如果孩子刁蛮的毛病得不到纠正，等她大了以后，和

人相处必定就会遇到很多问题。为了孩子的将来考虑，每当孩子欺负了别人，我都会领着孩子让她跟人家道歉，回家让她面壁思过。当然，当孩子认识到自己的错误之后，我也会毫不吝惜地夸奖她知错能改。

女儿虽然比较刁蛮，但是心地却是善良的，每次跟我一起上街看到那些乞讨的人，都会向他们的破碗里放几枚硬币。这时候，我就会对女儿进行一些奖励，比如说，给她买个冰激凌、带她去游乐场玩玩……

正因为我的奖罚分明，女儿对于自己的行为也有了清楚的认知：哪些是正确的，是好的，她就坚持那么做；哪些是不正确的，是坏的，她就及时改正。现在，我的女儿已经考上了一所重点高中，不仅成绩很好，人缘也相当不错呢！

这位家长教育孩子的成功之处在哪里？主要就是对孩子的赏罚比较分明。对孩子的错误不放过，对孩子的优点要表扬。当家长能够该赏则赏、该罚则罚时，孩子的心里就能对是非对错有一个很好的界定。这个时候，家长再对孩子进行一个有效的引导，孩子就会对问题有更深刻的认识，就能渐渐确立自己处理事情的方式和标准，再遇到问题时就能够更加理性。

 建议一：管好第一次

无论是好习惯的养成，还是坏习惯的滋生都是日积月累的过程。当女孩第一次犯错误时，家长没有提起足够的重视，不去帮她纠正，那么长久下来，女孩就会养成这些坏的毛病，比如，说脏话、偷窃、霸道、嚣张、颐指气使……

很多时候，家长教育的胜利，就是"第一次"的胜利。女孩任何一种不良行为，都会经历这样三个阶段：萌芽阶段、发展阶段、爆发阶段。如果在爆发阶段，家长想要改变女孩的不良现状，可能要花费百分的力气，而在不良表现的萌芽阶段，可能花十分的力气就足够了：

比如，女孩第一次出现骂人、打人情况时，家长就要严肃地让女孩知道，打人、骂人是不对的，这种行为是不被人们喜欢的；

比如，女孩第一次表现出厌学情绪时，家长就要找到女孩厌学的根源，及时帮助女孩扑灭厌学的苗头；

比如，女孩第一次表现出霸道、自私时，家长就要试着让女孩学会关心和体贴他人；

……

孩子的"第一次"，恰恰是家长的教育关键期，抓住了这个教育关键期，家长就能轻松帮助孩子克服那些不良的习惯，错过了这个教育关键期，家长今后对孩子的教育，相对就会困难很多。当然，家长在教育孩子时，对她小施了惩戒，孩子又有一定的改正表现之后，一定不要忘了夸奖她。家长的夸奖不仅能够让孩子赢得一定的成就感，继续坚持那些好的习惯，还能抹去家长曾经带给孩子的不快，让家长和孩子更加亲近。

● **建议二：合理的惩罚要从爱出发，以爱结束**

一位家长曾这样说起自己小时候的事情：

还记得我小的时候，特别调皮，经常会闯一些小祸。每当这时，妈妈都会狠狠揍我屁股一顿，可往往是被揍的我还没哭闹，妈妈的眼圈先红了。屁股虽然遭了殃，我却明白妈妈虽然对我进行了惩罚，但她的心里却更难受，因为妈妈是爱我的，所以才会爱之深责之切。也正是因为明白这些，我对妈妈的惩罚，从来没有心存怨怼，从来没有记恨过妈妈。

这就是教育的神奇之处：不管采用何种惩罚方式，家长都必须让孩子知道"你是深爱她的"，那么，孩子不仅不会对家长的惩罚有抵触情绪，相反，还会理解家长的苦心，和家长更为亲近呢！

比如，妈妈虽然对孩子很严厉，但在日常生活中对孩子很照顾，打完孩子后会难过地哭泣……孩子虽然受了点皮肉之苦，但她却会明白"妈妈这是为自己好，是爱自己，才会惩罚自己"。

说到这里,想必家长已经开始明白在家庭教育中如何对孩子的错误予以惩罚了吧?合理的惩罚,从爱出发,以爱结束。

然而,实际生活中,很多家长却往往会犯这样一个错误,那就是能够以爱出发对孩子进行惩罚,却忘记以爱结束对孩子进行安慰。

一位妈妈就曾这样懊恼地说:

一个夏天的中午,大家都在午休,女儿却非要起来看电视,当时,我很生气,就简单地让孩子去面壁思过,因为当时实在是太累、太乏,女儿进了自己的房间之后,我也回房睡觉去了,事后也忘了去安慰她。结果孩子很长时间都闷闷不乐,一副很伤心的样子,表现也十分不好。有时候,她还会喃喃地说:"妈妈不爱我了!"

看到女儿这种表现,我觉出了事态的严重性。此后很长一段时间,我都刻意去接近孩子,和孩子聊聊天、说说话,这样,女儿心中的阴影才慢慢消散……

女孩大多是敏感的,纵然家长惩罚孩子是为了孩子好,若是方式方法不妥,孩子仍旧会在这个过程中受到伤害。对于孩子的错误,单单惩罚是不行的,还要加点"爱的调料",让惩罚变得美味,让孩子不会受伤,并印象深刻。

不可否认,只要是惩罚,就会对孩子造成一定的伤害,如何弥补对孩子的伤害?给孩子爱的感觉很重要,有效的惩罚,也必然是以爱为根基的。

一定要让女孩有自己的主见

女孩父母的担心

女儿就像是我们的小跟屁虫，无论遇到什么事情都会跑来问我们"我该怎么办啊"。因为如此，孩子被老师称为"怎么办公主"，现在我们可以帮着她作决定，可以后她长大了，谁来帮助她呢？

在日常生活中，很多家长都认为女孩比男孩好养。相比于男孩的"桀骜不驯"，女孩温顺乖巧，习惯于服从家长的安排，但是，如果家长总是习惯性地"安排"女孩，女孩长大以后会成为什么样子呢？遇事没有主见，做事优柔寡断，面对问题不能够理性对待，更有甚者，对父母的安排产生逆反心理，致使孩子形成和家长对着干的局面。

为了避免上述情况的发生，作为女孩家长，就更应该在日常生活中对女孩的教育下足工夫。

关于此，一位睿智的父亲给我们分享了一件发生在他家里的事：

前不久我下班回家，母亲告诉我，女儿的幼儿园要开兴趣班了，有舞蹈、绘画、英语、跆拳道等好几种，问我到底该给女儿报名学哪个，末了还提供了她的意见："我跟你爸的看法是报舞蹈班，女孩子嘛，学了舞蹈将来形体好。"

我说无所谓，不过最好还是问问孩子自己的想法。

"她才5岁，懂什么？"母亲有些不以为然。

一直在一旁听着我们谈话的女儿此刻插话道："我要学画画！"

"舞蹈多好啊,穿着白舞鞋,多神气啊!画画有什么好,将来能画出什么名堂?听奶奶的,报舞蹈!"

"不,我就要学画画,我就喜欢!"女儿坚持道。

听着这一老一少你一言我一语,我不由得偷偷笑了。女儿事事都有自己的主见和决断,正是我和妻子一直努力的结果。从女儿稍稍懂事开始,我和妻子就有意识地让她自己做主,独立地去选择和决定一些事情,诸如早上是喝牛奶还是豆浆、晚上跟谁一起睡、双休日去哪个公园玩……久而久之,女儿在面对众多的选择的时候,从来不会像别的孩子那样无所适从。

这位爸爸的做法无疑是非常明智的。孩子作为一个独立的生命个体,从她出生的那一刻起,就已经开始了属于自己的人生。而成长路上将要经历无数或大或小的选择,都只能由她自身去决断和体验,作为父母,除了做些善意的提醒外,不可能代替她去活,当然更不可能永远代替她去做那一个个复杂或者不那么复杂的选择。

基于此,家有女孩的家长,如果不希望自己的女儿在未来无数纷繁复杂的选择面前无所适从或者怯懦退让,从现在开始就要把自主决定的权利交到女孩手中。

当然,在这个过程里,**家长要注意提醒孩子两点:如果事情紧急,一定要快速决断,不然就会错失良机,或者误了大事;如果事情不急,可以慢慢思考,慎重也是一种很好的选择。**

相比于男孩,女孩心思细腻,考虑问题往往也比较慎重和多方面,这个时候,家长要拿出足够的耐心等待女孩作出决定,不要一见孩子迟疑,就迫不及待地帮孩子拿主意。家长如果能够做到"放权"和"耐心",女孩决断力形成只是时间问题。

 细节 50

犯错误后，让女孩自己说怎么办

女孩父母的担心

女孩在成长道路上，总是会犯这样或那样的错误，面对孩子的错误，我们该怎么做，才能既不伤害孩子的感情，又不至于因管教不严耽误了孩子呢？

提起如何管教孩子，很多家长都会头疼，特别是在孩子犯了错误的时候，根本就不知道怎么惩罚。现在家庭教育提倡不打不骂，打骂怕伤害孩子，不管又是对孩子的放纵，那么孩子到底该如何管，就成了让家长非常犯难的事情。

一位妈妈就曾发出了这样的感慨：

面对孩子的错误，我常常被气得暴跳如雷，但是一看到孩子那可怜兮兮的样子，到嘴边的批评话就说不出来了。每次都是这样，打又打不得，骂又骂不得，我真怕自己这样下去，到最后把孩子给耽误了。

这位妈妈的担心很有道理，孩子犯了错误，家长不能及时采取正确的方式去帮助孩子纠正，孩子就会在错误的道路上越走越远，到最后会成为什么样子，谁也无法预料。

家长对待孩子的错误，处理方式科学还是不科学，也就成了影响孩子今后是否理性的关键因素。

那么，当孩子犯了错误的时候，家长比较明智的处理方式是怎样的呢？

一位家长这样说起发生在自己家里的一件往事：

一次，女儿和邻居家的小妹妹一起写作业，写着写着，我就听

见两个孩子似乎吵了起来。我进女儿的书房一看,满地都是纸片,邻居家的小妹妹哇哇哭着说:"姐姐欺负我。"

我问女儿:"怎么回事?"

女儿扭捏地看着我,不说话。

"姐姐撕了我的作业本!"邻居家的小女孩向我哭诉道。

我蹲下身轻轻拍了拍邻居家的小女孩,安慰道:"阿姨给你一个新本子,不哭啊!"

安抚好邻居家的小女孩,我严肃地看着女儿说:"你说现在怎么办吧?"

女儿可怜兮兮地看着我,还是不说话。

"给你两个选择:面壁思过一小时,或者取消周末出去玩的计划。你好好想想,15分钟后我们再讨论。"

说着话,我把邻居家的小女孩带出了女儿的书房。15分钟后,女儿告诉我,她选择面壁思过。

孩子是家长的心头肉,面对孩子的错误,家长常常是舍不得打舍不得骂,但舍不得归舍不得,如果对孩子的错误置若罔闻,就是对孩子不负责任了。所以,聪明的家长在教育女儿的过程中,从不会因为舍不得就对孩子"网开一面",也不会因为舍不得就对孩子的错误"宽大处理"。就像例子中提到的这位妈妈,对于如何惩罚孩子所犯下的错误,她常常会给出孩子两个选择,让孩子自己决定该怎么办。面对家长给出的选择,孩子就会明白家长的立场,虽然你没有打她也没有骂她,但你已经用行动告诉了她:犯了错误,就要受到惩罚。

孩子在选择如何为自己的错误"埋单"的过程中,就能进一步地反思自己的错误,进一步地认知自己的行为。

苦于不知道如何管教孩子的家长,不妨借鉴一下上述家长的经验:在孩子犯错误后,让她自己说该怎么办。一方面可以培养孩子理性认识问题的能力,另一方面也可以让孩子吸取教训,避免下次再犯相似的错误。

此外,家长除了要给孩子选择,还要留给孩子一定的思考时间,比如15分钟。孩子在这不长不短的15分钟内,往往能很认真地反思自己的错误,成长得也最快。

好成绩不如好能力
——非凡的能力成就女孩非凡的人生

- 细节51：塑造女孩超强的自控能力
- 细节52：正确对待女孩的"小偷小摸"
- 细节53：培养女孩的决断力
- 细节54：不要把女孩当成温室的花朵，让她学会独立
- 细节55：大胆让女孩去尝试，培养她的创造力
- 细节56：开发女孩的想象力
- 细节57：培养女孩交际能力的几大误区
- 细节58：女孩懂得自我保护，家长更放心
- 细节59：培养女孩掌控生活的能力
- 细节60：优秀的女孩从不拖延
- 细节61：小女孩也一定要会理财

不娇不宠，富养女孩的 100 个细节

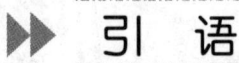

引　语

　　女孩在未来能够轻松赢得成功必备的条件是什么？能力！

　　具备自控能力的女孩，才能更好地约束自己，免受外界的诱惑，避免走上歪路；具备超强决断能力的女孩，才能在机会来临之时果断抓住；具备一定独立能力的女孩，才有独当一面的魅力……

　　不管从哪个意义上说，能力出众的女孩最容易触摸到成功。因为如此，在女孩成长之初，家长就应有意识地培养女孩各方面的能力。

塑造女孩超强的自控能力

女孩父母的担心

女儿今年8岁了,平时乖巧可爱,很让人喜欢,可就是有一样,自控能力非常差。学习的时候,外界有一点儿风吹草动,她就再也坐不住了;看到别的小朋友有什么新鲜玩意,也会想要……女儿这么容易被诱惑,以后怎么能成得了大事呢!

一位家长也曾这样诉说自己的烦恼:

我家女儿今年6岁了,其他方面都还好,就是管不住自己。比如正在做作业的时候,她一听到楼下有小伙伴的吵闹声,立刻就坐不住了,一会儿跑到阳台上看一看,一会儿急急忙忙地翻翻书,恨不得自己马上就能下去跟小伙伴们打成一片……

说女孩的自控能力差,很多家长都会感到不解。与大大咧咧的男孩子相比,女孩心细,听话,懂得照顾别人的情绪,应该有很强的自控能力才对,为什么在女孩身上也会出现自控力差的情况呢?

其实,不论是男孩还是女孩,因为年纪小、对什么事物都充满好奇,不可能完全做到自控,外界的一些诱惑常常会让她们不由自主地转移注意力。就像例子中的小女孩一样,当她做作业的时候,因为小伙伴们开始玩耍了,这让本来就在心中记挂着和小伙伴们一起玩的孩子,心里充满了对外面的向往,更不可能会安安分分地做自己的作业了。

外界的诱惑就好像是一块吸铁石一样,让孩子不由自主地把目光投过去。比如:

和孩子一起去游乐场，孩子很可能会对各式各样的游乐设施都产生兴趣，都想玩一玩；

带孩子去文具店，她可能什么样的文具都想要；

和同学一起玩耍，看到同学的漂亮玩具，她可能也会眼馋得不行，偷偷装进自己包里带回家

……

其实，孩子所表现出来的这一切都是天性使然，并不存在对与错的问题，但若是家长教育不当，就很可能会对孩子的一生造成无可挽回的影响。

看到这里，家长或许会问："孩子这个样子，我们该怎样教育她，才能提升她的自控能力呢？"

家庭教育专家认为，有些孩子生性就有很强的自控能力，但是大多数孩子的自控能力是需要后天培养的。

在这里，家长可以参考这样几个建议：

建议一：让女孩跟自己一起购物——用你的底线约束她

提起女孩的占有欲，很多家长有说不完的话：

"我家的女儿真是一个'小购物狂'，每当和我一起去商场、逛超市，总是看到什么都往购物车上扔，好像那些东西都不要钱似的。"

"我家女儿也是，看到这个好玩要这个，看到那个好玩又要那个，东西堆得跟小山似的，还是没完没了地跟我要。"

……

面对女孩无休无止的要求，家长该怎么做，才能让难缠的小丫头乖乖控制住自己的欲望呢？

一位聪明的妈妈给我们分享了这样的经验：

女儿竹筠很喜欢跟我一起逛街，但是每次逛街的时候，这个小丫头总会"趁火打劫"，跟我索要很多东西。面对这个小丫头无休止的索取，我决定给予她坚决的"还击"。周末的时候，我想给家人添

置一些生活用品，小丫头一见我要出门，兴高采烈地要和我一起去，这个时候我蹲在女儿身边跟她说："跟我一起去可以，但我们只带着能买这些东西的钱。"我边说边给她拿出了我的购物清单。女儿看了看我列的单子，似乎也在动什么脑筋，我不等她开口又说："既然筠筠想跟我一起去，不如筠筠来'监督'妈妈能不能用这些钱把东西买全吧？"女儿似乎对我的提议很感兴趣，点了点头。

出乎意料，这一次女儿不仅没有要求我给她买什么，而且自始至终都把注意力停留在我给她的单子上。

瞧！这位妈妈的做法是不是理智多了？女孩，尤其是一门心思想要得到什么东西的女孩，你跟她讲道理或者责骂她都是没有用的。在这样的情况下，最明智的做法就是防患于未然，让女孩提前知道你的底线，用你的底线约束她。像例子中的妈妈一样，明白地告诉女儿，我们只带多少钱购物，如果买了多余的东西，生活必备的东西就不能买了。家长在这么做的时候，也就让女孩的小脑袋中多了些比较和选择，在不断地比较和选择中，也更有利于女孩理性地思考问题。

● 建议二：用延迟满足的方式培养女孩的自控能力

一位教育学家给出了在生活中如何对女孩"延迟满足"的几个方面：

吃。比如，在保证女孩三餐吃饱的前提下，让女孩完成一个"任务"后，再吃零食。"任务"可以是等待，也可以是学一个小本领，或者是听妈妈讲一个故事，只要是能够转移女孩注意力的"延迟"方式都是可取的。

玩。比如女孩想买一个新玩具，爸爸妈妈可以建议等到节日或她生日时再买给她；在和女孩一起玩竞赛游戏的时候，不要每次都让女孩赢，让她先输再赢的方法也能让女孩获得延迟满足。这样，女孩在和别的小朋友玩的时候或正式比赛时，就不会经受不起挫折或因失败而失去信心了。

学。女孩碰到不会做的事时，爸爸妈妈不要立即帮助女孩，而要在一旁仔细观察，看看女孩的问题到底出在哪里？等了解女孩的情况后，再慢慢地给予指导，切忌直接把解决方法告诉女孩。其实家长在观察女孩的过程中，女孩的需要就已经被延迟了。而且，女孩在这段时间内的探索，其实是在自我学习，对提高女孩解决问题的能力有益无害。

在这个过程中，家长要注意一些技巧：

首先，"延迟"的过程要循序渐进。 这就是说，不要期望女孩一开始就能等待很长时间，只要女孩能等上一小段时间，爸爸妈妈可以有意识地让孩子等待的时间由短到长，逐步增加。

其次，让女孩"延迟等待"时不要过分关注她。 女孩在等待时，爸爸妈妈可以自己做自己的事，不要让女孩感觉爸爸妈妈正在看着她。女孩在等待时可能会哭闹，这时爸爸妈妈一定要坚持住，不要因为不忍心就满足了她。

最后，采用代币法来延迟满足。 爸爸妈妈可以和女孩约定，如果要买一样新的玩具或者是想吃一样好吃的东西时，要用平时积累起来的"小红花"来进行交换。"小红花"是平时女孩表现好的时候获得的"奖励"，在女孩积累到5次或10次后就可以满足自己的需要。女孩每次获得"奖励"的过程就是一种等待。

"延迟满足"的目的在于训练女孩的自我控制能力，让她学会忍耐。有延迟满足能力的女孩，在今后的学习中更易成功，在未来的人生路上也会更有耐性，较易适应社会。

正确对待女孩的"小偷小摸"

女孩父母的担心

女儿性格比较内向，不像别的女孩一样总是围着父母要这个要那个，为此我还非常骄傲。但最近一段时间，我却总是在她书包里发现一些不属于她的东西。面对女儿这些小偷小摸的行为，我该怎么办呢？

女孩自控能力差另一个最为明显的表现就是，对自己感兴趣的东西总是忍不住想要拥有。

这一点，在家庭生活中很常见：

女孩喜欢妈妈的项链，趁妈妈不注意，偷偷收到自己的抽屉里；

女孩对同学的文具感兴趣，悄悄带回了家；

女孩非常想吃小伙伴的糖果，不声不响地拿了几颗；

……

很多家长对此非常担心，孩子小小年纪，就做出这样"小偷小摸"的事来，长大以后怎么得了？

也正因为有着这样的担忧，所以在日常生活中，家长能否正确对待女孩的"小偷小摸"，能否正确地引导孩子走向正途，便成了塑造女孩完美性格特质的关键。

其实，上述行为，对孩子来讲并不是"十恶不赦"的，因为在孩子的小脑袋里，并没有形成一定的"私有"观念，看到什么好玩的、好吃的、好看的都想据为己有。她们在这样做的时候，并不会像成人一样告诫自己："这不是我的东西，我不能动。"没有"私

有"观念的约束，孩子把别人的玩具、糖果、文具……拿到自己家里也就不足为奇了。

说到这里，家长或许会问："孩子没有'私有'观念乱拿别人的东西，我能理解，可是当我问起来的时候，她为什么还会企图隐瞒呢？"

这我就要问问家长了："当你的女孩"偷拿"了东西时，你是怎么做的呢？"

一位家长给出了答案：

前段时间，我给女儿收拾书包，居然发现了一个蝴蝶结，我很清楚这个蝴蝶结不是我给女儿买的，可这蝴蝶结从哪来的呢？

怀着这样的疑问，我找来女儿劈头问她："蝴蝶结从哪里来的？"

女儿怯怯地看着怒气腾腾的我，嗫嚅地说："小敏给我的……"

小敏是女儿班上的同学，我和她的妈妈也熟识，上周还听她妈妈说小敏为买一个蝴蝶结哭得死去活来，怎么转手就送给我女儿？

我这样一想，更是火冒三丈："小小年纪，你怎么能偷东西呢！"

女儿听我说得言辞激烈，"哇"的一声哭了出来，但却无论如何都不肯承认蝴蝶结是自己"偷"的。

的确，当家长声色俱厉地呵斥自己的孩子"为什么偷东西"的时候，敏感的女孩心里对"偷"这个词已经打上了"不好"的印记，生性胆小的女孩，更是害怕盛怒的父母会因为自己不经意的错误不再喜爱自己。在这样的情况下，女孩出于"自我保护"的本能，撒谎便自然而然了。

然而，一直撒谎的女孩可能会有很好的自控能力吗？答案是否定的。当女孩用一次次撒谎为自己的错误"埋单"之后，她的心里已经开始产生这样一种观点：做错了事情，找个好一点的借口就行了。长此以往，女孩就会在为自己寻找借口的过程中，放纵自己的欲望，更加难以控制自己的情绪、行为。

也正是基于这样的考量，家长在面对女孩"小偷小摸"行为时，就必须要讲究方法。

● **建议一：教女孩学会换位思考**

一位聪明的爸爸是这样做的：

前段时间接女儿兰兰放学，在帮女儿提书包的时候，我发现她的书包中多了一个文具盒。于是我佯装不经意地问："兰兰，如果你的文具盒找不到了，你会不会很着急啊？"

女儿仰着小脸："文具盒不见了，我不能做作业了，会着急啊。"

"那别人的文具盒不见了，一定也很着急。兰兰是不是放学的时候着急，把别人的文具盒收到自己包包里了呢？"我故意翻着她的书包，并为她寻找着"借口"。

女儿一看自己包里的文具盒，脸红了，"是珍珍的文具盒，爸爸，我真的收错了。"

"趁着珍珍没有回家，快去还给她吧。"我把文具盒拿出来递给女儿示意道。

女儿踟蹰了一下，慢慢向同学珍珍走去了。

的确，在孩子的观念里"偷偷摸摸"这样的字眼并没有好与坏的界定，但是当家长为此"雷霆震怒"的时候，孩子开始意识到，自己的行为是"罪恶"的。担着这样的思想，孩子不是在自责中度过，就是在为自己狡辩中度过。其实，如果家长教育有方，生性善良的女孩，在意识到自己的行为可能会给他人带来不便之后，往往能够很快地改正自己的错误。就像例子中的小女孩一样，当爸爸告诉她，她可能会给别人带来怎样的麻烦之后，小女孩已经开始意识到自己的错误了，这个时候爸爸又开始为女儿编织一个"美丽的谎言"，让女儿在认识到错误的同时又能有"面子"。这样既呵护了孩子纯净的心灵，又让孩子明白了一定的道理，不失为一个好方法。

家有女孩的家长，在你养育女孩的过程中，当你的女孩自控能力差，不能约束自己的行为时，不妨也向案例中的爸爸学学，教她站到"他人"的角度去看待问题。

● **建议二：告诉女孩，能管住自己的女孩，才是最优秀的**

一位妈妈曾自豪地介绍她的育女经验：

在女儿成长的过程中，我一直都在向女儿灌输这样一种思想：能够管住自己的女孩，才是最优秀的，未来才会幸福。

所以在日常的生活中，我常常有意无意地给女儿设置一些规定：

比如：跟我一起上街的时候，如果开口向我要了多余的东西，那么一周之内不准再跟我上街；做作业的时候溜号，做不好作业，就罚她一周不准看动画片。

当然，女儿按照我们的规定做好之后，我就会小小的奖励她一下，比如给她买一个心仪已久的文具、比如给她买一件她喜欢的漂亮衣服。

我所买的东西，往往是女儿心中想着却不敢跟我要的。有这样的奖励方法，女儿就知道我并不是有意为难她，而是一切为了她好，在平时的时候，就更加遵守我们的规定了。

虽然有时候，我会觉得自己的规定对孩子而言有些"残忍"，但这些方法对培养女儿的自控能力非常有效。

这位妈妈的话，带给我们的思考是深刻的，很多家长抱怨自己的女孩不能做到很好地自控，究其根本，原因并不在孩子身上，只怪家长"心太软"，总觉得把全世界的爱都给了女孩还不够。其实，这样养育女孩是不正确。爱孩子不仅是爱她的现在，更要爱她的将来，女孩如果在你的宠溺之下成长，将来会成为一个什么样的人呢？

作为家长，想要给女孩一个美好的未来，在孩子小的时候，就该注意对孩子进行一些素质培养。而自控能力强弱，关乎着女孩一生幸福与否。如果你还在为不知道如何培养孩子的自控能力而焦急，不妨向例子中的妈妈学学：从现在开始给孩子制定一系列的规定！让你的女孩在规定中管住自己，让你的女孩在规定中养成良好的自控能力，为她能够赢得一个美好的未来打下牢固的素质基础。

当然，给女孩更多规定的前提，就是家长要绝对保证自己与女孩之间的关系是亲密的，让女孩能够时刻感受到家长的爱，敏感的女孩才不会"想歪了"，才不会误解父母不爱自己了。有的孩子小的时候挨了父母不少的"打骂"，小小的心里便开始记恨父母，和父母有了隔阂，而有的孩子虽然同样挨了父母的打骂，却能和父母相处融洽，依然对自己的父母尊爱有加，这其中的差异，就在于父母在"打骂"孩子的时候，是否让孩子知道，你仍然爱她。

只有让孩子强烈地感受到你的爱，在爱的前提下施行你的规定，孩子才不会产生许多不必要的负面情绪，才不至于影响亲子关系，规定才能得到最好的实行。

细节 53

培养女孩的决断力

女孩父母的担心

女儿就像是一个快乐的小天使,给家里带来了无数的欢乐,但在欢乐的同时,我们却又有着甜蜜的烦恼:女儿太依赖我们了,几乎做什么都要我们帮忙作决定,干什么都要我们拿主意,一点儿主见都没有。她要是这么成长下去,以后可怎么办呢?

研究发现,每 100 名缺乏决断能力的孩子当中,有 70 名以上是女孩。

之所以出现这样的结果,原因何在呢?

或许从下面这位妈妈说起的经历中,大家能够找到答案:

女儿晨晨上幼儿园了。前段时间女儿回来问我:"妈妈,我们园里要举行一次运动会,我报一个百米跑行吗?"

看着女儿瘦弱的小身板,我拍着她的小脑袋说:"晨晨乖,百米跑可是很累的,跑不好摔坏了怎么办?"

女儿闷闷地看着我,嘟着嘴道:"可我想参加比赛嘛!"

我怎么能让我的宝贝女儿去跑百米呢?绝对不行!于是我板起脸来说:"妈妈说不可以,晨晨乖,听话!"

女儿看我生气了,不再说话,耷拉着小脑袋回了房间。自那之后,女儿遇到什么事情都不再发表意见,总是小脸一仰,"妈妈你拿主意吧!"

想不到我的"独断专行"竟造成了这样的"恶果"……

看到这里,家长朋友是不是明白了呢?孩子做事缺乏决断力,就是因为家长"富养女孩"的方式出了问题，总是害怕孩子的决定出现错误，使她自己受到伤害，所以越俎代庖，帮助孩子把所有的事情都"包办"了。

比如：

给孩子买衣服，当孩子对着各式各样的衣服拿不定主意的时候，家长开始作决定了，拿起几件衣服说道："这几件衣服都挺好看，不用挑了，都要了吧！"

当孩子对着餐厅的菜单正琢磨要吃什么的时候，家长已经开始对服务员说，给孩子来点儿什么什么吧。

当孩子正在思考是要报音乐班还是美术班的时候，家长已经把孩子的名字报到了舞蹈班。

……

无可否认，家长做这些的动机确实是因为爱孩子，但家长这样的爱，对女孩的成长来说，却没有半点好处。它不仅会让女孩事事依赖家长，还会让女孩失去独立思考的能力，养成优柔寡断的性格。

既然如此，怎样"富养女孩"才是正确的呢？

● 建议一：正确对待孩子的不满——穿什么，让孩子自己决定

教育学专家认为：只要孩子有了基本的冷暖概念，就可以让她自己决定每天穿什么衣服，并且决定衣服的搭配、颜色，父母不要根据自己的喜恶来强迫孩子。

然而，事实却并非如此，在日常生活中，我们常常会看到这样的现象：

有的女孩喜欢穿得不伦不类，家长看不过眼，强行将女孩的奇装异服扔掉，换上自己认为得体的衣服；

有的父母为培养女儿"淑女"的形象，在孩子很小时就为孩子留长发，尽管女儿更喜欢短发，因为那样显得活泼、干练。

家长在这样做的时候，其实，就已经在扼杀女孩自己判断问题和决定问题的能力了。所以，当女孩对家长的决定开始不满的时候，

家长就该觉悟了：是不是自己的决定已经让女孩感到不舒服，让女孩开始反感了呢？如果是，家长就要善加利用她的不满，将决定权还给她！

对此，一位聪明的妈妈是这样做的：

有一段时间，女儿对我给她搭配的衣服很不满意。我知道爱美的女儿开始有自己的想法了。

于是我问女儿："灵灵想穿什么样的衣服呢？"

女儿仰着小脑袋，一本正经地说："我要穿萱萱那样的皮裤。"

"那灵灵打算穿什么样的上衣和鞋子搭配呢？"我接着问。

"我要用黑色的夹克衫、黑色的皮靴……"女儿看我没有反对，连珠炮似的说。

听了女儿的话，我笑了笑，"好，就依灵灵的意思。"

从那以后，每隔一段时间女儿就会跟我提出她新的服装搭配想法，在尊重她的意见的基础上，我会适当地向她讲一些服装搭配的原则和技巧，没想到现在女儿自己搭配的衣服比我给她搭配的还要好看。

的确，天生爱美的女孩在穿什么上，往往比男孩更加用心。作为女孩家长，想要培养女孩的决断力，以此为突破口无疑是很好的选择。就像例子中妈妈一样，当她敏锐地捕捉到孩子已经开始厌烦自己为她搭配服饰之后，没有像有的家长那样粗暴地不去理会孩子的感受，而是和孩子一起探讨该怎么样搭配衣服，结果在孩子一步步探讨的过程中，孩子不仅形成了自己独特的审美观，更形成了很强的自主能力。相信这样的女孩无论走到哪里都会成为众人瞩目的焦点。

 建议二：让女孩当一次家，做一次主

一位家庭教育专家曾发表过这样的言论：

其实，每个孩子都渴望自己能够决定一些事情，她们并不希望每件事情都听从家长的安排。这也就是为什么有的家庭之中会出现孩子和家长对着干的现象。作为独立的生命体，女孩必定有想要证明自己的欲望，在家庭生活中，让她当一次家，做一次主，决定家庭中一些事情，无疑是非常简单和直接的方式，这样不仅能够培养孩子的思考能力，更能够练就孩子的决断力。

这位家庭教育专家的话非常有道理。有句俗话说得好："不当家不知柴米贵。"让自己的孩子当一次家，赋予她主人的权利和义务，随着这种责任感加在她身上，她在作决定时，就会理智很多。尤其是生活关系世界中的女孩，当她意识到自己站到的这个位置，作出某个决定会给家人带来某些好处或不便的时候，就会更加慎重地对待自己手中的"权利"，也更加理性地思考问题了。

这一点，一位爸爸的家庭教育经历为我们提供了很好的佐证：

女儿鑫鑫8岁了，然而她碰到什么事，却总是依赖我们给她拿主意。长此以往，女儿岂不是会变得没有主见、没有思想？我决定好好"整治整治"女儿。上周，妻子出差了，于是我借这个机会对女儿说："宝贝儿，妈妈不在家，我们一起来当家怎么样？"女儿似乎对"当家"这个词十分感兴趣，点点头。

从那天之后，无论我做什么事情，比如，晚饭要吃什么，打扫房间先从哪里开始……我总会和女儿一起商量，开始的时候，女儿总是说："爸爸拿主意吧！"我却不依："鑫鑫，你也在当家啊，爸爸需要你的意见。"每次在我"求助"的目光下，女儿才小声给我提出个意见，这个时候我且先不管女儿的意见怎么样，总是拍着女儿的小脑袋说："好，鑫鑫有思想。"就这样过了一段时间，女儿已经开始自信地自己为某些事情作决定了……

家有女孩的家长，当你的女孩也依赖着你，不愿作决定的时候，你不妨也向这位家长学学，让她当一次家。她一旦意识到自己具有独立决定事情的能力，也就敢于独立面对选择和问题，敢于勇敢地作出自己的决定了。

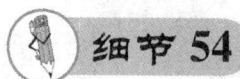

不要把女孩当成温室的花朵，让她学会独立

女孩父母的担心

女儿已经8岁了，可连衣服都不会自己穿，脸也不会自己洗，生活当中遇到点事儿就哭闹着找妈妈。8岁的孩子，一点儿独立性都不具备。跟父母出门，会寸步不离父母；只要父母一离开自己的视线，她就会六神无主，慌慌张张。女儿要是长久这么下去可怎么得了！

谈起这两个字，很多家长都会暗自摇头："跟女孩谈'独立'，那太难了。"的确，相比于喜欢冒险和愿意"出头儿"的男孩，女孩对父母的依赖往往超出人们的想象。

然而，在这里家长却必须弄明白这样一个道理：虽然我们的女儿身上存在着女性天生依赖性强的弱点，但在大多数情况下，女孩的这种弱点是被家长激发出来的，并且是在家长的教育中不断增长扩展的。

在女孩小的时候，遇到自己解决不了的事情，她会向家长求助，但如果每次家长都无条件地为女孩提供帮助，或者不等女儿开口，家长就急着去帮助女儿，那当再次遇到困难时，我们的女儿往往连想都不想，就会把这些难题推给父母。

其实，这就是女孩依赖性增长、扩散的一个过程。然而除了家长，还有谁会长期包容我们处处都要依赖别人的女儿呢？

人们都说女孩要像公主一样来养育。是的，每位家长都希望女儿能像公主那样高贵、有气质，但家长却忽略了，虽然公主们都拥有高贵的气质，但她们也是分很多类型的：有蛮横无理的公主，有处处依赖别人的公主，还有机智勇敢、能力出众的公主。而在现实生活中，也只有那些机智勇敢、能力出众的公主，才最容易收获一生的幸福。

在前面的章节中，我们一直提到这样一个观点：**爱女孩就是赋予她生活的技能和生活幸福的品质。**出众的能力无疑是生活幸福的必要前提。独立作为能力之中最为重要的一点，更应该被家长重视。我们可以设想一下：如果女孩总是想要依赖别人，自己不能独立，还怎么可能去抓住属于自己的幸福呢？

所以，作为女孩家长，如果你真的爱自己的孩子，从现在开始就不要再把女孩当成温室的花朵，而要让她学会独立，学会自理，学会坚强地处理问题。

● 建议一：让女孩学做家务

对于女孩，家长总是舍不得放手，认为女孩是娇柔的，就该被照顾，家里的一些事情，父母干就可以了，女孩不需要动手。也正是这种思想造成了女孩动手能力极差，凡事依赖别人，不能独立。

一位妈妈就曾这样说：

以前常听邻居们讲，女孩从小做点家务对她自己有好处。可我并不那样认为，在家里从不让女儿做家务。到现在，女儿做什么事情都要喊我，离了我什么都做不了。

听了这位妈妈的话，你有何感想呢？做家务貌似是小事，可在锻炼女孩独立性上所起的作用是非常重要的。正因为做家务这件事小，并不是特别困难，让女孩去做，她才不会觉得特别吃力。当女孩在做家务的过程中，体会到了自己是很能干、很棒的，是能够帮助爸爸妈妈做点事情的，她的自信心就会慢慢建立起来，渐渐敢于独立地面对问题。

实际生活中，为女孩制造做家务的机会很多，比如：吃饭的时候，让女孩给家人拿碗筷；让女孩清洗自己的手绢、袜子；让女孩自己盛饭、自己整理房间。

当女孩能够熟练地做家务，把自己的房间收拾得干净整洁的时候，她也就迈出了独立的第一步。

 建议二：不要惩罚失败

或许家长对这样的情景并不会感到陌生：

小女孩想要帮客人倒杯茶，但是因为力气小，茶壶没有端起来，茶水洒了一桌，流了一地，家长脸一沉训斥道："干不了就别干，净添乱！"

小女孩想要帮助妈妈一起准备晚饭，因为不知道从何下手，手忙脚乱。妈妈不耐烦地呵斥道："去！去！去！一边待着去！"

女孩提出要帮妈妈打扫卫生，因为没有经验，打扫得不干净，妈妈赶忙说："宝贝儿，还是让妈妈来吧！"

……

家长在说这些话时，也许并没有意识到，她们的话对女孩来说意味着什么。在家长看来女孩做不好事情，就不让她做，是避免女孩给自己添麻烦最简单直接的方式。然而，家长在剥夺女孩自己动手的权利的同时，也让女孩失去了自己动手尝试的勇气，失去了做事情的积极性。长久下去，这个女孩不仅会变得胆小自卑，更是会处处依赖家长、依赖别人，也就谈不上独立了。

正是从这个意义上说，当女孩想要自己做什么事情的时候，只要不是特别出格儿或者危害到女孩自身的安全，家长应尽量给她提供条件让她去做，而且要尽可能保持一颗平常心来看待女孩做事的结果，不要以成败来决定是不是让女孩继续做某事，或不再做某事。

一位聪明的父亲是这样做的：

在家里我总是给女儿更多动手的自由，而且从来"不以成败论英雄"。比如说，女儿说要自己叠被子，我们就让她自己叠，尽管女儿叠的被子歪歪扭扭，十分难看，可是我和妻子从来都没有批评过她，只是耐心地告诉她该怎样叠，被子才会整齐美观。在妻子手把手的引导之下，女儿进步很快，并且在一次次进步的过程中尝到了成功的喜悦，也越来越喜欢自己动手做一些事情。不知不觉间，女儿慢慢独立起来……

家庭生活中，家长因为女孩的失败而训斥、惩罚女孩的现象并不少见。比如：

女孩想自己洗碗，结果不慎把碗摔了，家长或许会说："这么笨，今天不许看动画片了。"

女孩想要帮助妈妈拿提包，结果提包太重，掉到了地上，妈妈或许会说："你怎么这么笨啊！这么丁点的事都做不好！"

在家长的惩罚和呵斥中，生性自卑的女孩，越来越畏首畏尾，越来越不敢自己动手了。

家长在不自知的情况下，已经扼杀了女孩独立性的萌芽。

既然家长的呵斥与惩罚会带来如此严重的后果，家长到底该怎么做呢？一句话，不要惩罚失败。

可以惩罚懒惰、依赖、逃避、不负责任等不良行为，但是不要惩罚失败。因为失败是学习最好的来源，惩罚失败可能会挫伤女孩做事的积极性。

所以，明智的女孩家长，当女孩做什么事情失败的时候，你们要做的不是惩罚孩子，而是要教给她怎么做，下次才不会犯错，才不会失误，让她学会吸取教训。在接受教训的过程中，也能让她变得更加坚强、独立。

● 建议三：给女孩设置疑难问题

培养女孩的独立能力，不单单是说女孩在家庭之中能够独立，更是指当女孩步入社会之后，能够独立地面对问题、解决问题。

一位家长就曾讲起过她如何"为难"女儿的趣事：

女儿婧婧小时候是个很黏人的小丫头，那时候我就意识到：如

果女儿一直这么黏人不能独立,以后她可怎么办呢?冥思苦想,我决定给这个丫头一点"教训"。于是我对她说:"婧婧,帮妈妈把这本书给隔壁的张阿姨送过去。"

女儿和隔壁邻居也很熟,所以也没推脱,拿着书就跑了。

一会儿工夫,女儿没精打采地进门说:"妈妈,张阿姨没在家。"

"那叔叔在吗?"我状似无意地问。

"叔叔在。"女儿闷闷地应了一声,忽然想到什么似的,"妈妈,我把书送去交给叔叔行不行啊?"

我笑着说:"好啊,让叔叔交给阿姨吧。"

女儿再次"蹬蹬"地跑了出去,不一会儿兴高采烈地回来,似乎完成了多么了不起的任务似的,开始在我面前夸耀起自己的"功绩"来。

我非常识时务地拍着女儿的小脑袋说:"嗯,婧婧就是聪明,下次还要帮妈妈做事哦!"

沉浸在"成功"喜悦中的女儿想也没想,就点了点头,干脆地说:"好!"

现在,女儿已经成了我的一个小帮手,经常能够帮助我做点什么,别人都夸我的女儿真独立呢!

的确,如果女孩经历的"问题"多了,也就会慢慢学会独立思考,自然而然也就有了自己解决"问题"的能力。

当然,给女孩设置疑难问题,并促使女孩解决问题的过程中,家长需要做好充分的准备工作。具体来说如何做?两种方式。

第一式:启发她自解困难。比如临出门时,女孩突然想起老师要她带红色的东西去幼儿园,而红色的东西虽然家中有,却需要花时间寻找,而时间对孩子和父母而言又都非常紧迫,你是否会立即帮孩子寻找?

对策:此时你可以启发孩子,譬如:"你的红领巾也是红色的,是否可以呢?或者你再想想还有哪些东西也是红色的?"

提示:当孩子掌握了这种方法,平时你还可以加大难度,让她在有限的时间里找出解决问题的方案。例如在 1 分钟内列举出所有整理玩具的方法等等，这些有趣的练习可以让女孩在遇到问题时不会惊恐不安、不知所措，而是迅速集中精力，寻找办法。

第二式：解围不如学自救。 女孩完不成老师布置的作业，当她向你求助，为了不让女孩受到老师责怪，你是否会帮她编个理由来应付呢？

对策： 你不妨对女孩说：我们应立个规矩，不许找借口，你要对自己的行为负责。接下来，你不妨找找女孩无法完成作业的根源所在，是缺乏组织安排能力，还是其他，从根本上停止为她"擦屁股"。

提示： 如果有求必应，势必会造成女孩有问题就等着你来为她解决。平时你可以给她一本日历，让她记下活动时间，或者用即时贴记下时间安排，以便随时提醒。

 细节 55

大胆让女孩去尝试，培养她的创造力

女孩父母的担心

女儿是个乖巧的小丫头，就算是对一些新鲜的东西感兴趣，也不会轻易去触碰那些东西。这一方面固然是女儿谨慎的表现，但另一方面，我们却担心，女儿总是这样畏首畏尾，还有什么创造力可言呢？

一位养育过一双儿女的家长这样说起自己的孩子：

我的儿子是一个"破坏之王"，小的时候还好一点，只是拿着自己的玩具摆弄，随着年龄越来越大，"破坏"的范围也越来越大，经常波及到我和老公的"财产"，比如：前段时间，儿子拆了老公的一块手表，说是要看看里面到底什么构造；最近，儿子说要看看收音机为什么能收到广播，又把收音机给拆了……

跟儿子相比，女儿就让我省心多了。她大多时候都很听话，有时看着哥哥鼓捣东西，她虽然也有些跃跃欲试，但只要我一说不许她乱动，她就会很听话地安静下来。

相比于喜欢冒险和争强好胜的男孩，女孩大多安静温顺，她们会顺从地听从家长的话，会乖巧地完成老师布置的作业，会老实地遵守游戏规则……

然而，实践证明，"老实听话"的女孩往往不如"调皮捣蛋"的男孩创造力丰富。

这其中的原因何在呢？

其实，问题就出在了女孩过于乖巧上。实际生活中，家长常常用这样的标准来要求自己的女孩：女孩就该有女孩的样子，要安静贤淑、规矩听话。结果在这样的条条框框束缚下，女孩就算对什么东西感到好奇，也不敢轻易去触碰。

男孩则不然，天生好动的本性驱使他们对什么东西都充满着好奇，都充满着一探究竟的冒险精神，有时候，家长越是说不要他们怎样，他们反而越要怎样。也正因为男孩这种永远都得不到满足的好奇心，让他们比女孩更容易发现问题，更加富有创造力，和女孩相比思维往往更加敏捷。

正因为如此，家长想要培养出一个创造力丰富的女孩就必须要多付出一些工夫。

● 建议一：重视女孩提出的每一个问题

女孩小的时候，我们常常会看到这样一些普遍的现象：

女孩会仰着头问妈妈："妈妈，秋天叶子为什么会落下来呢？"

女孩会好奇地问爸爸："爸爸，天为什么会黑呢？"

"老师，太阳一定要画成红色的吗？"

"苹果为什么不能是蓝色的？"

……

面对女孩层出不穷的问题，家长都是怎么做的呢？

如果家长耐心地回答了女孩的问题，女孩在发现问题和寻找答案的过程中，得到了一种等待和探索的乐趣，就可能会继续尝试着去发现一些问题，探索一些问题；如果家长对女孩的问题不耐烦，女孩的好奇心可能就此受挫，不愿意再问东问西了。

所以，作为女孩家长，当女孩围着你不停地问问题时，你应该感到高兴才是，因为你的女孩是个善于发现问题的女孩，是个聪明的女孩。

当然，家长在回答女孩问题的时候，还应该注意这样一个细节：**留给孩子充分的思考时间，并在女孩问题的基础之上引导她深入挖掘别的问题。**

一位妈妈就曾说过她和女儿这样一段对话：

我的女儿是个天真的小精灵，总是会围着我问这问那，有一次，女儿问我："妈妈，水都能做什么呢？"

我摸着她的小脑袋道："宝贝儿想一想，水都能做什么呢？"

女儿仰着小脑袋认真地说："水能喝。"

"还有呢？"

"刷牙、洗脸……"女儿想了一会儿又说。

看着女儿开始滔滔不绝地说起来，我笑了笑，引导道："人为什么要喝水呢？"

女儿嘟着小嘴似乎是在思考，不过这个问题对她来说显然是困难了些，于是我接着说："宝贝儿，你的房间里好像有本《十万个为什么》，宝贝儿查出来告诉妈妈好吗？"

女儿一看我也"不知道"，似乎很得意，跑进了自己屋子查书去了……

喜欢问"为什么"，正是女孩学习的最好时机。面对女孩的"为什么"，大多数父母都知道要耐心回答，但其实最好的方式是先问女孩自己的答案，让她有机会先思考，而不是被动地接受信息。父母可以针对女孩的回答再继续提出新问题，借此来引导女孩发掘出更多的想法，并一步步找到答案。

女孩无数个问号中正孕育着创造力的萌发。如果女孩能提出不同寻常、出人意料的问题，能回答出新奇的观点，就正是她们的难能可贵之处。

此外，家长千万别早早地把女孩的创造力给抹杀了，应从中及时发现女孩与众不同的地方，对女孩的新奇念头、大胆想象等进行称赞和鼓励，要接纳女孩的逻辑观，而不要要求女孩习惯成人的思考架构。

家长能够做到这些，想要女孩具有创造力就不是什么难事。

● **建议二：鼓励孩子大胆尝试**

相信很多家长对这样的话语都不陌生：

"别动那个小盒子,里面有刀子,割破手怎么办!"

"不要随便动家里的电器、家具,很危险!"

的确,在家长看来,调皮捣蛋、对什么东西都充满好奇和探究的应该是男孩,女孩不应该经常"动手动脚",应该安安静静才是。然而,在某种程度上,正是家长这种传统的观点禁锢了女孩创造力的开发。

有教育界学者曾作过一个调查,旨在发现女孩们创造力强弱的差异在哪里,结果发现:那些创造力丰富的女孩平时在家时,总是喜欢动手鼓捣一些东西,比如给洋娃娃做衣服、自己改装一下蝴蝶结、自己钉钮扣、自己做一些贺年卡;那些创造力匮乏的女孩在家里几乎什么都不碰,她们的家长把她们护卫得严严实实,生怕她们自己动手受到一丁点儿的伤害。

一位有着多年教学经验的老师曾说起了这样一件事:

暑假的时候,我经常会组织孩子们出去活动。在活动过程中,经常会出现这样的现象:大多数孩子都能动手布置活动现场,而有一小部分女孩却站在一旁观望,有些不知所措,不知道该如何帮忙。

我曾问过这些女孩:"为什么不和大家一起布置呢?"

有的女孩这样告诉我:"我不会布置。"

"不会"二字说起来容易,然而经常把这两个字挂在嘴边,孩子也就会慢慢失去了创造力。

为什么这么讲?

当一个人说"不会"的时候,他其实是在传达一种"我没办法""我无能为力"的信息。如果一个人总是在一味地否定自己,还怎么可能有勇气去改变、去创新?女孩"不会"的根源又在哪里呢?

从下面这位女孩的话中,我们可以找到答案:

从小爸爸妈妈就特别宠爱我,什么都不让我做,我要做什么,爸爸妈妈总会第一时间出现在我面前,帮我把事情搞定。有时候学校布置的作业太多,我做不完,爸爸就会说:"别担心,爸爸来帮

你。"有时候美工课老师布置了任务,妈妈就会说:"美工动剪刀太危险,妈妈帮你做吧!"在爸爸妈妈这样的呵护下,我从来没有自己动过手……

可以想象,父母的过度保护给女孩带来了怎样的影响:女孩不仅丧失了动手能力、思考能力,更是在她不断说"不会"的过程中,丧失了面对问题的自信和勇气。

她一旦失去这些能力,也就不会有改变的欲望,也就不可能会发现问题,拥有创造力。

所以,作为女孩家长,想要培养女孩的创造力,就要对女孩放开手,大胆让女孩去尝试,在不断动手尝试的过程中,她才能发现问题,思考问题,进而开拓思维。

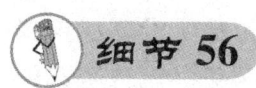 细节 56

开发女孩的想象力

女孩父母的担心

女儿小的时候经常会指着纸上的圆圈告诉我,这是太阳、是葱油饼、是月亮、是气球……可随着女儿渐渐长大,这些天马行空的想象似乎也慢慢消失了。我该怎么做才能拯救女儿的想象力呢?

一说起想象力,很多人或许会说:"女孩想象力真是丰富,总是天马行空地东想西想……"

的确,因为善用左脑的缘故,女孩的想象力大多比男孩丰富。比如,她们在很小的时候,就会捧着童话书把自己想象成书里的公主;比如,她们常常想象自己长着一双翅膀能够在天空中自由地飞……

但随着女孩的成长,她们的想象力却在慢慢地消失。

这其中的原因何在呢?

一些教育学专家发表了这样的见解:

每个女孩其实天生都是梦想家,她们总是能够想象出非常美好的画面、在大脑中描绘自己的未来、构造一个童话般的世界。然而,作为女孩家长常常会对女孩的这些奇思妙想熟视无睹,或者抱着无所谓的态度不注意呵护孩子的想象力,结果在家长有意或无意忽视之下,女孩的想象力慢慢地消失了。

关于此,在一个小公园里出现的情景或许能让我们明白些什么:

一个大约两三岁的小女孩跟着妈妈一起散步,看着大雁从天空飞过,小女孩高兴地说:"妈妈,那是丑小鸭变的天鹅吗?"这位母亲立刻接口道:"那是大雁,怎么能是天鹅呢?"

实际生活中，面对女孩的胡思乱想。家长深怕孩子走入认识误区，都会急不可耐地把自己知道的正确答案告诉孩子。无可否认家长在这样做的时候，确实是为了自己的孩子好，但这对孩子想象力的培养却半点好处都没有。

为什么这么说？

有教育学者持这样的观点：随着年龄增长，女孩会慢慢意识到自己以前错误的认识，并且加以改正，但在女孩喜欢胡思乱想的时候，把这些正确的思想传授给她，其实是在扼杀她的想象力。

这个观点正确与否，我们从无考证，但家长的标准答案不利于女孩想象力的培养却是被事实证明了的。

下面这个女孩就是一个例子：

女孩小时候，十分活泼，总是围着朋友说自己不断冒出的想法：

"爸爸，我要和圣诞老人一起玩雪橇！"

"爸爸，叶子落到地上是不是要回家啊？"

"爸爸，我要坐在纸飞机上飞！"

……

每当听到女儿这样叽叽喳喳，爸爸都会不厌其烦地告诉她：

"圣诞老人是童话故事里的，现实生活中不存在。"

"叶子落地，是因为秋天到了。"

"纸飞机上是不能坐人的。"

……

在爸爸的不断教诲下，女孩逐渐"改邪归正"，再也不冒什么稀奇古怪的想法了。可女孩上小学之后，朋友才发现，女儿的想象力比同龄人要差很多。到这时候，朋友才对自己以前的"英明之举"追悔莫及。

作为成人，我们知道女孩所想象的那些大多是不太现实的，但对女孩来说，这个世界是丰富多彩的，是充满灵性的，什么都是可能的。如果家长硬是用自己的观点来左右孩子的思想，无疑就会让孩子的想象力日渐枯竭。

看到这里,女孩家长或许会问:"我们究竟该怎么做,才能让女孩的想象力永远鲜活、不枯竭,让她成为一个灵动的女孩呢?"

● 建议一:鼓励孩子"异想天开"

网上有这样一个教学故事:

在英语课上,老师教孩子们学"I、i",教孩子们读了几遍后,为了加深幼儿对字母形状的认识,老师让孩子们想一想,大写的"I"像什么,有的孩子说"像木棍",有的说"像梯子",还有的孩子说"像板凳",老师仔细一看,果真非常像。一会儿,又有孩子说:"老师,要是横过来,像椅子。"被这个孩子这么一说,其他孩子也大胆地想象起来:"老师,像哑铃。""像举重运动员的举杠。"……他们的想象力,像一匹野马,脱缰飞奔而去!

接着,老师又让孩子们想象小写"i"像什么,没想到,孩子们想得更精彩:"像蜡烛""像人""像棒棒糖""像魔棒"……更有一位小女孩站起来大胆地说"像VCD"。

"怎么会像VCD呢?"老师问。

"老师,你把它横过来,上面的圆点就是开关。"老师半信半疑,将字母横过来仔细端详,太神奇了,横线就像超薄VCD的机身,圆点正像旁边的按钮!

面对女孩的"异想天开",家长如何对待,对女孩能否保持丰富的想象力起着至关重要的作用。如果我们把前面提到的例子,换一个场景:当孩子们各种稀奇古怪的想法冒出来的时候,老师说:"哦?是吗?我怎么没看出来?"结果会是怎样?孩子会很失望,觉得自己的发现没有得到老师的认同,是失败的。反之,在孩子异想天开的时候,能够得到家长、老师的肯定,她的积极性就会很高。

一位家长对此可谓是深有体会:

女儿萌萌5岁了,小脑袋里总是会冒出许多奇奇怪怪的想法。比如周末的时候,我和老公一起包饺子,萌萌眼巴巴地看着我们,嘀嘀咕咕地说:"妈妈,饺子像星星,是用圆圆的月亮包成的!"我

和老公都对女儿这奇特的想象感到吃惊：饺子怎么会像星星呢？

还是老公反应快，笑着接口道："萌萌真聪明，这个饺子真像星星，萌萌再想想，饺子还像什么呀？"

女儿歪着小脑袋，指着饺子道："饺子像耳朵！"

"还真像！"我也及时地附和。

女儿笑嘻嘻地看着我们，似乎对自己的发现很满意。每当女儿冒出这些稀奇想法的时候，我和老公也总是试着找出孩子想象的合理之处，给她鼓励。这不，到现在女儿依然保持着"异想天开"的"毛病"，很多同学都夸她的想象力丰富呢！

作为与女孩接触最紧密的家长，面对女孩的异想天开，能够及时给予鼓励，无疑是使女孩坚持想象下去最好的动力。例子中的家长做得就很好，当女孩冒出那些奇思妙想的时候，家长不是对女孩的发现采取漠视或反对的态度，而是积极地认同女孩，肯定她的发现。女孩在家长的肯定声中慢慢培养起足够的自信，也就更加敢想了。

● 建议二：让女孩写童话，为她创造想象的空间

女孩在很小的时候，就会把自己想象成公主或小仙女，把自己想象成童话故事中的主角。作为家长如果能够为孩子创造一些编写童话故事的空间和条件，对女孩的想象力培养来说无疑是非常有帮助的。

在一个亲子论坛，一位爸爸这样分享自己的经验：

一次，央视正播一个地板广告，其中有一句广告词："好地板自己会说话。"

那天正吃午饭，电视上又播这个广告，我就顺嘴说："晶晶，地板怎么会说话呢？"女儿瞅着广告说："假如把地板想象成一个精灵，也许它们也有家庭，也会有自己的生活呢！"

我说："肯定是呀，有的木头本身就是药材，这药材就是树家族中的医生，人们有了病都会去找它看。"女儿听了我的话，也有了更

多的想法，叽叽喳喳地就说开了，"有的树是歌唱家，小鸟的叫声就是它练习唱歌呢。有的树还特别有学问，人们叫它博士。有两块地板，一块来自智慧树，是一个善良的女孩子，人们叫她艾丽丝；她的哥哥，另一块地板，是用药树做成的，叫凡卡，能治很多人类治不了的病。"

妻子听女儿这么说，也插嘴替这两兄妹想象情节，说它们喜欢穿什么样的衣服……大家你一言，我一语，好像我们的生活中真有这样一对兄妹一样。

大概过了十几天吧，女儿兴冲冲地从自己的屋里拿出一叠稿子，说童话写出来了，题目就是《神奇的地板》，并念给我们听。听了后，我先是夸女儿写得好，肯定女儿的成绩，然后指出不足，说："人物的一举一动、一言一行描写少了些，读者只闻其声，如何让读者身临其境感觉到它的喜怒哀乐呢？"我见女儿还没明白，就拿过一面镜子，放到女儿面前说："你看看自己，你高兴时，你的眼睛是弯弯的，眉毛是向上扬的，你如果把这些写出来，这叫惟妙惟肖。可你为什么笑呀，再把你笑的心理活动写出来，就活灵活现了，人物形象和心理活动就有机地融为一体了。"

不得不说，这位家长是一位善于培养女孩想象力的高手：在日常的生活中，为孩子捕捉一切可能发挥想象力的条件，并不厌其烦地循循诱导，让女孩展开想象的翅膀，在想象的世界里自由地翱翔；不仅如此，家长还在女孩写完童话故事之后耐心地帮助孩子找出不足，这样不仅让女孩的想象力更加生动鲜活，更是在一定程度上提高了女孩的写作水平。

所以，作为女孩家长，想要自己的孩子想象力持久不衰，让她尝试着写自己的童话故事不失为一个好方法。

细节 57

培养女孩交际能力的几大误区

女孩父母的担心

都说女孩安静一点才有淑女的样子，可我的女儿却安静得有些过头了。小伙伴们玩游戏，她总是躲得远远的；参加朋友聚会，她也总是往角落里躲。女儿交际能力这么差，长大以后可怎么办呢？

谈起女孩的交际能力，很多女孩家长曾这样自豪地说：

"我的女儿特别开朗，一群孩子里面数她说话声音最大。"

"我的女儿也是，每次参加她们班里的亲子活动，一群孩子里面，就她表演得最带劲。"

"我的女儿跟我的同事、朋友一点儿都不认生，熟得跟自家人似的。"

"嗓门大""爱出风头""自来熟"就代表孩子有交际天赋吗？不然。

我们可以试想一下：有谁喜欢一个说话大声嚷嚷、凡事总想自己出风头、见面就跟你熟得像自家人似的人呢？孩子小的时候，我们可能还不觉得这有什么不妥，但随着孩子越长越大，我们就会发现她身边的朋友越来越少了，以前喜欢她的叔叔阿姨也越来越少了……

这其中的原因何在呢？

就是因为家长养育孩子的过程中，在交际能力培养上走入了认识的误区。就拿孩子大声嚷嚷来说，家长可能觉得没什么，大声说话，能给人开朗的感觉，这是"会交际"啊！然而，事实真的如此吗？

有心理学家曾做过这样一个实验：

4个人分成两组，分别由一个人向另一个人传达一条消息。

第一组，传达消息的人嗓门极大，嚷嚷起来没完没了。

第二组，传达消息的人声音温和，说话有条不紊。

结果，第一组接收消息的人接连了问了几次"你想说什么"才弄明白传消息的人想说什么，而第二组接收消息的人只听了一遍就明白了传消息的人所表达的意思。

实践证明，大声嚷嚷并不比用温和的口吻说话更有说服力。在与人交往的过程中，言谈举止是拉近双方距离最便捷的工具，如果一个人说话别人都不乐意听，还谈什么交际能力呢？

也正是从这个意义上讲，女孩家长在培养女孩交际能力的过程中，就要避免走入"嗓门大就是会交际"的误区。

除此之外，家长还要注意不要走入几个认识的误区：

● 建议一：女孩礼貌不周可能成为大问题

现实生活当中，这样的场景可能随处可见：

"快把我衣服拿走！"骑脚踏车骑得热火朝天的女孩，对着奶奶嚷嚷道。

老人听了女孩的话，默不作声地帮女孩拿开了衣服。

不知你是否留意了，女孩在招呼老人的时候，没有称呼"奶奶"，而是直接让老人帮她做事。或许有的家长会认为，孩子玩得带劲儿，礼貌不周也是正常的。的确，我们不能否认，女孩对奶奶的不礼貌有玩到劲头上的原因，然而根本原因，却是家长教育方式不对头。

为什么这么说？

就拿上面这个例子来说，当女孩嚷嚷着要老人帮她拿衣服的时候，老人默不作声地帮女孩把衣服拿开，其实就是对女孩不礼貌的行为采取了纵容的态度。

仔细想想，出现这样的现象也并不稀奇，现在的孩子大多是独

不娇不宠，富养女孩的100个细节

生子女，从小娇生惯养，个个都跟小霸王似的，仿佛别人帮她做事就是应该的。这也就造成了女孩在要求别人做什么的时候，往往颐指气使，不仅不会觉得请求别人帮助自己应该谦虚一些、礼貌一些，反而会理直气壮。试想：孩子如果总是在这样纵容的环境中成长，在她长大以后，跟人打交道之时必定会保持着这样的习惯，然而，又有谁喜欢和一个对自己颐指气使的人交往呢？

所以，当女孩身上出现不礼貌现象时，作为女孩家长就应该及时地加以纠正，不要认为孩子还小，礼貌不周没有关系，一旦孩子养成了不礼貌的习惯，在日常与人交往中，就难免会受到别人的排斥。

对此一位注重从细节培养孩子的妈妈是这样做的：

女儿夏夏4岁的时候，跟我们说话的口气变得越来越骄纵、不客气。比如，她会用不耐烦的口气跟我说："快把我的漫画书拿过来！"也会脾气暴躁地跟老公嚷嚷："你把我的课本弄哪去了？"

看到女儿这个样子，我震惊了：以前那个乖巧可爱的宝宝怎么会变成这样呢？于是，我决定从自身做起，给女儿好好上几堂礼貌教育课。我和孩子的爸爸约定在日常生活中，我们尽量都要注意一下礼貌用语，比如说"请""谢谢""好吗""对不起"等等来表达我们的需求和建议。

没过多长时间我就欣喜地发现了女儿的变化，在跟我说话时，也经常会使用到这些语言，比如女儿会跟我说："妈妈，请你帮我拿一下玩具好吗？""谢谢妈妈。"

在我们的长期熏陶之下，女儿越来越懂礼貌，在小伙伴之间也越来越受欢迎了。

的确，作为与孩子最亲近的家长，一言一行都会对孩子造成不可估量的影响。从自身做起，言传身教，往往能够收到立竿见影的效果。当女孩成为一个懂礼的孩子，相信无论她走到哪里，都不会受到别人的排斥，都能够赢得别人的喜爱。

● 建议二：不要教女孩"看人下菜碟"

有时候会听到一些父母这样告诫孩子：

"不要和笨小孩一起玩！"

"不要和差生一起玩！"

"多和聪明的孩子接触！"

"不要和调皮的孩子一起玩！"

的确，家长们说这些话的初衷是对自己的女孩好，谁都希望自己的孩子结交一些"聪明""优秀"的孩子。

然而，家长在说这些话的时候，实则向女孩传达了这样一个信息："聪明""优秀"的小朋友，就是学习好的，你们要和学习好的孩子一起玩，不要和学习差的孩子一起玩。

我们可以想一想：家长在说这些话的时候，在女孩小小的心灵中会产生怎样的影响？她们会自觉不自觉地用有色眼镜去看待身边的同学——谁学习好，谁学习不好，然后把同学分成三六九等，遵照父母的指示去接近那些学习好的同学，而疏远那些成绩差的同学。

如果孩子从小就这样做，长大后会成为什么样子呢？

长期用这种思想去与人交往的孩子到最后交不到一个真正的朋友，最终的结果便是孤家寡人。明白了这一点，家长不禁会问："女孩特别容易受到外界的影响，我们不让她和差生、坏孩子一起玩是为了她好，我们给她灌输这种思想有错的话，那该怎么做才能保证孩子既能够交到朋友又不被坏孩子影响呢？"

其实，这个问题很好解答。"金无足赤，人无完人"，每个人身上都是既有缺点又有优点，孩子自然也不例外。所以，**在引导孩子与人交往的过程中，家长试着教给孩子一分为二地看待别人的强项与弱项，就能很好地处理这个问题。**

在这个问题上，一位家长是这样做的：

我身边的很多家长都教导自己的孩子不要跟班上的差生交往，怕自己的孩子受到差生的影响。在这一点上，我是这样做的：一天

不娇不宠，富养女孩的100个细节

女儿露露放学回家跟我说："晓雪真笨，那么简单的题目都不会做，我不跟这样的笨蛋一起玩了。"晓雪这个孩子我是知道的，尽管成绩差了一些，但心地善良、乖巧懂事。听女儿这样说，我平心静气地跟她讲："宝贝儿，晓雪经常把好东西分给你吃，对不对？"女儿点点头，不明所以地看着我："可她成绩就是差，班上的同学都不跟她玩，嫌她笨！"我不接女儿的话头接着说："宝贝儿，班上成绩好的同学就没有缺点吗？"女儿仰着小脑袋想了想："晓宇没有晓雪好脾气，经常对我们不理不睬……"说到这儿，女儿似乎是很怀念晓雪对她的好。

一看女儿心思似乎动了，我接着说："晓雪学习不好，可是她很善良对不对？晓宇虽然成绩好，可是她很骄傲是不是？"

女儿很赞同地点点头。

"那晓雪身上是不是也有需要宝贝儿学习的地方呢？"

女儿又点点头，若有所思地说："嗯，晓雪其实也挺好的。"

看，在教育女孩的时候，注意引导女孩去发现别人的长处，不仅能够帮助孩子很好地与人相处，更是能够让她在与人相处的过程中汲取别人的优点，让自己的女孩更加完美和优秀，何乐而不为呢？就像例子中的家长做的那样，让女孩知道，每个人都有自己的弱项和强项。即使孩子的小伙伴在某个方面不如你的孩子，但别人的长处仍是值得去学习的，怀着一颗谦虚友爱的心去和人相处，这样的孩子交际能力又怎么会差呢？

● 建议三：不要代替女孩去交际

在新生入学的时候，家长们经常会这样叮嘱孩子的老师：

"我家女儿性格内向，不太爱说话，老师帮忙多照顾照顾！"

"我这孩子可能会有些调皮，请老师多包涵。"

……

然而，家长们在这样说时，是否意识到自己已经越俎代庖了呢？家长既然已经把女孩送到了学校，就要给女孩自己独立面对问题和独自交往的自由，但这些家长显然没有做到这一点。他们依然在不自觉地充当着孩子的代言人，在替孩子与人交往。

小薇的妈妈就是一个鲜明的例子：

小薇妈妈对小薇宠溺得不得了，什么事都要包办、庇护。一次，班上几个孩子玩游戏，因为玩得太投入，不知道谁不小心碰了小薇一下，小薇摔倒哭了，这个时候，恰巧小薇的妈妈来接她放学。看到女儿坐到地上哭，小薇的妈妈不问青红皂白，领着女儿开始对别的孩子"兴师问罪"……

的确，对于孩子，尤其是女孩，家长总是有太多的放心不下，怕她受了委屈、受了欺负。于是，在生活中，家长就难免会给予女孩更多的关注和呵护：女孩碰到问题，家长替她出头；女孩受了委屈，家长给她撑腰……在父母这种养育孩子的方式下成长的孩子，会成为什么样子呢？

无外乎这样两种结果：其一，女孩仗着父母的庇护，蛮横霸道不讲理；其二，女孩因为依赖父母的庇护，变得更加胆怯和不敢独自与人相处。

这两种结果无论是哪一种，都不是家长乐意看到的。既然如此，家长该怎么做，才能避免这种结果的发生呢？对此，一位深谙教育之道的妈妈是这样做的：

实际生活中，我总是留意为女儿制造与人交往的机会：带她一起逛商店，我就会故意让女儿去问售货员一些问题，比如"这种颜色的衣服是否还有其他的款式""这种款式是否还有其他的牌子"等等；带她一起逛公园的时候，我就会留意让她去结交一些同龄的小朋友，跟小朋友们一起玩耍。

我的这种教育方式，所起的效果也是非常明显的，和同龄人相比，女儿与人交往的能力特别强，每次升学之后，很多女孩都会有一段沉默期，做什么都感觉不舒服，而我的女儿身上并不存在这个问题，她总是能够很快地融入一个新的集体，很快地投入学习、生活之中，我想，这和她善于与人交往是分不开的。

当然，家长除了在生活中为女孩提供一些锻炼交际能力的机会之外，还要注意这样一点：**不要怕女孩说得不好，做得不好，给自己丢了面子。**无可否认很多家长之所以充当孩子交际的代言人就是出于这样的考虑，例如：

有位妈妈虚荣心很重，每当她带着孩子见到熟人，孩子还没有说话，妈妈就先开了口："我们家孩子胆子比较小，内向、羞怯。"

其实，妈妈就是担心孩子说话笨嘴笨舌，说得不得体而让她没面子。这样一来，孩子本来想要说的话也不敢讲出口了。

家长代替孩子交往，虽然能保全自己所谓的"尊严"和"面子"，但却让女孩损失了可贵的交往机会。

女孩懂得自我保护，家长更放心

女孩父母的担心

女儿性格内向，天性善良，非常惹人怜爱。可就是因为太善良了，女儿的自我保护意识并不强。女儿要是一直都缺乏自我保护意识，那以后行走于社会岂不是很危险？

谈起养育女孩的问题，有的家长发出了这样的担忧："都说太娇惯女孩不好，我也知道这一点，也想过让女儿独立，可她一点自我保护意识都没有，这要让她一个人做点什么，受到伤害怎么办呢？"

的确，对于女孩，家长总是有太多顾虑和放心不下，怕她们受到外界的伤害，怕她们不能承受外界的风风雨雨，把她们严严实实地护卫在自己的羽翼之下。

然而，正是由于家长这种无微不至的照顾，让女孩对家长更为依赖，让女孩更加不能独立，更加不具备自我保护能力了。

谈到养育女孩，很多教育专家普遍提到这一点：想培养一个独立的女孩，先要教会她自我保护。女孩只有懂得了自我保护，才能在碰到问题的时候少受伤。女孩只有能够避免伤害或者将伤害减少到最低，家长才敢放心让她独立。

那么如何教孩子学会自我保护呢？

在一本亲子教育书中有这样一则故事：

一位妈妈带着女儿到上海旅游，因为人生地不熟，下车后，她想问问当地人最近的宾馆在哪里。这时候一个长得比较面善的中年男人过来跟她们搭讪，说他知道附近哪家宾馆好还便宜。这位妈妈

一看那个男人很面善并且言谈举止都很随和,便半信半疑地跟着那个中年男人上了出租车。结果,车开到闹市时,这个男人半路下车,不管这对母女了。这位妈妈这才意识到,她们遇到了骗子。央求司机师傅帮忙找到宾馆之后,这位妈妈开始想:这不是一个很好的教会女儿自我保护的机会吗?

于是,妈妈问女儿:"宝贝儿,你觉得今天跟我们一起坐车的叔叔像坏人吗?"

小女孩连连摇着小脑袋,"不像!不像!"

妈妈这才切入正题说:"所以说宝贝儿,坏蛋脸上是不会贴上'我是坏蛋'的标签的,如果以后宝贝儿自己出门办事,不要理会陌生人的搭讪,不要随便跟陌生人走,遇到陌生人的纠缠要给家里打电话或拨打110……"

本来很让人郁闷的一件事情,就这样被这位妈妈当成了教育的活范本。这位妈妈无疑是非常聪明的,用她刚刚经历过的鲜活事例来给孩子讲道理,在孩子心中留下的印象比干巴巴地说10条自我保护要领都要管用。

所以,苦于不知道如何让女孩学会自我保护的家长,不妨试一试这样做:关注报纸上、电视上出现一些骗局,试着和女孩一起分析一下骗子是怎样行骗的,让女孩了解一些常见的骗局,帮助女孩建立自我保护意识。

当然家长在这样做的时候,还要向孩子传达这样一个信息:世界上的人大多是好的,但也不可避免会有一些坏人,所以不要轻易相信陌生人的话,不要自己去偏僻的地方……

除此之外,家长还可以考虑这样几个建议,培养女孩的自我保护能力。

● 建议一:和孩子玩玩"怎么办"的游戏

培养女孩的自我保护能力,一位妈妈的经验是这样的:

平时,我常常和孩子玩一种"怎么办"的游戏,这种游戏很简单,就是我向孩子提一些问题,由她来回答,如果她没答对或没答全,我就在最后作补充或告诉她正确答案。

例如我问孩子:"当你一个人在家时,你该怎么办?"孩子歪着头想想了,用自己仅有的常识回答:"不随便给人开门,如果有人敲门,从猫眼上看看来者是谁,再决定是否开门,不认识的一律不给开。""答对了,不过这只是其中一点,你还必须关好门窗,危险的东西如闸刀、燃气灶等最好不要碰。"

在玩游戏的过程中,我总是有很多的怎么办问孩子,例如:

当你在公园走丢了怎么办?

看到小偷进家怎么办?

被人勒索怎么办?

煤气罐漏气怎么办?

摔跤流血了怎么办?

遇到电梯停运、地铁故障等意外事故怎么办?

遇到地震、火灾、打雷等情况怎么办?

……

我不仅会告诉孩子怎么办,有时候还会来点儿情景模拟练习,通过实践让孩子懂得具体该怎么处理突发事件。

在这种寓教于乐的游戏中,孩子在玩乐的同时,不知不觉就学会了一些安全技巧。

世事总是无常,许多事无论是自然的还是人为的,有时候我们大人都会备感无力,更何况我们那弱小无助的孩子。然而,我们不可能永远陪在女孩身边保护她,所以要让她远离伤害,我们能做的,就是教给她一些安全技巧,给她补上安全这一课。家长可以试试这种方法:玩"怎么办"游戏,孩子爱玩,印象也深刻。

这样的游戏,玩着玩着,孩子就多了几分睿智,多了几分从容,同时也减少了几分未知的风险!

● **建议二:告诉女孩,勇敢≠莽撞**

在班上若是哪个同学受到了别人的欺负,女孩晴晴总会第一个

站出来打抱不平，有时候甚至还会跟别人大打出手；

和同学们一起上街的时候，看到有人抢包，女孩薇薇就会毫不犹豫地往前冲；

……

看看这些孩子的行为，我们能说她们不勇敢吗？不能。不讲究智慧的勇敢，不仅不能让女孩达到预期的目的，很可能还会让女孩在"行侠仗义"或者"大展身手"的时候受到伤害。

所以，作为女孩的家长，光是懂得让她勇敢起来的方法还不够，还要让她知道什么样的勇敢是我们所提倡的、什么样的勇敢是我们所反对的，不要让她逞"匹夫之勇"，而要教会她智慧的勇敢，学会在勇敢的同时自我保护。比如——

看到别人遇到抢劫，凭自己的能力又帮不上忙时，拨打110；

看到有人掉进了水里，自己却不会游泳，那就尽快找会游泳的人来救；

看到同学受了欺负，可以找老师来评理；

……

当女孩学会这样做时，她就能既成为一个勇敢的女孩，又能避免因为"见义勇为"而使自己受到伤害了。

培养女孩掌控生活的能力

女孩父母的担心

或许是生活中我们对女儿的照顾太周到了,女儿独处的时候,生活就会变得一团糟,丢三落四,一点儿条理都没有,经常是做着做着这件事忽然想起那件事情还没做……看着女儿这马大哈的生活现状,我真是一个头两个大了!

作为女孩家长,在养育女孩的过程中,你可能会在她身上发现这样一种现象:

当周末来临之时,女孩高呼一声"终于解放了",然后就什么都不管睡到日上三竿。

当她们在面对是做作业还是看电视的抉择时,常常会这样想:反正看完电视还有时间,作业就等看完电视再写好了。然而等她过足了电视瘾,才发现根本没有时间再写作业了。

当她和小伙伴一起玩耍时,常常是你不来喊她,她连吃饭的时间都会忘记。

……

看到这些情景,你想到了些什么呢?是否也在为女孩不能很好地掌控生活而烦恼?

的确,外界的诱惑是如此的丰富多彩,面对这种种诱惑,女孩常常会管不住自己,由着自己的喜好去做事。等她们玩得尽兴了,才发现很多重要的事情耽搁了。

出现这样的结果，一方面，女孩会为自己的行为懊恼不已，另一方面，家长也会为女孩不具备独自掌控生活的能力而暗自担心。如果女孩的生活一直这样混混沌沌，还怎么可能成为生活的主人，拥有优质的生活？

明白了这些，作为女孩的家长，在养育女孩之初就要注意，一定要有意识地去训练女孩掌控生活的能力。

● 建议一：让女孩远离浪费生命的那些事儿

一位老师曾提起自己教学生涯中的一件事：

在一次课堂上，我这样问学生："你们长大后最想去的地方是哪里？"大部分女生齐声回答："韩国！"我不解："为什么？"女生们脱口而出："韩国帅哥多，韩国男人懂得爱，韩国男人温柔……还有最重要的一点——那里没有穷人。"

看到这里，作为女孩的家长你想到了什么？女孩子们为什么会得出这样的结论呢？很显然，这是女孩看了太多的肥皂剧、偶像剧留下的"后遗症"。

肥皂剧、偶像剧只是人们用来消遣的一种生活方式，如果女孩错误地把这些东西当成了生活的重心，错误地把自己也代入到偶像剧的剧情之中，无疑是非常不明智的，会打乱自己的生活，让生活陷入混乱和麻烦之中。

女孩小蕾迷恋韩剧，每天吃完晚饭就坐到沙发上，抱着电视不放，一个频道接一个频道地看韩剧。无论妈妈怎么催她去做功课，她都会这样搪塞："我再看一集，再看最后一集。"结果，小蕾经常是无暇顾及功课，成绩一塌糊涂，每次都排在班级的末尾，面临着严重的升学危机。

女孩小雅喜欢看偶像剧，每天都会眼巴巴地盼着电视上出现某个自己喜欢的演员，一看到自己喜欢的演员出场就会兴奋地又蹦又跳，情绪激动，根本没有心情去做别的事情，整日沉迷在偶像剧中，日常生活过得糊里糊涂、一团糟。

我们深一步探究就可以发现，迷恋偶像剧的行为其实是对现实的逃避。或许，在女孩潜意识里，排斥去做某事，所以，宁愿沉迷在肥皂剧和偶像剧里，也不愿意采取行动去做一些有意义的事情。

现实生活中，女孩排斥或者不愿意做的事情有哪些呢？无外乎就是学习和生活。沉迷于偶像剧，不愿意去面对学习、生活，就好比是鸵鸟遇到了危险将头扎进沙堆里一样盲目和自欺欺人。最终的结果就是危险降临，而女孩却不自知。

所以，想要女孩拥有一个美好的未来，家长就要注意，让女孩远离那些浪费生命的事儿。比如肥皂剧、没有任何意义却浪费时间的电子游戏、对女孩成长没有任何益处的言情小说。

● 建议二：帮助女孩树立自己的人生目标

现实生活中，很多女孩之所以不具备很好地掌控生活的能力，之所以会生活得浑浑噩噩，大多是因为不清楚自己的目标到底是什么。

家长不妨给女孩讲讲这样一个寓言：

贞观年间，长安城西的一家磨坊里，有一匹马和一头驴子。它们是好朋友，马在外面拉车，驴子在屋里拉磨。贞观三年，这匹马被玄奘大师选中，出发经西域前往印度取经。

17年后，这匹马驮着佛经回到长安。它重到磨坊会见驴子朋友。老马谈起这次旅途的经历，那些神话般的境遇使驴子听了大为惊异。驴子惊叹道："你有多么丰富的见闻呀！那么遥远的道路，我连想都不敢想。"老马说："其实，我们跨过的距离是大体相等的，当我向西域前进的时候，你一步也没停止。不同的是，我和玄奘大师有一个遥远的目标，按照始终如一的方向前进，所以我们打开了一个广阔的世界。而你却被蒙住了眼睛，一生围着磨盘打转，所以永远走不出这个狭隘的天地。"

驴子与马在17年中所走过的路程是一样的,但是一个却见识了广阔的天地,一个却终生围着磨盘打转,这其中的差异在哪里呢?答案就在于行动是否有目标。当家长能够引导女孩想明白这一点,引导女孩树立起人生目标,在实际生活中,她就会对自己将要做些什么有清楚的认知。如果家长再进一步引导她思考如何做,并作出具体的规划,朝着这个目标不懈地努力,那么,每个女孩都能很好地掌控生活。

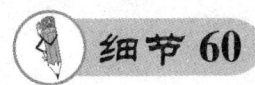

优秀的女孩从不拖延

女孩父母的担心

女儿做事特别拖沓,无论做什么都要我们三催四请的,即便开始行动了,也是能拖就拖,能等就等。是否有什么好的方法,可以迅速培养起孩子的行动力呢?

生活中,我们常听孩子这样说:"等时机成熟了再行动!"是的,他们嫌弃小块的时间太短,准备等大块时间出现后再去行动;他们总是抱怨有些条件还不具备,要等到万事俱备才会行动……然而,真正的时机是什么?它真的是可以等来的吗?

家长可以把下面这个故事讲给孩子听:

一个人茫然地靠在一块儿大石头上,懒洋洋地晒着太阳。

这时,从远处走来一个怪物。

"年轻人,你在做什么?"怪物问。

"我在这儿等待时机。"他回答。

"等待时机?哈哈,时机什么样,你知道吗?"怪物问。

"不知道。不过,听说时机是个很神奇的东西,只要它来到你身边,你就会走运,或者当上了官,或者发了财,或者娶了漂亮老婆,或者……反正,美极了。"

"嗨!你连时机什么样都不知道,还等待什么时机?还是跟我走吧,让我带你去做几件对你有益的事情吧!"怪物说着就要拉他。

"去去去!少来添乱!我才不跟你走呢!"年轻人不耐烦地说。

怪物叹息着离去了。

一位长髯老人来到他面前问道:"你抓住它了吗?"

"抓住它?它是什么东西?"他问。

"它就是时机呀!"

时机并不是等来的,而是靠积极的行动争取来的。如果我们的女孩只是等待,即使真正的时机来到了她面前,她也不懂得把握。所以,当女孩有了一些好的想法,例如,她想改掉身上的一种坏习惯、想给老师提一个很好的建议、想对学习进行一次大总结……作为家长,你要鼓励她立刻去行动。告诉她,不管梦想多么美妙,计划多么周详,如果不采取行动,最终梦想只能是空想。

 建议一:告诉女孩,行动比抱怨更能解决问题

俗话说,百说不如一做。在培养女孩的行动力时,家长应该这样告诉她:做任何事情,光靠耍嘴皮子是不够的,只有行动起来,问题才能得以解决。

下面这个故事就能给女孩很好的启示:

有一艘轮船途中触礁,船体进水。乘客有的急忙找救生圈,有的找自己的行李,但更多的人在发牢骚:有的责怪船长,说其驾驶技术太差;有的大骂造船厂,说其生产了伪劣产品。这时,一位乘客高声喊道:"我们的命运不是掌握在我们的嘴上,而是掌握在我们的手上,快堵住漏洞!"经过众人的努力,漏洞被堵住了,轮船安全地驶向了彼岸。

作为家长,我们谁都希望自己的孩子是那个相信"命运掌握在自己手中"的智者。所以,生活中遇到一些问题,家长一定要给女孩做出积极行动的榜样。例如:

家里新买的洗衣机出了问题,别抱怨产品质量不合格,尽快与售后联系,积极解决问题;

工作中出现了错误,别抱怨,也别推卸责任,积极地想办法去弥补这个错误。

当你在家庭生活中为女孩作出了立即行动的表率,在你潜移默化的影响下,她就能渐渐懂得行动的重要性。

● 建议二：帮女孩养成"今日事，今日毕"的好习惯

有个人想去法国旅游，他花了几个月的时间阅读搜集来的资料——法国的艺术、历史、文化等。他研究了法国的地图，订了飞机票，并制订了一个详细的日程表。

有个朋友在他预定回国的日子之后几天，到他家做客，问他："法国怎么样？"这人答道："我猜想法国很棒，可我没去。"他的朋友大感不解："什么？你花了那么多时间作准备，却没有去，出什么事啦？"他回答道："我实在不想坐两个小时的车去飞机场，反正以后还有机会，以后再去吧！"

读完这个故事，你有何感想？我们可以发出这样一个预言：这个人将会一事无成。家长可以想想看，一个总是把计划好的事情拖到以后去做的人，他的头脑中会形成正确的时间观念吗？更重要的是，如果他习惯了"明日复明日"，她能把握住成功的机会吗？

所以，要想让女孩具备积极的行动力，在这类情况下，家长必须要向女孩传达"今日事，今日毕"的观念：当女孩想把今天的作业放到明天来做事时；当女孩为自己的懒惰找理由时；当女孩想把近期能完成的事情拖到以后来做时。

当女孩养成了"今日事，今日毕"的习惯，她再碰到任何事情时，就能做到不拖沓、立即行动。

 细节 61

小女孩也一定要会理财

女孩父母的担心

女儿花钱大手大脚,一点儿都体会不到赚钱的辛苦,虽然家里的条件还算不错,但女儿要是没有一定的理财意识,就算是有金山银山也有花空的一天啊!可对孩子的理财教育又该如何进行呢?

作为成人,我们如果足够用心,便会发现孩子缺乏理财观念的行为特别常见:

自己兜里有多少钱从来没数;

一周的零花钱两天就花光;

问她零花钱都花到哪里了,她常常一脸茫然;

……

正是因为看到过很多类似的情况,我们才不得不对孩子们的财商教育提起足够的重视。特别是女孩,当她成长为一名成熟的女性,需要掌握一个家庭的财政大权时,社会考验她的,将不仅限于智商、情商,还有重要的财商!

西方国家一般都十分重视对孩子进行理财能力的培养。

美国著名的亿万富翁洛克菲勒就深知培养孩子财商的重要性。他在孩子7岁以后,每人每周发3角钱的津贴,同时发给他们每人一个小记账本,要求他们记载每一分钱的用途和花钱的时间,周末还要孩子们交上自己的账本,以审查其开支的合理性。洛克菲勒在谈到让孩子记账时曾说:"要让他们懂得金钱的价值,不要乱花乱用,把钱花在益处。"

这些令孩子受益一生的"财商教育"恰恰是中国家庭教育所忽略的内容，也是我们的孩子最缺乏的一种素质。

儿童行为学研究表明，孩子各种能力的培养，都有一个关键期。比如：2~4岁是训练孩子语言能力的关键期；4~6岁是培养儿童数理能力的关键期；而对于稍具难度的理财能力而言，培养的关键期则为5~14岁。

随着社会的发展，很多国家对于下一代的理财能力的培养，正逐渐提前。例如法国，早在儿童3~4岁阶段，家长们便开展家庭理财课程，教育基本的货币观念。约摸10岁左右，法国家长就开始为小孩设立独立的银行账户，积极培养孩子的理财观。美国也是如此，对于儿童理财教育的要求，是3岁能辨认硬币和纸币，6岁具有"自己的钱"的意识，13岁开始打工赚钱，学习如何运用基金与股票等投资工具理财。

但是，5~14岁中国的孩子在干什么？不是在伸手找家长要钱去买零食，就是要家长帮她去买最新款的玩具。据调查显示，中国孩子在四五岁时就能做到美国孩子11岁的事——发现广告中的事实，并准确无误地告诉家长"去买"；而美国孩子在12~13岁学会的东西——熟悉银行的业务以及金融投资等技能，中国孩子要到20岁左右才开始去学习。由此不难看出，在理财这方面我们的孩子在起点就已经输了。

所以，作为新时代的父母，在家庭教育的总则中我们必须加入这样一条：为成长中的女孩不断加重"财商砝码"！

● 建议一：5岁之前，教女孩正确认识金钱

5岁之前的孩子，大多无法理解抽象概念，她们只对具体的东西感兴趣。因此，此阶段家长只需对孩子传授一些简单的金钱知识。

例如，应该告诉孩子：

(1) 钱币和钱币之间也是有区别的，有的钱币会更值钱一些。

(2) 金钱可以用来换取我们想要的一些东西，但不是全部。

（3）电视上的玩具买回家后并不一定像电视上那样漂亮，而且也并非那样好玩。

（4）将钱币定期放在储蓄罐里，积攒一定数量后，就可以实现一定的心愿。

（5）并不是你想要的每一样东西都能得到，即使这个东西近在咫尺。

孩子不良消费习惯的养成，往往在5岁前就初露端倪了。因此，在这个年龄阶段，学会拒绝孩子的无理需要，是每位家长都必须做到的。

对此，一位妈妈是这样做的：

在超市购物时，女儿抱着一大包零食要她结账，她心平气和地对女儿说："等家里的零食吃完了再买这些。"女儿不同意，坐在地上打滚，她不理睬女儿，冷静地朝超市外走。看妈妈真的要走远了，小女孩赶紧扔下零食去追妈妈。

事后有人对这位妈妈说："孩子在超市大哭大闹，引得那么多人看，多没面子呀，你就满足她的要求吧！"然而，这位妈妈却一本正经地说："改掉女儿欲望无度的恶习比我的面子要重要得多！"

面对孩子的一时哭闹，如果家长因为心生不忍或是怕丢面子而满足孩子的无理要求，那么类似的妥协肯定将会一而再、再而三地出现，孩子的欲望也会越来越强烈。欲望无度，这可能会是毁掉女孩一生的坏习惯。

● **建议二：6～11岁，让女孩学会理智消费，并接触银行**

孩子进入童年期后，随着主动性的加强，处理有关钱的问题的能力也会有所提高。因此，加强女孩的理智消费观念，尤为重要。

例如，在此年龄阶段，家长应教育孩子：

（1）每周或每月可以有固定的零花钱，但不可要求预支。

（2）用自己的钱买电影票、零食或游戏卡片。

（3）学会挑选一些物美价廉的商品。

（4）存在银行的钱，银行不会总为你留着，而会将它放贷出去，或进行投资。

（5）如果想要有额外的消费，必须向父母说明是"需要"还是"想要"，并讲出合理的理由。

孩子的自控能力是有限的，即使进入了童年阶段，孩子仍然会时不时地提出非合理需求。这时，家长非常有必要帮孩子区分"想要"和"需要"。

一位家长这样分享经验：

在我们家有这样一项规定：每个人为自己添置物品时，都要向全家人讲明理由。例如，孩子的妈妈想买一件厚外套，她的理由有两点：一是之前的那件厚外套已经旧得不成样子；二是下周要出席一个很隆重的场合，穿太旧的衣服不太合适。由此我们全家人得出了这样一个结论：对于她来说，这件厚外套是"需要"物品，批准购买。

因为有这样一个规定，孩子买任何一件物品之前都会向我们讲一讲理由，他说他想要一个mp3，听歌用，我们告诉他："是'想要'而不是'需要'，我们不能满足你。"孩子想买一台复读机来学英语，并说他应该多练习英语口语和听力了，我们告诉他："对于学英语来说，复读机是'需要'物品，我们批准你购买。"

教女孩学会理智消费，家长还应该告诉她："想要"大多是一种无理的需求，没有正当理由，得到的快乐是短暂的；而"需要"则是确实对学习或生活有所帮助。当"讲出正当理由"成为一种固有的消费规则，孩子就会知道，并不是自己的任何需求都应该满足，并渐渐控制自己盲目购买的欲望。

另外，在儿童期，女孩学习能力越来越强了，这时家长可以有意识地引导孩子接触银行。例如，当你到银行办理开户，或是到银行存钱时，把孩子带在身边。这样，孩子就会慢慢学会开户、存款以及提款的流程，并且对储蓄以及利率等知识形成更深刻的认识。

● **建议三：12~16岁，让女孩学会计划消费**

女孩进入中学阶段后，独立意识、思维能力都有所增强，在早期理财教育的基础上，家长还应教育孩子：

（1）即使减少衣着方面的开支，也可以穿出自己的风格。

（2）请留心家庭的财务开支，包括你上大学的费用。

（3）你可以不准备账本，但你必须对金钱有所计划，做到收支平衡。

（4）多观察生活，只要付出劳动、开动脑筋，你也可以像父母一样赚得金钱。

（5）将平时打工挣的钱省下一半来，充抵学业开销及今后上大学的费用。

在教育孩子理智消费、计划消费的时候，家长除了教孩子一些辨别货物品质的知识外，还应使用一些促进孩子计划用钱的技巧。

例如，下面这位家长就很擅长用这种方法来教育孩子：

他家很早就商量着买一台微波炉，后来他听同事刚买了一台，花了800块钱，质量很好，功能也很多，于是他把打听的品牌、型号以及800块钱给了孩子，把买微波炉的任务交给了她，并对她说："同样的品牌和型号，如果你能买到更便宜的，差价就归你了。"

听到有这美事，孩子就忙起来了，先是去电器商行打听最近的打折信息，又去网上商店查询价格……最后一对比，她发现最近电器商行里正在搞活动，除了打折之外还送很多小赠品，于是便毫不思索地购买了。当然，由此而产生的100元差价也进了她的腰包。

相信有过几次比较消费的经历之后，女孩都会养成良好的消费习惯。

第八章

学习让女孩受益终身
——引领女孩爱学习、会学习

- 细节62：好父母，让孩子爱上学校
- 细节63：上进心培养——不爱"学习"并非不求上进
- 细节64：科学激发女孩的学习兴趣
- 细节65：独立思考，造就女孩的敏捷思维
- 细节66：阅读能力——女孩学习能力提升的保障
- 细节67：引导孩子去观察——观察力=学习力
- 细节68：告诉女孩一些科学的学习方法
- 细节69：女孩也能学好数学——开发女孩的数学才能
- 细节70：让女孩把学过的知识讲一讲
- 细节71：引导女孩理智看待自己的成绩

引 语

养育孩子的过程中，家长们都有这样的经验：

当男孩还在牙牙学语时，女孩已经能够喊出"爸爸""妈妈"了；

当男孩还热衷于玩变形金刚和玩具枪时，女孩已经能够跟别人聊天了；

当男孩还在为如何写好一篇日记犯愁时，女孩已经能够洋洋洒洒写下好几页的文字了。

种种迹象表明，女孩似乎比男孩更具有学习能力，然而，随着年龄的增长，女孩的学习天赋开始慢慢消退，甚至消失。这在小学高年级的时候，表现比较明显：很多女孩学习开始感到吃力，逃避学习；很多女孩开始安于现状，不求进取；很多女孩开始求助家长，丧失独立思考的能力……

如何避免女孩的成长道路上出现这诸多问题呢？培养女孩的学习力！

好父母，让孩子爱上学校

女孩父母的担心

孩子上小学高年级了，学习上的诸多问题也开始慢慢露出了苗头，别的问题都还好说，可孩子这厌学问题，我们实在是没有办法。孩子不喜欢学习，我们越是催促她，她越是反感，恶性循环下去，孩子这学习还怎么好得了？

一位家庭教育专家曾讲述过自己的一段成长经历：

小时候，我并不是一个喜欢学习的孩子，每天放学，不是和小伙伴们一个劲儿玩，就是抱着电视看起来没完。所以，我的学习成绩总是不太理想。

看我总是一副对学习不上心的样子，妈妈不声不响地开始在生活中对我进行引导。比如说，和妈妈一起上街买菜时，妈妈就会说："帮我算算，咱要给人家多少钱？"比如说，看电视时，屏幕底下出现一些陌生的字词，妈妈就会问："这个字念什么呢？"……妈妈问我时，总是那么自然而然，就好像跟我聊天一样，我当然也不好意思说不会，于是为了不被妈妈问住，我开始对算术、生字上心了。曾经有一段时间，每天写完作业之后，我都会自己再看会儿书，争取多学一点儿东西呢！

其实，多学那么一会儿，也不一定就能成为"万事通"。但是那个时候的我却单纯地认为，这样做至少能让我心里踏实一些，觉得自己被妈妈问住的可能性就会小一些。所以，不知不觉间，每天多学的一小会儿，竟慢慢让我变得优秀起来，渐渐从同学中脱颖而出。

时至今日，回想当初妈妈对我所实施的策略，也不算特别高明。然而，对于当时的我来讲，却具有非常大的激励作用。我的人生轨迹，也因为妈妈的细心引导发生了重大变化。

在家庭教育中，家长尤其是妈妈就是这样的教育引导者，对孩子所产生的影响也是潜移默化的。

孩子对学习没有兴趣，孩子对学习表现出反感，心思细腻的妈妈往往是最先发现的一个。妈妈能否及时扫除孩子学习道路上的不良情绪，能否及时引导孩子爱上学习，对于孩子今后的发展来说是非常重要的。

 建议一：告诉孩子学习是她自己的事

不知道在现实生活中家长有没有发现这样一点：家长对孩子的学习不是不关心，相反，家长对孩子的学习往往是过分关心。

不信，我们可以来看一看这样几幕经常在家里上演的情景：

孩子放学回家，屁股还没坐到沙发上，妈妈就嚷开了："今天作业多不多，做完了没？"

孩子考试没考好，妈妈一脸痛苦的表情："你瞧瞧你，总是不用心，考这么点儿分儿，真给我丢人！"

表面看来家长是在关心孩子的学习，是在为孩子的学习操心，但让人遗憾的是，家长这种关心，往往事与愿违，孩子不仅不会对学习上心，反而对学习越来越厌烦，对家长的管束越来越抵触。

为什么会这样呢？我们可以想一想：如果家长总是跟在孩子的后面，督促着孩子去学习，总是说孩子考不好给你丢人，孩子心里会怎么想？

她就会认为学习是一个任务，学习是给父母学的，考出好成绩是为了让父母高兴。当孩子产生这样的想法后，学习也就成了一件让她万分痛苦的事情。

所以，**想要让孩子爱上学习，家长首先要做到的一点，就是要让孩子知道，学习是她自己的事情。**

一位智慧的家长在教育女儿的过程中，就是这么做的：

当我发现女儿开始对学习不上心的时候，我并没有一个劲儿地赶着她去学习，只是告诉她这样一句话："学习是你自己的事情，现在不好好学习，考试必然不如意！"

女儿对我的话不以为然，仍旧该玩就玩，该闹就闹。结果，一场阶段测试之后，女儿考得非常糟糕，看着自己惨不忍睹的分数，女儿蔫了。

打那之后，女儿学习主动性强了很多，不用我催，就会自己去学习。成绩也就慢慢提上去了。

很多孩子不愿意学习，一方面和她们贪玩的本性有关，一方面就和家长对她们错误的引导有关。家长或许并没有意识到，你对孩子学习的关注程度，已经远远超过了孩子对学习的关注程度。家长这样做的结果，就是孩子会把学习当成是你的事，而不是她的事，觉得学习是家长加在她身上的一项讨厌任务。

孩子有了这样的错误认知，还可能会爱上学习吗？显然不会。相反，如果我们只是在恰当的时机告诉孩子，学习是她自己的事情，学习好坏受到影响的都是她，孩子虽然不可能一下子就理解，但是随着她在学习的过程中，吃一些亏，就能慢慢体味过来，从而在学习的时候慢慢变得自觉。

所以，想要孩子爱上学习，家长就先要做到，对孩子的学习关心，但不过度关心，让孩子明白，学习是她自己的事情，调动起孩子内在的学习动力，才能让孩子在学习的过程中，学得轻松自在。

● 建议二：告诉她写作业是一件很神圣的事

孩子不爱学习的另一个重要表现就是不喜欢写作业。

面对这种情况，家长也是无可奈何，"孩子不喜欢写作业，我们硬逼着也不是办法，还能拿她怎么办？"

孩子不愿意写作业，我们当然不能逼着她写，而是要找方法。

一位聪明的妈妈是这样做的：

不娇不宠，富养女孩的100个细节

一天，孩子放学回家，又开始拖拖拉拉不愿意写作业。我故意不去跟孩子提作业这个话题，只是和孩子东拉西扯，聊着聊着时间就不早了，孩子脸上开始露出几分焦急神色，可能是想到作业做不完明天会挨老师批评吧！

我看孩子神色不自在，故意露出惊奇的神色问："宝贝儿，你怎么了？"

孩子看我问她，讷讷道："妈妈，我的作业还没写呢！"

我故作豪迈地说："不就是作业吗，妈妈帮你写！"

孩子听我这么说，脸色更是不自然了，"可是……那是我的作业……"

我一乐，打趣道："你还知道那是你的作业啊？那你为什么总是拖着不肯写呢？"

孩子支支吾吾说不出所以然来。

"写作业，是你的权利，也是一件很神圣的事情，既然你知道这件事情早晚是要做的，为什么还要拖到最后才去做呢？"我收敛了玩笑的神色，语重心长地跟孩子说。不仅如此，我还给孩子做了一个牌子——"神圣的作业时间不可侵犯7：00～8：30。"挂在她的书桌旁。

打那之后，孩子做作业再也不用人催，放学就会很主动地去写作业了！

这位妈妈的良苦用心，很值得我们钦佩。的确，孩子再不愿意写作业，再不想写作业，作业终究还是要她来写的。然而，很多孩子却总是不愿意面对这一点，对作业一拖再拖。

作为家长，应该及时告诉孩子，写作业是一件很神圣的事，是她的权利。让孩子知道，这项神圣的权利只能她来行使，孩子的自觉性和主动性就会得到极大的调动，从而真正做到自发学习。

上进心培养
——不爱"学习"并非不求上进

女孩父母的担心

我的女儿什么都好,就是有点儿不思进取,就拿学习来说,考个七八十分就非常满足了。女儿这个态度对待学习,成绩还怎么好得了呢!

一位幼儿园老师曾提起这样一个女孩:

女孩小雯上课时总是心不在焉,不是东张西望,就是趴在桌上睡觉。每次考试成绩都不理想,为此,我找她谈过好几次,可她就是不改。依旧是浑浑噩噩、迷迷瞪瞪,一点儿都不知道上进,你说,这孩子一直这样下去还不废了吗?

不光这位老师,实际生活中,很多父母也曾抱怨自己的女孩不爱学习,没有上进心。然而,我们却要清楚,如果我们过早地给女孩下这样一个定论,女孩的未来就值得担忧了。

为什么这么说?

因为家长在理解"上进心"的概念上出现了错误。不爱学习,就是没有上进心吗?不是的。严格地说,大家所说的"学习"是学校里的文化学习,更狭义的概念是主课学习。难道就因为女孩不喜欢学校老师规定的功课就是没有上进心吗?显然不是。

上进心对女孩的成长来说至关重要。有上进心的女孩做事自觉,家长用不着督促,就能很好地完成自己设定的目标;没有上进心的

女孩则做什么事情都没有动力，含混度日。

然而，"没有上进心"和"不爱学习"却是两个截然不同的概念。这是把成人的是非观强加在女孩身上。

有心的家长会发现这样一个现象：

女孩面对喜欢的绘画艺术时，不用家长在背后催促也能画得热火朝天；

女孩面对喜欢的诗词时，不用别人在身后催赶也会背得津津有味。

女孩的种种表现，其实反映出这样一个事实：**对于感兴趣的事情，孩子不用别人催促也会自觉地去追求做得更好。**

基于诊断上的方向性错误，很多家长接下来的"治疗手段"当然只能是不起作用或起负作用。女孩的自制力有限，面对毫无兴趣的事情，妈妈的责骂渐渐不起作用，甚至因为家长一次一次的批评责骂，生性敏感的女孩开始生出逆反心理，对做某件事情更加反感了，成了家长眼中"不求上进"的孩子。

疲惫和烦躁的妈妈在多次努力失败后放弃了：等孩子大点再说吧。

于是女孩模模糊糊地发现：没有妈妈所说的"上进心"也没什么关系。在这样的心理暗示之下，女孩开始越来越不求进取，越来越不思上进了。

这种心态表现在学习上就是女孩对学习没有兴趣，逃避学习，厌倦学习。面对女孩的这种情况，家长该如何做呢？

 建议一：从女孩的学习兴趣入手，让女孩爱上学习

关于如何培养女孩的学习兴趣，一位妈妈是这样做的：

女儿娟娟上小学五年级时，在学习上表现出明显的吃力。随着这种情况的持续，女儿对学习越来越厌烦，再不像从前一样，一放学就打开作业本急忙写作业，而是想方设法地拖延不做。

意识到女儿在学习上出现了问题，我开始想办法帮助女儿解决问题。首先我要找出女儿的兴趣在哪里。比如，女儿喜欢学语文，不喜欢学数学。在女儿不想学习的时候，我就先从她的兴趣入手，先安排她念几首诗词，调动她学习语文的兴趣，当女儿在学习语文的过程中，内心生出一种优越的心理状态，在这种情况下再让她学数学，带着学习语文的兴奋继续学数学，女儿往往也能学很长一段时间。

的确，无论做什么事情，如果没有兴趣都不可能坚持下去。尤其是在学习方面，兴趣更是最好的老师，用兴趣引导女孩去做某件事情，往往能达到意想不到的效果。在这一点上，例子中的妈妈做得就非常好：先找出女孩的兴趣所在，用女孩感兴趣的方面，把女孩的情绪调动起来，再让她去学习别的东西，她的抵触情绪就会少很多，再让她好好学也就简单得多了。

● 建议二：表扬→批评→表扬——巩固孩子的上进心

很多家长都有这样的体会，当孩子在某些方面取得一定的成绩之后，往往就开始骄傲自满，固步自封起来。

一位家长就曾这样抱怨：

女儿喜欢跳舞，前一阵子特别努力练习，进步也很神速，还取得了班里舞蹈比赛的第一名。大家都夸她是个聪明用功的孩子。女儿开始的时候还能保持谦虚，可听大家夸得多了，竟开始飘飘然起来。练习也不再用功，经常是随便蹦两下就算了，我一说她，她还不耐烦："我都是班上跳得最好的了，我还那么用功干吗！"

每次说她都不听，结果一个月下来，女儿在班上的舞蹈第一就被别人抢走了。

每个人都会有骄傲自满的时候，何况是少不经事的女孩。所以，在培养女孩上进心时，家长就要想想怎么做才能让女孩不会犯骄傲自满、止步不前的错误。

对此，一位聪明的家长是这样做的：

女儿苗苗很有写作天赋，她很喜欢写些东西，作文经常被老师

当成范文来读。我也总是会有意无意地在人前显摆显摆，这个时候，女儿总是会表现得特别得意。看出她开始翘尾巴，我知道"打击"她的时候到了，我把她的作文找出来，仔细圈圈点点之后，指出她的不足。看女儿听得心悦诚服，我也松了口气。等她再取得一定进步以后，我和妻子又开始在人前表扬她，接着试着在人前批评她，当然这样做的时候，我和妻子都会注意分寸，不伤害孩子的自尊心。如此反复几次，女儿不仅不会因为受到我们的表扬而兴奋过度，也不会因为我们的批评而哭天抹泪，上进心很快就被强化了。

仔细想想，这位家长的做法不无道理，对于没有长性的女孩，不能坚持上进是很正常的现象，女孩"三分钟热度"也不是什么稀罕的情况。所以，在培养女孩上进心的开始，就对她进行一些挫折训练是非常有必要的。就像上述家长，当女孩开始自满的时候，稍稍给她一点打击，当女孩取得进步的时候，再给一些表扬……批评→表扬→批评→表扬……循环往复，在这样的心理折腾过程中，女孩的上进心就能被很好地巩固。当然，家长在这样做的时候，一定要掌握好分寸，不要伤害了女孩的自尊，要注意批评的艺术。

除此之外，家长还需注意一点：要孩子认同你，你得先认同孩子。要多强调孩子是有上进心的——举例说明：你做手工做得多棒啊，学习照样也难不倒你，诸如此类。并具体制定合适的阶段性目标，并进行奖惩，如今天被老师点名的次数要比昨天少，妈妈就给你贴个小红花等。循序渐进，一定会有收效。

方法有很多，但家长一定要注意这样一个要点：**批评与表扬缺一不可，但表扬至少要比批评多一次。**

● 建议三：对女孩的期望一定要合理

一位家长这样说起自己的女儿：

你说我的女儿比谁也不笨，怎么每次考试都不能考第一呢？我的女儿怎么就不能门门考一百分呢？

不知道你听到这样的质疑声时作何感想？是否也会生出几分

同感？

无可否认，每个家长都对孩子饱含期望，都希望自己的孩子考第一、考一百，但第一只有一个，考一百的几率也是小之又小。家长如果总是以这样的目标来要求女孩，对女孩来说不仅不公平，很可能还会挫伤女孩的积极性，导致女孩无法达到目标而产生自卑心理。女孩一旦产生自卑心理，不仅不会再追求上进，很可能还会一蹶不振。

基于这点考虑，作为女孩家长在培养女孩上进心方面，一定要注意这样一点：不要给女孩定立太高的目标，不要想"一口吃个胖子"，否则不仅会欲速不达，很可能还会误入歧途。

一位成功培养女儿上进心的父亲是这样做的：

在女儿小的时候，我们就注重对女儿的教育和培养，在培养女儿上进心方面，我采取的是三步走策略：

第一步，给女儿制定一个她蹦一蹦就能达到的目标，比如说，我教女儿学识字，我先给她设定学5个的目标，这个要求她只要肯做就能达到，也就不会感到困难，并且因为学得轻松，慢慢会建立起一定的自信。

第二步，循序渐进，当女儿能够轻松学会5个汉字之后，我开始慢慢给她加码，今天加一个，明天加一个，这样下来在不知不觉间就已经提高了对女儿的学习要求。

第三步，目标明确具体。比如我想让女儿在学习数学方面有些进步，我就会给她具体为：每天做10道计算题、5道应用题，每个数学公式都要准确理解等。这样的目标不仅好理解，而且因为把目标明确化了，女儿在努力的时候，方向性更强，成效也是显著的。

作为家长，在对女孩进行上进心培养时，目标一定要合理。例子中的家长做得就很好，他采用循序渐进的方式引导女孩建立越来越高的目标，在建立目标的过程中，把目标明确化，这样女孩在学习的时候，也就有的放矢，女孩在一步步取得成就的过程中尝到了成功的滋味，就会自觉地要求自己上进了。

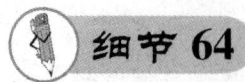

科学激发女孩的学习兴趣

女孩父母的担心

女儿很聪明，可这聪明就是不肯用在学习上，一提起学习，她就蔫了，你说说这孩子，我们可拿她怎么办？

我们身边一些女孩，大部分听话，安静，有耐心，能乖乖听课，完成老师布置的任务。然而，还有一部分女生，则完全不是这个样子。她们逃学、厌学，老师三令五申在屁股后面催着，她们都不能按时完成作业；家长陪着她们时，她们还能装模作样地写一会儿作业，家长一离开，马上就坐不住了……

为此，家长没少为孩子操心：逼得急了，怕她产生厌学情绪；批评她，怕她自卑；不管她，又怕她破罐破摔。

一位深深为此苦恼的家长就曾这样说：

女儿非常调皮，一点都不喜欢学习，在书桌前从来没有坐到过半小时。为此我可没少费心：道理讲了，该罚罚了，该"利诱"也"利诱"了，这孩子怎么就是没有一点长进呢？

看着这位家长为了自己的女儿捶胸顿足，想必很多家长也会生出几分无奈。其实我们的女孩也很冤，出现这样的情况怨不得女孩。随着年龄的增长女孩在学习方面渐渐表现出吃力、学习的兴趣相应减少，整个学习过程对女孩来说，已经再没有任何乐趣可言，反之，还充满着痛苦。大人们在面对一件自己不喜欢做的事情时，还会表现出厌烦的情绪，何况是天生感性的女孩。所以，当女孩开始厌学、逃学、不好学的时候，家长要做的是想办法激发女孩的学习兴趣，让女孩重新爱上学习，变"让她学"为"她要学"。

● 建议一：不要把作业当"刑具"

一位小女孩曾这样说：

我本来是非常喜欢学习的，上课认真听讲，作业认真完成，但就因为作业上出现一点错误，老师就罚我重新写了10遍。面对怎么都写不完的作业，我头都大了，只觉得以前那么有意思的作业怎么就这么惹人讨厌了呢！

实际生活中，老师、家长把作业当成惩罚学生的"刑具"的情况屡见不鲜。把作业当成惩罚学生的手段，孩子就能好好学习吗？不仅不会，这样做还会让孩子在一遍遍抄写作业的过程中，产生抵触情绪，越来越厌烦学习。就像我们前面提到的那个小女孩，本来还很喜欢写作业，但因为老师的惩罚，开始觉得作业是一种负担，在这样的情况下，她还可能会喜欢学习，爱上学习吗？恐怕很难吧！

既然如此，家长该怎么来正确处理孩子的学习和作业之间的关系呢？

一位聪明的妈妈是这样做的：

女儿妍妍写作业的时候总是不太认真，一会儿摆弄摆弄铅笔，一会儿翻翻课本，作业写得乱七八糟。当时我气得真想把她的作业本给撕了，让她重写几遍，但仔细一想：我如果真的那么做了，女儿就会乖乖写作业了吗？

思考很久，我决定反其道而行之：女儿不是不好好写作业吗？我就"成全"她。于是我抽出女儿的作业本说："妍妍既然不愿意写作业，就不要写了吧。"边说，我边把作业本合上，装着要收起来的样子。

女儿一看我这个架势，似乎想到不写作业明天会挨老师批评，急忙想要抢回本子。我放缓口气说："学习本来是件好事，但是既然你不愿意好好写作业，还不如不写……"

女儿急忙道:"我好好写,妈妈把本子给我!"

看女儿是真的知道错了,我把本子还给她接着道:"认真写作业会受到表扬,不认真写作业会受到批评,妍妍是想受到表扬还是批评呢?"

女儿想都不想冲口道:"表扬!"

"那妍妍就要认真写作业啊!"

女儿点点头,乖乖铺开本子仔细写起来。

这位妈妈的做法就很值得大家借鉴。当女孩不想学的时候,你硬逼着她去学,是不会收到任何效果的,反而会让她心生厌烦,但如果我们换一种方式,像例子中的妈妈一样,把让她学习当成是她的"权利",当她不好好行使这项权利的时候,家长就要适时地"剥夺"她的权利,当她知道自己的"权利"对自己来说有多么重要的时候,就会倍加珍惜手中的"权利",自觉地把作业写好。当作业不再是她的痛苦的时候,她就会慢慢爱上学习。

 建议二:和女孩一起学习

请家长想一想,在你的家庭当中是不是也会经常出现这样的情景:

晚饭之后,你们叮嘱孩子一声:"好好学习,完不成作业,就不许看电视!"而你们自己却坐在客厅里,看电视看得兴致勃勃。

试问一下:在这样的环境下,你还要求孩子去安静学习,这可能吗?

要求女孩一晚上看多少书,自己却和一帮朋友打麻将,弄得家里跟集市一样;要求女孩好好复习功课,自己却该去哪里消遣去哪里消遣,把孩子孤零零放在家里。家长没有给孩子树立一个好学榜样,又怎么能让孩子好学得起来?

孩子,尤其是女孩最容易受外界影响:外界环境好,她的进步往往也是神速的;外界环境不好,她就会受到一些不良的影响。

也正是在这一点上说,作为女孩家长,在培养女孩好学精神的过程中，自觉地给孩子树立起榜样，就很有必要。

一位教子有方的家长在家庭生活中是这样做的：

为了培养女儿的好学精神，我们家里特别规定了一个"圆桌会议"，即晚上吃晚饭之后，8：00~9：00之间一家人聚在一起看书，当然，我们在这样做时，绝不是简单的做做样子，而是真的认真仔细地看书。在我们这样做的时候，女儿往往会受到我们的熏陶，安安静静地坐在椅子上，认认真真地看上一小时书。

长期在这样的环境熏陶之下，女儿变得特别好学，即便是有时候我们忙，不在家，女儿也会自己开完这个"圆桌会议"，读一小时的书。这些年下来，因为读书较多，女儿不仅见识比同龄人广博，更因为涉猎广泛，学习成绩一直都很优秀。在这样的良性循环刺激之下，女儿学习的精神头儿更足了。

俗话说得好："近朱者赤，近墨者黑。"家长在培养女孩好学精神的过程中扮演什么角色，对女孩好学精神的养成起着至关重要的作用。就像例子中提到的一样，一家人都在看书，顾忌关系的女孩，就算是想玩一会儿，也会因怕打扰爸爸、妈妈看书而自觉放弃了。

所以，作为女孩家长，当你准备培养女孩的好学精神时，不妨先从自身做起，和女孩一起学。除此之外，经常带着孩子到书店逛逛，带孩子感受一下学习的氛围也能很好地培养孩子的好学精神。

● **建议三：把学习当成"奖励"**

女孩长到五六岁，每天就会有很多的问题，而且触及面之广往往会让家长措手不及。一位家长就曾这样说起自己的女儿：

我的女儿总是喜欢问"为什么"，比如：前段时间她洗澡的时候，用铁铲和塑料铲子玩水，当她放下铲子的时候，铁铲沉下去了，而塑料铲却浮在了水面上。于是她跑来问我："为什么塑料在水里会浮起来，而铁在水里就沉下去了呢？"

又比如，在美国的姐姐，晚上打来电话时告诉她，她们那边是早上，女儿就问我："为什么我们是晚上的时候美国是早上？"

每当面对女儿这样的问题时，我都不会轻易让她得到答案，而是要她再做点别的事情，把问题的答案当做"奖励"告诉她，比如自己收拾玩具、自己收拾衣服……女儿在通过自己的努力得到问题的答案之后，我再予以表扬，女儿往往就非常兴奋，也就能够保持旺盛的求知欲。

我们都有这样的经验：一件东西越是容易得到，人们越是不会珍惜；但当一个人为一件东西付出努力之后，往往就会对之视若珍宝。同样道理，女孩问什么，家长就马上告诉她，固然能够帮助女孩学到一些东西，但女孩想要的答案来得太过轻松，她探究的兴趣就会慢慢下降。如果换一种方法，让女孩为了得到答案付出一些辛苦，那么她再得到答案之后，就会对自己能够发现问题、提出问题，并最终得到答案感到满足，想要继续探究的兴趣也就更浓了。当然，家长在给孩子设置障碍的时候，要注意尺度，不要因为障碍设置太高，让女孩产生畏难情绪从而干脆放弃。

苦于不知道如何培养女孩好学精神的家长，不妨向例子中的家长学习学习，把女孩想要知道的东西，当做"奖励"告诉她。

 细节 65

独立思考，造就女孩的敏捷思维

女孩父母的担心

女儿就像是一个小问号，总是能从生活中发现很多为什么，但这个小问号却比较懒，从我们这里得到答案之后，从来不会深入思考一下。真不知道女儿这样不求甚解，究竟是好事还是坏事！

生活中，我们不难发现这样的现象：

女孩看电视时，突然会向电视后面走去，想弄明白电视中的那些人是从哪儿来的；

女孩会拿一面小镜子左晃右晃，对着阳光射过来的方向，饶有兴趣地观察阳光反射回去的样子……

女孩会一边堆着沙土，一边纳闷为什么"城堡"总是堆不起来；

女孩会把一瓶水倒来倒去，研究为什么在不同的瓶子里，水会看起来有时多，有时少；

……

其实，这些现象都昭示着女孩已经开始思考、探索她所看到的一切了。

独立思考能力作为女孩学习能力的一个重要方面，在女孩的成长学习过程中起着举足轻重的作用。作为早期教育的一个重要内容，比背几首诗、认几个单词对孩子的未来发展要有用得多。

也正是从这个意义上讲，作为女孩家长，当你的女孩身上开始出现一系列思考行为的时候，你就要注意了：该怎么做，才能更好地开发出女孩的独立思考能力，而且不会让这种能力随着年龄的增

长而淡化？

关于这一点，一位幼儿园老师是这样做的：

女孩大多喜欢听妈妈讲故事，并且五六岁的孩子也正是自己开始思考问题的时候，常常会问一些问题，比如我在给女儿讲"小白兔的故事"的时候，女儿突然打断我，指着图上的小动物问："这是兔妈妈，这是兔宝宝，可为什么兔妈妈比兔宝宝还小呀？"

我没有正面回答女儿的问题，而是拿着一本书站起来，向门外走去。走到门口，我问女儿："宝贝儿，你看这本书和刚才在你面前相比有什么变化？"女儿歪着脑袋想了想说："它不在我跟前了，离我远了。"

"对啊！那宝贝儿想一想，为什么兔妈妈会比兔宝宝小呢？"

女儿挠挠头，猜道："兔妈妈去找食物了，出门了，兔宝宝在家，兔宝宝离我近……兔妈妈离我远……"

"宝贝儿真聪明！"我夸奖女儿道。

在和女儿相处过程中，对于女儿层出不穷的"为什么"，我总是试着用浅显的语言表达出来，引导女儿自己思考，久而久之，女儿发现问题和思考问题的能力比同龄人出色了很多。

孩子喜欢听故事、看故事书，好奇心又强，如果家长能在讲故事的过程中启发孩子边听、边看、边想，孩子慢慢就会习惯"主动接受"——经过大脑的"加工"，丰富了故事的内涵，收获也远远超过听故事本身。因此，讲法不同，效果也不同。

也许有的家长会说："我家女儿听故事的时候不喜欢问'为什么'，对这样的女孩我们该怎么办呢？"

的确，有的女孩到了一定的年龄阶段就喜欢思考，爱问"为什么"，而有的女孩似乎生性就比较内向，不喜欢问东问西，对于这样的女孩家长该怎么办呢？

◉ **建议一：在游戏中"动脑"**

孩子都喜欢玩水、玩沙，而在此过程中她们会遇到许多"难题"。

比如我们可以设想下面这样两个场景：

情景一：

女孩玩沙，沙子从沙漏里不断漏出，根本不能灌到瓶子里，向家长"求救"。

情景二：

女孩玩水，水在每个不同的瓶子里，看起来或多或少，女孩不解地看家长。

面对女孩出现的情况，家长该如何做呢？

家长甲：告诉女孩把沙漏直接放到瓶子里，再装沙子；告诉女孩瓶子大小不同，水在瓶子的多少看起来就会不同。

家长乙：坚持不看孩子，让她自己研究，直到孩子从失败中汲取教训，把沙漏放到瓶子里，然后夸奖孩子；给孩子一个更小的瓶子，让她把水倒到小瓶子里，等女孩自己发现，小瓶子根本就装不下那么多水，自己总结出，瓶子大小不同，水在瓶子里面就会或多或少。

通过对比我们可以发现，家长采取的方法不同，游戏所达到的效果也就不同。家长甲在最短的时间内给了女孩答案，虽然看似帮助女孩解决了问题，但对培养女孩的独立思考能力来说，却是不利的。家长乙耐心地等待女孩自己研究问题所在，找出解决方法，虽然慢了一些，但是女孩在失败的过程中，加入了自己的思考，靠自己的思考找到了解决的方法，在独立思考的过程中，女孩尝到了探索和成功的快乐，再碰到问题时，就会更加自觉地开动脑筋。

的确，在游戏的时候，女孩经常会因"走投无路"而向家长发出"求救"信号。这时，守在一旁的父母最好不要急于给出答案，要给女孩时间，鼓励她"启动"自己的大脑去解决，让她有时间自己琢磨琢磨还有没有别的路可走。如果女孩实在找不到方法，家长可给一点提示，而不要直接告诉她该怎么做，比如启发女孩："想想看，在漏斗放进瓶子之前，怎样才能让它不漏呢？"然后鼓励女孩自

己去尝试。这有助于女孩从小学会从多种角度来思考一个问题，使之终身受益。

女孩学会了自己思考问题、解决问题，也就具有了独立思考的能力，她的学习能力也会随着独立思考能力的提升而大大提高。

 建议二：教女孩"举一反三"地玩同一种玩具

女孩天生就有一双会发现的眼睛：

她们会抱着一个纸盒子，兴高采烈地跟妈妈说那是一个储蓄罐；

她们会把一张纸折成各式各样的形状，小船、飞机、小帽子；

她们会把一根丝带打成各种花式；

……

的确，女孩的想象力非常丰富，总是会在不经意间就对一些家长司空见惯的东西翻陈出新，家长若是能够抓住女孩这个心理特征，善加诱导，对女孩独立思考能力的开发也是大有裨益。

一位聪明的妈妈这样分享她的育女经验：

女儿丫丫是个非常伶俐的小姑娘，每天她都能给我带来许多惊奇，比如前几天，她拿着一根筷子，穿上几个串珠，摇摇晃晃地跑过来跟我说："妈妈，吃糖葫芦。"这些串珠，本来是用来串项链的，女儿的小脑袋居然想到了把串珠穿成糖葫芦，我灵机一动：既然对一些稀松平常的玩具，女儿都能想到这么多种玩法，那我何不利用更灵活多变的玩具来培养女儿的独立思考能力呢？

想到这儿，我开始行动了，在给女儿买玩具的时候，我不再买那些只有单一玩法的玩具，而注意买一些既有多种玩法女儿又喜欢玩的玩具，比如，橡皮泥、积木、魔方、拼图……这些玩具灵活性较大，女儿能够自己决定怎么玩，给了她更大的自由发挥空间。

长期这样的锻炼之下，女儿的独立思考能力得到了较大的提升，经常能够提出一些别出心裁的意见和看法。

一种玩具多种玩法，对锻炼女孩的思考能力大有好处，心理学家研究表明，孩子最喜欢的，是那些她们可以自己决定怎么玩的玩意儿，比如积木、橡皮泥、拼插玩具、折纸，甚至是那些日常用品。因此，父母在养育女孩的过程中，要尽量用这些司空见惯的物品，启发女孩去发现它们与众不同的玩法和用途，比如：一个纸盒子，既可以装东西，又可以当帽子；橡皮泥既可以捏成动物，又可以捏成桌椅板凳。

女孩思考越多、越独立，智力发展就越快，家长不要给予多余的帮助，更不要代劳，给女孩自己思考、自己解决、自己着急的独立空间，只在远超出女孩能力范围的事情上，给予适当的引导和帮助。

阅读能力
——女孩学习能力提升的保障

女孩父母的担心

别人家的女孩到了一定的年龄不用家长催促,也会捧着一本书来读,可我家这个孩子好像对阅读一点兴趣都没有,一说让她看书溜得比谁都快。女儿这么不喜欢阅读,可真是让我们没有办法!

女孩似乎天生就有着阅读天赋:她们很小的时候,就会抱着漫画书看得津津有味;她们更喜欢学语文,读唐诗、背宋词;她们会兴味十足地谈论着《三国演义》和《红楼梦》。

也正是因为女孩身上出现的这种种表现,让家长们认为女孩的阅读能力是与生俱来的,是不需要培养的。

这种观点真的是正确的吗?

看过下面这两个女孩的故事,家长或许就会明白了:

这两个女孩,一个叫晓雪,一个叫小璐,一个成绩中上等,一个成绩优秀。老师曾比较她们两人的作文:晓雪的作文,字写得虽不舒展但比较整齐,可写作水平很差,内容贫乏,有许多语法错误,错别字也比较多。她每篇作文都被老师要求改来改去,但拿第四稿和第一稿对比,仅能看出改动痕迹,看不出进步,翻到下一篇作文,水平照旧。

和晓雪相比,小璐的作文写得特别好,通篇几乎没有一个错别字,也没有一个病句,字写得整洁大气,文章中总有独到的见解。

家长也许会问:"为什么同年龄段的孩子,学习水平会出现这么大的差距呢?"

或许,从两个女孩的成长经历中,我们能找到答案。

两个孩子被问及一个共同问题:你经常读课外书吗?

晓雪听我这样问,很不自在地告诉我说,她很想读,但她爸爸不允许,怕影响她学习。

小璐则表示十分喜欢读课外书。她的父母是知识分子,家里有很多藏书,她读了很多书,以中外名著、历史、自然方面的为主,远远超出了同龄人的阅读量。

的确,女孩固然有阅读的兴趣与天赋,但家长若不能给她提供便利的条件,也会让女孩这种天赋慢慢消失。就像我所提到的这两个女孩的例子,晓雪想读一些课外书,但是爸爸却因为怕她读课外书影响学习,而不给她提供这个条件,表面看虽然是为了女孩能有更多的时间来学习,其实却是禁锢了女孩汲取知识的渠道,限制了女孩的阅读兴趣。而小璐则不同,家长不仅为她创造了良好的读书环境,还给她提供了阅读的自由,在这种环境下,小璐不仅增长了知识,更能够通过阅读触及很多问题,思考很多问题,思维能力和学习能力在阅读的过程中得到了极大的提升。

不仅如此,因为晓雪阅读的书籍较少,理解能力有限,随着年级越来越高,题目越来越复杂,她往往不能理解题目的意思,也就无法解答题目;小璐则不同,因为从小涉猎广博,知识面和理解能力较之同龄人要高许多,在做一些较复杂的题目时,也能很快抓住要点,解决问题。

通过这两个女孩的对比,家长是不是想到了什么呢?**女孩的阅读能力并不是与生俱来的,而是跟她所生活的环境息息相关的,家长给她创造了阅读的条件,女孩才可能把这种兴趣保持下去。同时女孩的阅读能力也不是孤立存在的,阅读能力是强是弱,关乎着她的理解能力和学习能力。**

也正是从这一点上说,作为女孩家长,想要自己的女孩学习优秀,阅读这一环节就必须要加强。

● 建议一:"以读代讲"

在谈到培养女孩阅读能力时,一些家长发出了这样的声音:

我也很注重培养女儿阅读能力啊,每天我都会给她讲故事,培养她的阅读兴趣;

女儿不懂的诗词,我总会耐心地给她讲,怎么现在她倒越来越不喜欢读书了呢?

家长对女孩充满耐心,不厌其烦地给女孩讲故事、讲诗词的意思,真的是正确的吗?不见得。

当家长一遍一遍给女孩讲故事、一遍一遍给女孩解释的时候,女孩的心里已经慢慢产生了这样一种想法:我读不读书没有关系,反正妈妈(爸爸)会给我讲的。

女孩心里一旦产生这样的想法,她就会更加依赖父母的讲解,而不是自己去读、去想。久而久之,她们就会丧失自己去读书的兴趣,更谈不上提高阅读能力了。

既然如此,家长该怎么做,才不会让女孩对自己产生依赖,丧失阅读兴趣呢?

一位致力于家庭教育的家长这样谈起她的经验:

从冰冰四五岁时,我开始正式教她读古诗。我们最早用的读本是一套配有插图的《幼儿读古诗》,共6本,大约有100多首诗,那些诗都很短。我经常和她一起朗读这些古诗,等读熟了再一起背,到她7岁上小学前,这些诗她基本上都会背了。实际上因为古诗"难懂",人人常常会产生这样一个错误想法:教孩子学古诗时,要尽可能给她讲解,把每一句都"翻译"成"白话"。事实是,学古诗要防止的,恰是"过度解释"。为什么呢?一是基于对儿童领悟力的信任;二是诗文中的意境美与文字美重在体会,它们原本就是无须解释的,一解释就是对想象力的束缚,就是对语言美的破坏。

教孩子学古诗，很多家长都在做，但为什么这位家长在这样做的时候出了成绩？关键还在于这位家长没有像别的家长一样，给孩子不厌其烦地去"讲诗"，而是选择了"读诗"。正像例子中妈妈所说的那样，家长在跟女孩一起看书的时候，总会犯"过度解释"的错误，认为孩子领悟力有限是不能够完全理解书中的意思的。在家长一遍遍地解释之下，女孩可能很快理解了文章的意思，但对于培养她自己的阅读能力来说没有一点好处。这就好比女孩想吃饭，本来自己动一动就能吃到的东西，家长却偏偏要给她端到嘴边，对孩子来说是省了力气，但另一方面也就失去了锻炼的机会。

总之，培养女孩的阅读能力时，家长不要总是去给孩子"讲"，试着读给女孩听，当女孩听得多了自然也就能够自己理解。

● 建议二：巧用悬念调动法

在培养女孩阅读能力上，很多家长会做的一件事就是给孩子读故事，然而故事怎么个读法却是大有讲究，是平铺直叙、毫无激情地给孩子读完故事，还是幽默诙谐、声情并茂地给孩子读故事，所收到的效果是不一样的。平铺直叙、毫无激情地读故事所收到的效果可能就是女孩再也不想听故事了，甚至对家长所读的书会感到厌烦；幽默诙谐、声情并茂地给女孩读故事，女孩在接受故事的过程中，伴着家长的动作表情，能够极大地调动女孩的想象力，促使她产生自己读故事的渴望。

方法正确往往能够起到事半功倍的效果，方法不正确则事倍功半。

作为女孩家长，都了解女孩这样一个个性：好奇。明白了这一点，家长在给女孩读故事的过程中，如果能够适当地设置一些悬念往往会达到很好的效果。

一位家长在培养女儿阅读能力过程中就是这么做的：

女儿妞妞今年3岁了，娇憨可爱，对什么都充满好奇。这一点，在妞妞听我读故事的时候，表现得比较明显。每当我给她讲故事时，

小丫头总是睁着一双大眼睛一眨不眨地看着我，生怕漏听了一个字儿。看到女儿这个样子，我灵机一动：何不趁此机会开始锻炼女儿的阅读能力呢？

看着女儿一脸好奇地等着我讲出故事的结果，我故意放下书道："妈妈要去做饭了，我们一会儿再读好吗？"

女儿眼巴巴地看着我，有些不情愿，"妈妈，你给我读完了再走吧！"

我故意不买账，说："爸爸回家要吃饭的，妞妞要爸爸饿着吗？"

女儿小嘴一瘪，"妞妞不要爸爸饿着！"

一见时机成熟了，我语气缓和一些道："妞妞，你看你的房间里有这本漫画书，你自己去看结局怎么样？"

看我真的没时间给她读，女儿又迫切地想要知道结局，只好跑到自己房间里翻书去了。

这位家长的做法，在培养女孩的阅读兴趣上，不失为一式妙招：在读书时，留下悬念给女孩。听家长读了精彩的文章，却缺少结尾，未知的精彩往往催促女孩急切地去寻找问题的答案，在她阅读的过程中，慢慢体会到了自己阅读的乐趣，她就会挣脱家长的扶持，自由地畅游于书海，寻求她的精神家园。

● 建议三：利用电视辅助法

日常生活中，女孩接触最多的除了课本，就是电视。几乎每个女孩都有抱着电视看起来没完没了的成长经历。

相信很多家长对这样的场景并不会感到陌生：

孩子为了看某个电视节目风风火火地跑回来，进门就迫不及待地打开电视机，坐在电视机前挪不动脚，看电视的认真样子仿佛要钻进里面似的，家长一旦挡住了她的视线，她还会不耐烦地让家长赶紧让开。

的确，数字化时代，各式各样的电视节目层出不穷，社会上流行的电视剧往往会引起女孩极大的兴趣，家长如能抓住机会，因势利导，趁机向女孩介绍相应的读物，女孩阅读的兴趣就会比较大。例如中央电视台播出《水浒传》后，在社会上引起了较大的反响，对孩子们也产生了较大的冲击，他们常常讨论剧情的发展，针对这种现象，家长和女孩一起读《水浒传》，谈谈一百零八将，孩子边读边思，边读边议，会收到良好的效果。

就拿下面这位家长来说：

有一段时间女儿迷上了《西游记》，放学一丢下书包，她就坐在沙发上不动窝了，有时候连饭都不吃。看女儿这么迷《西游记》，我灵机一动给女儿买了全套《插图版西游记》。

本来就看《西游记》上瘾的女儿一看到我买的书籍，果然爱屋及乌，捧着爱不释手，每天都会翻一翻。就这样女儿简直成了一个"小西游记通"，班上的同学一起谈论《西游记》中什么情节时，女儿总是能够一点不差地说出来，每次都能赢得同学们的夸奖。在受到同学夸奖的欣喜之下，女儿开始主动跟我要求一些书看，比如《三国演义》《水浒传》……凡是电视上热播的电视剧，女儿总是想要把原著找来看看，久而久之，也就形成了良好的阅读习惯。

所以，女孩家长，当你的女孩抱着电视不放手的时候，不要惊慌，试着引导她去读一些电视剧的原著作品，让她了解电视剧是根据这些作品拍出来的，文字性的作品比电视剧更有内涵，那么随着她亲身体味到了书籍中的精妙滋味，就能够慢慢养成阅读的习惯。

 细节 67

引导孩子去观察
——观察力＝学习力

女孩父母的担心

都说女孩心思细腻，可这一点，在我的女儿身上一点儿也体现不出来。带她去逛公园，就知道疯跑，回头问她有什么收获，也是支支吾吾说不出个所以然来。观察能力弱，女儿的写作能力也就不强，有什么办法可以提高一下女儿的观察能力呢？

很多教育专家都有这样的共识：凡是那些观察能力强的孩子，学习能力一般也要比观察能力不强的孩子强，在学习的过程中，相对来说，要轻松不少。

那么，女孩的观察能力该如何培养呢？

不妨让我们来看一看这样两个教育场景。

场景一：

一位年轻的妈妈牵着孩子的小手，在小区广场上玩。这个时候，一只小猫不知道从哪里冒了出来。孩子显然被这只忽然窜出来的小家伙儿吓了一跳，一下子扑到了妈妈的怀里。

这个时候，妈妈一边拍着孩子的后背，一边轻轻地说："宝贝儿，你看，这只小猫多漂亮啊！"孩子从妈妈的怀里探出小脑袋，眼巴巴瞅着那只小猫，脸上害怕的神色褪去不少："小猫真的好漂亮！""小猫哪里漂亮呢？"妈妈开始反问。孩子答不上来。妈妈伸出一只手指，指着小猫说："宝贝儿，你看看小猫的眼睛像什么？""像宝石……""小猫的毛皮是什么颜色的?""白色的,好白好白……"

场景二:

一位妈妈和孩子一起上街,回来的路上,两岁的女孩忽然跑到了路旁边,围着路边一个小公园的小木门,看得着了迷,一会儿推一下,一会儿拉一下,似乎觉得非常好玩。

妈妈见孩子不好好走路,反而对一扇门来了兴趣,不高兴地叫她:"腾腾,快过来!"

女孩不理会妈妈,仍旧玩得热火朝天。妈妈摇着头抱怨说:"这孩子,可真是的,一扇小破门有什么好玩的!"

看到这样两个教育场景,你想到了什么呢?

的确,孩子的观察力就是在家长不同的引导中,有的越来越强,有的则越来越弱。特别是对正在成长中的女孩来说,家长如何引导,对其观察力的培养意义重大。

第一个场景中的妈妈,仅仅是看到了一只再寻常不过的小猫,她却能把握住教育的契机,引导孩子去留意观察,让孩子在观察的过程中,掌握一些技能和方法,慢慢形成一定的观察能力。

而第二个场景中的妈妈,显然就是引导不当的典型。

在我们成人看来,一扇门能推过去、拉过来,是再正常不过的事情,没什么值得好奇的。但是,对只有两岁的孩子来说,这一推一拉,就包含了很多她不能理解的原理。孩子自己跑过去动手就表现出了一定的探究意味,然而很显然,这位妈妈并没有留意到这一点,反而觉得孩子的行为很无聊。其实,只要家长深入一点儿,和孩子一起玩一小会儿,哪怕只是一分钟,孩子就可能会明白:木门之所以能推、能拉,是因为门轴起到了一个固定旋转的作用。或许孩子的好奇心就会更加旺盛,自己探求的欲望就会更加强烈,在实际生活中自主观察的能力也会相应提高。

但很可惜,大好的引导孩子观察的机会,被这位妈妈忽视了。实际生活中,这样的家长并不在少数。因为家长的不够用心,孩子本来充满发现的眼睛也慢慢变得疲惫了。

因此，如果你想让自己的女孩具备敏锐的观察能力，在养育女孩的过程中就一定要足够用心。

● **建议一：帮助孩子明确观察目的**

在一次家长交流会上，一位善于培养孩子观察力的妈妈曾这样说：

想要培养孩子的观察力，首先我们要明确一点，我们想要孩子观察什么，想要孩子观察出一个什么样的结果。只有目的明确了，引导孩子观察才有方向性，才不会眉毛胡子一把抓，搞不清楚重点。

我在培养女儿观察力的时候，就是这么做的：每当带女儿出去玩的时候，我都会给女儿留一些观察任务。比如说：我们如果去植物园，我就会要求她认认真真观察一株植物；我们如果去动物园，我就会指定她去观察某个动物；我们一起出去爬山，我就会让她多留意观察一路的风景……

事实证明，我的这种引导方式，对于培养孩子的观察能力非常有效。同样的作文题目，女儿的作文总是能够多角度切入和观察，她所体悟出来的道理和观察出来的事物特征，总是那么全面细致，老师都夸奖她观察独到呢！

这位妈妈的经验，就很值得家长们借鉴，在培养孩子观察力的时候，让孩子知道需要观察些什么，她才能有的放矢，观察的效率才会高起来。就像例子中的妈妈一样，无论带孩子去什么地方，让孩子观察什么东西，都让孩子心里有个底儿，对于想观察的事物，孩子的脑中就会有一个初步的模糊轮廓，就会含着几分一探究竟的好奇。孩子真正接触到那些需要观察的事物时，就会观察得分外仔细、认真，从而逐渐养成极强的观察能力。

● **建议二：教给孩子观察方法**

孩子明确了一定的观察目标，没有一定的观察方法，在观察的过程中，免不了仍会碰到很多不必要的麻烦。所以，家长在帮助孩子明确观察目标之后，还不够，还要教给孩子一定的观察方法。

一位家长在培养女儿的观察力时，就是这么做的：

周末，女儿央求我带她去动物园，我想了想跟她说："想去动物园可以，但是回来以后，你要写一篇关于大象的观察日记。"女儿迟疑了一下，答应了我的要求。

一进动物园，我发现女儿全没了往日的精神头儿，我知道肯定是让她写日记为难到她了，于是我笑着对她说："这个大象多好写啊，鼻子像什么、耳朵像什么、腿像什么……"我一边跟女儿絮絮叨叨，一边牵着孩子的手来到了大象的围栏前，给孩子指点。随着我的手指从大象的头指到大象的腿，女儿的眼睛也亮了起来，"大象的鼻子，像是小朋友们玩的滑梯，长长的，卷卷的……大象的耳朵，像是两把小扇子，扑闪扑闪，……大象的腿像是四根柱子，又粗壮又结实……"

"对啊，你再把这些东西好好整理一下，今天的观察日记不就出来了吗？"我笑着一刮女儿的小鼻子说。

女儿红着脸点点头，似乎在为自己的心思被我看破感到难为情。

引导孩子去观察、探索、发现，她能够独立自主地发现一个什么现象后，就会特别兴奋，也特别有成就感。这种兴奋和成就感会持续伴随她很多天，激励她一直去观察，去做这件事。孩子的观察力就会在不断专注地探索、发现中得到提升，相应地孩子的学习力也会增强。

 细节 68

告诉女孩一些科学的学习方法

女孩父母的担心

学习是要讲究方法的，这个道理我们懂。关键是，对这些处在成长过程中的女孩来说，哪些方法才是最有效的呢？在运用这些方法的过程中，又有怎样的技巧呢？

每次拿到成绩单，很多家长都会听到孩子这样抱怨："怎么回事，我们班的××学习还没我用功呢，怎么她的成绩会比我好那么多？"

也许家长小的时候也有过类似的经历：有些同学看起来并不用功，但成绩却很好；有些同学看起来要比别人努力得多，成绩却常常不理想。

这是怎么回事呢？难道是他们的智商有差距？可科学研究表明，大部分人之间的智商根本不存在很大的差别。

其实，产生这一明显差距的原因在于——学习方法。美国哈佛大学心理学院的一项研究表明：**孩子学习成绩的提高不仅需要学习的热情、勤奋、毅力和坚强的意志，更需要有正确的学习方法，学习方法是否正确与成绩高低具有密切的关系。**

有人曾作过这样一个比喻：如果将孩子的学习过程比做渡河，那有效的学习方法就是"桨"。如果没有有效的学习方法，孩子要想渡河就必须凭借力气游过去，这样孩子要么多费很多力气、很多精神地勉强渡过河去，但到达河的彼岸后，孩子往往已是筋疲力尽，苦不堪言，要么就因为水深河阔而放弃渡河，从此失去了河对岸更好的发展机会。

对于年龄较小的女孩来说，她们的最主要任务不是渡河，而是把渡河用的桨做好。也就是说，掌握良好的学习方法对今后的学习过程而言，比掌握具体的知识更重要。

因此，在学习的过程中，家长向女孩传授一些科学的学习方法是非常有必要的。

● **建议一：预习，让女孩学会主动听课**

有教育学家曾这样评价预习："理解新知识需要旧知识做基础，预习可以使自己发现旧知识中的薄弱环节，在上课前迅速补上这部分知识，为听课扫清障碍。"

是的，在听课的过程中，我们的女孩常常会碰到很多"拦路虎"，例如，听不懂老师所讲的内容、跟不上老师讲课的速度等，这些问题都可以通过预习来巧妙地解决。

预习给女孩带来的好处并不仅限于这一点，它还可以大大提高孩子听课的主动性，让孩子由被动听课变为主动求知。

预习真的有这么神奇吗？让我们来听听掌握预习这种学习方法的孩子怎么说：

"在预习的过程中，我会发现很多难懂的问题，每当老师讲到这些问题时，我都会特别注意地去听！"

"一节课45分钟，我总是不能一直都集中注意力听老师讲课，但预习之后，每当老师讲到那些重点、难点时，我总是能够集中精力去听。"

……

小女孩的自制力是有限的，她们上课常常坐不住，也很难做到长时间集中注意力，这是为什么？因为她们一直都是在被动听课，或是被老师强迫着听课，但预习却可以让她们主动积极地去听课。女孩学习的积极性、主动性提高了，学习成绩自然会提高。

● **建议二：复习，让女孩的记忆更加牢固**

很多家长都曾有过这样的烦恼："我家孩子平时学习挺用功的，

不娇不宠，富养女孩的100个细节

回回小测也不错，但一到大型考试就发挥失常，这孩子心理素质太差了。"

很多女孩自己也表示："一进考场，什么定理呀、公式呀全想不起来了，但一走出考场，这些知识又全想起来了，真能把人气死！"

家长把孩子出现的这种情况归结为心理素质太差、考试技巧不好等。固然，孩子在考场上不能正常发挥，与家长们所说的这些原因有一定的关系，但更多的还与孩子知识掌握的牢固程度、复习是否到位有很大的关系。

家长可以这样想一想：每次考试时，每一道题孩子都有做错的可能，但有一点孩子却从来不会出错，那就是她的名字从来都不会出错。

道理很简单，自己的名字，孩子天天听、天天看、天天写，早已烂熟于心，闭着眼睛都不会写错。这说明只要是经常在脑海里出现的东西，人就不容易忘掉，会记得很牢。孩子的学习也正是如此，只要能常常复习，孩子所学的那些知识就会在头脑中根深蒂固，考试时又怎么能想不起来呢？所以，**从这个意义上说，复习是巩固孩子记忆的一剂最好的"良药"。**

科学研究表明，如果孩子学完了知识后不复习，那孩子学到的知识只有25%。所以，要想把知识掌握牢固，只靠一次性的学习是永远不够的。学习是一个需要不断总结、练习和积累的过程，而这个不断总结、练习和积累的过程就叫做复习。

一位家长这样引导孩子复习：

每当孩子所学的知识告一段落时，我都会帮助她作一次总的复习。其实，这种复习很简单，就拿数学来说吧，当一章学完时，我让她把书合了，或者是看着前面的目录，一点点地回想。在回想的过程中，我让她一边列提纲，一边帮助她回想："在第一节，有一个什么公式来着？""在第二节，有一个什么定理来着？"……

通过这种回想式的复习方法，孩子能够很快清楚哪些知识是自己的薄弱环节，需要加强学习；哪些知识自己已经掌握得很熟练，无需再着重复习了。这就提高了她的复习效率。

另外，通过自己列的提纲，孩子能很快地把所学知识之间的联系找出来，有了系统性，她更能准确、高效地掌握知识、运用知识了。

看，在家长的指导下，女孩不仅能够很轻易地把所学的知识"串"起来，而且能够很快地分清哪些知识是自己复习的重点、哪些知识不用再着重复习了，能够有效地提高复习效率。

● **建议三：教女孩正确处理复习、做作业、预习之间的关系**

一位家长这样引导孩子处理预习与做作业、复习之间的关系：

开始学习时，先花半个小时左右的时间快速地复习一下当天所学的内容，然后再花半个小时至一个小时的时间做当天的作业，最后再花半小时时间来预习第二天的学习内容。

而且，三个环节的程序一定是这样的：宁可做不完作业，也一定要复习；宁可不能预习，也一定要把作业做完。

在学习的这三个环节中，复习要排在首位，因为老师上课时所讲的内容，孩子不一定能够完全理解和接受，通过复习，她可以更好地巩固当天所学的知识，对接下来所做的作业也有一定的帮助。另外，我们都知道，知识都是有一定连贯性的，孩子只有掌握了前面所学的内容，才能更好地理解和接受接下来要学习的内容。

事实上，只要父母帮女孩把这三个环节的具体时间安排好，让女孩每次都能保质保量地完成。品尝到这一流程的甜头，她便会把这一流程当做自己学习的一种习惯。

女孩也能学好数学

——开发女孩的数学才能

> 提起数学,几乎是每个女孩心里的痛。我的女儿自然也不例外,数学学得一塌糊涂,每次考试都被数学拉后腿。看着女儿为数学一筹莫展,甚至愁得掉泪,我们心里也是急得不得了,怎么才能帮女儿学好数学呢?

相信大多数家长在养育女孩的过程中,都会有这样的烦恼:

"我的女儿怎么就是学不好数学呢?"

"我家的丫头,怎么连一道简单的几何题都做不出来呢?"

……

的确,女孩在学习数学方面总是表现得十分吃力,有的女孩甚至因为数学的缘故产生厌学情绪。

对此,一位深有感触的妈妈这样说:

女儿兰兰因为数学不好,总是不愿意去上学,前一阵子还吵着不上学了,说自己受够了数学的气。看着女儿为学不好数学一脸沮丧的样子,我觉得自己真是没用,一点儿忙都帮不上。

这位妈妈的感触,想必很多家长都曾有过,看着女孩为了学不好数学愁眉紧锁、看着女孩因为数学成绩上不去而郁郁寡欢,家长往往是比女孩还要难受。

然而,女孩学好数学真的就那么难吗?不是的。

一位数学成绩优秀的女孩就曾这样说道：

别人都说，女孩学好数学不容易，可是我不信。我认为男孩能学好数学，女孩一样也可以。所以在学习数学的过程中，我从来不是带着畏惧心理和应付态度，而是充满着好奇和兴趣，讲究方法和技巧。比如，做一些几何问题，我往往是自己先画一下图，试着找出有用的条件……写写画画的，学数学也就不是那么困难的事儿了。

这位女孩的经验向我们传达了这样一个信息：女孩并不是天生就学不好数学的。只要方法得当，女孩也能具备让人羡慕的数学才能。

所以，作为女孩家长，当你的女孩数学成绩不理想时，你要做的不是说些无关紧要的安慰话："女孩学不好数学没关系，学好写作也不错。"而是要帮助女孩树立信心，找到方法，让女孩能够从容地面对数学，做一个聪明的数学行家。

● 建议一：女孩也有学习数学的天赋

在生活中，我们常常可以看到这样的场景：

当女孩咬着笔头盯着一道数学题犯难的时候，家长开口了："不会做就算了，数学对女孩来说确实挺难的。"

当女孩取得不错的成绩的时候，家长常常会说："这段时间你很努力，所以能取得好成绩。"

的确，在大多数家长眼中，女孩就不是学理科的"料儿"，并且出于这样的考量，当女孩学不好数学时，家长往往也会"宽宏大量"地说："女孩子家，学不好数学很正常，不必难过。"

他们这样做，表面上看来是对女孩好，是心疼孩子，但这样的做法已经有意无意地向孩子发出了这样一个信息：女孩对数学是无能为力的，在数学面前女孩只能认输。

就像前面提到的场景一样，当女孩做不出数学题的时候，家长一句"不会做就算了，数学对女孩来说确实挺难的"可能就会把女孩心中最后一点信心和坚持都打击没了。敏感的女孩或许会想：我

再怎么努力也无法改变我学不好数学的事实，我没有学好数学的天赋。她们一旦把自己捕捉到的这些负面信息放在心里和脑中的时候，也就慢慢失去了学习数学的信心和勇气。

假如就上面的场景我们换一种方式呢？

当女孩做不出数学题的时候，家长用鼓励的眼神看着女孩，对她说："好好想一想，这道题对你来说并不难。"

当女孩取得好成绩的时候，家长肯定地对女孩说："宝贝儿真棒，真有学习数学的天赋！"

结果会是什么样子？女孩学习数学的激情会大大提高，学习数学的自信会越来越强。

一位家长对此可谓是受益匪浅：

女儿今年上五年级了，正是学习数学能力开始"退化"的时候，看着女儿盯着数学题目一筹莫展，我并不会像别的妈妈那样"纵容"她不用去做，而是引导她学会找方法。当女孩取得成绩的时候，我从来不说她成绩的取得是因为努力的结果，而是暗示她，她真是一个学习数学的天才。

在我的"哄骗"之下，女儿对于学习数学的兴趣是越来越浓，开始的"退化"现象也慢慢消失了。

的确，兴趣是女孩坚持下去最强的动力。如何才能让女孩拥有学习数学的兴趣，首先就要家长改变自己的态度，肯定女孩学习数学的能力，让她建立一种能够学好数学的优越感。

在这个前提之下，家长如果再能适当地教给她一些方法，那么女孩想要学好数学就并不是什么难事了。

 建议二：多绘图，增强女孩的空间想象能力

相比于空间想象能力丰富的男孩，女孩总是一遍一遍地读着题目，企图像学语文那样从字里行间找出解决问题的方法。然而，事实上，女孩这么做往往达不到目的，并且很可能因为一遍一遍地读题浪费大量的时间，最终做不完题目。

一位为此深为苦恼的家长曾这样说：

我家女儿今年上五年级了，不知道为什么，最近她的数学成绩直线下滑。望着女儿的成绩单我愁得不行。不算数学成绩，女儿能够排到年级前几名，算上数学成绩，就只能在中等生中找了。

为此我找来女儿，问她学习数学有哪些困难。

女儿一脸委屈地告诉我："爸爸，数学就像一个大迷宫，这个条件那个条件都把我绕晕了，我都不知道哪个是有用的条件哪个是没用的条件，这样一来，我做题正确的几率就小多了，更拿不了高分……"

面对女孩学习上的困难，作为女孩家长，我们该怎么办呢？有意识地培养女孩绘图的能力，就能很好地解决这个问题。

对此，一位家长可谓深有体会：

女儿婷婷当初对数学犯难时，多亏老公机灵，及时对她进行了引导，要不然，这孩子可能真的就不学数学了。当孩子说数学难的时候，老公故意一脸不解地问女儿："数学怎么难了？婷婷跟爸爸说说。"边说边拿着女儿的课本去了书房。女儿似乎是找到知音一般，喋喋不休地开始跟老公诉苦。老公一边听一边在纸上写着什么，听女儿说完之后，这才一本正经地说："婷婷，你看这是刚才说的那些问题。"老公一边说，一边把那些问题一一指点出来，"这些问题，我们可以这样解决啊！"边说老公边写写画画起来，果然女儿对老公的方法非常着迷，从书房出来就像变了一个人一样。

当女孩说数学难学的时候，家长要做的不是呵斥孩子笨，也不是任由孩子这种思想滋长，而是要给女孩想一个行之有效的方法，帮助她树立正确的数学思维，让她在不知不觉中喜欢上数学。例子中的爸爸做得就很好，先倾听孩子的声音，站到孩子的角度，了解孩子的难处，在了解孩子难处的基础之上，为她的问题寻找突破口，这个时候，孩子的兴趣往往能够被调动起来，所收到的效果，自然也是明显的。

细节 70

让女孩把学过的知识讲一讲

女孩父母的担心

和同龄的女孩相比,女儿很聪明,学什么都比较快,但和她的记忆速度成正比,她忘得也比较快。是否有什么方法,可以时刻帮女儿巩固所学知识呢?

如何检验女孩是否把知识都消化或吸收了?

一位教师是这样做的:

大多数老师在正式讲课之前都会先提问几个问题,我知道这样做的目的是为了考察孩子们昨天所学知识的掌握程度。这种方法我也经常用,但在大多数情况下,我会把它"改良"后再运用。即,我不是让孩子们回答问题,而是拿出十分钟时间来,让他们把昨天所学的、记忆最深刻的知识讲一讲。

因此,在我正式讲课之前,几个孩子会轮流走上讲台给同学们"讲课"。

确切来说,"让孩子把学过的知识讲一讲"这种教学方法,可以达到三大目的:

第一,巩固之前所学的知识。

"让孩子把所学的知识讲一讲"与牢固掌握知识之间有什么必然的联系吗?

答案是肯定的。在平时学习的过程中,很多孩子总是自我感觉良好,但为什么每次考试成绩都不太理想呢?这是因为他们对知识的掌握经常处于一知半解的状态。让他们把所学的知识讲一讲,实际上也是他们整理自己思路、再次学习的一个过程。他们能把知识给别人讲通，才说明她们已经牢固掌握了这些知识。

第二，提升孩子的学习积极性。

大多数孩子对老师都怀有一种特殊的敬佩之情，他们常常希望自己也能够像老师那样具备渊博的知识，能够指导别人学习。而给他们机会把所学的知识讲一讲，就等于在满足他们的"老师瘾"。为了能使自己把"老师"当得像模像样，孩子课上能不认真听课、课下能不主动复习吗？

第三，提升孩子的自信心。

对于孩子来说，走向讲台面对全班同学讲课是非常有挑战性的事情，如此有挑战性的事情他们几乎每周都要尝试几次，长久如此，自信心自然就建立起来了。

作为女孩的家长，也许你正在为女儿的学习积极性不高而发愁，也许你的女儿对学习一直没有信心，也许你正在为提高女儿的学习成绩而发愁……在这些情况下，你都可以试试这种方法——让女儿把学过的知识讲一讲。

● **建议一：你当学生，让女儿当"老师"**

从来都是成人给孩子讲课，但这位家长却总是想办法让孩子给她讲课，让我们来听听她的教育效果：

刚开始时，我家孩子对学习的积极性一点都不高，于是我这样对她说："最近妈妈要职称考试，我连小学阶段的内容都忘光了，这样吧，你每天像老师一样给我讲讲课、留留作业，没准我考试时就能考得好一些，你觉得怎么样？"

女儿兴奋不已，每天放学后第一件事就是拿出书本热情地给我讲课，而我则真的像小学生一样认真听讲、做作业等。没想到从这之后，孩子的"老师瘾"一发不可收拾，在学校学了新内容就讲给我听！

从学习积极性不高，到如饥似渴地听课并热情洋溢地为他人讲

课,是什么原因促使孩子发生如此大的变化?就是成就感。每个孩子都是渴望被他人欣赏的,但他们所需要的欣赏并不是那些泛泛的表扬或廉价的夸奖,而是自己有所付出之后所得的收获。

向女孩请教问题、听女孩讲讲课……这些都是家长欣赏女孩、激发女孩成就感的好办法。上面那位家长的做法就非常值得我们学习,找一个合适的理由让女儿教自己学习,这不仅可以使她进一步巩固所学的知识,还能极大程度地激发她的成就感,使她的学习热情日益高涨。

● 建议二:让女孩给比她小的孩子"讲课"

任何一种游戏玩得次数多了孩子都会厌烦,为了避免这种情况,家长可以变着花样让女孩"讲课"。如果你的周围有年龄比她小的孩子,偶尔你可以让女儿教她们学英语、学拼音、背古诗……这种近似于游戏的讲课方式不但会提高女孩在小伙伴之间的威望,还会使她产生极大的学习积极性。

● 建议三:经常让女孩讲一讲自己的薄弱环节

不论引导女孩为谁当"老师",让她把所学的知识点都讲一遍是不现实的,这时家长可以有针对性地引导她讲课。例如:

她的语文成绩不太好,家长可以这样对她说:"有几个形近字我总是分不清楚,你来教我区分一下吧!"

她不太擅长做某类数学题,家长可以这样帮她捋一捋思路:"今天一位同事问我这类题目怎么做,我也不会,你给我讲一讲它们的解题思路吧!"

她对英语这一科目的学习很没信心,家长可以这样帮她找回信心:"所有的英语内容我都忘光了,看来要从'ABC'学起了,现在我要正式拜你为师,你来教我学英语吧!"

找准女孩的薄弱环节,有针对性地引导女孩自己去复习,经常让这位"小老师"讲一讲,女孩在学习过程中就能收获颇丰。

引导女孩理智看待自己的成绩

女孩父母的担心

每次班级公布成绩后，女儿都会患得患失，考好了兴高采烈，考不好愁眉苦脸。孩子还这么小就被分数折腾得神经兮兮的，这样的状态该如何改变呢？

考试的目的是让孩子查漏补缺，从而更加有针对性地学习，而成绩则是孩子在某段时间内学习状态的检测结果。如果女孩对学习成绩毫不在乎，考试也就失去了任何意义；但如果女孩太过关注学习成绩，那考试对她们而言也未必是好事了。

一位家长就这样说：

女儿静静就非常注重学习成绩，一次成绩公布后，她的成绩很不理想，整整一个星期她都闷闷不乐的，我以为这次不理想的成绩会成为她更加努力学习的动力。但令我没想到的是，她竟然彻底放弃了学习，上课不但不认真听，老师一批评她，她还振振有词："反正我也不是学习的料。"女儿这个样子，真是把我们愁死了。

是的，如果女孩自己把学习成绩看得太重，那在很多时候，学习成绩反而会成为她更加努力学习的阻力。就像上述例子中的女孩，就因为太注重学习成绩，偶尔一次或几次不理想的成绩就会把她打垮，使她彻底放弃学习。不仅如此，也许一次或几次理想的成绩就会滋生她骄傲自满的情绪……总之，这对女孩学习成绩的提高以及学习能力的提升是毫无益处的。

家长应该如何引导女孩正确看待自己的学习成绩呢？

与男孩相比，女孩很感性，她们很有可能对成绩毫不在乎，也有可能把成绩视为她们的唯一……而这两个极端对女孩的学习而言都是百害无一益的，因此，引导女孩正确看待学习成绩，是家长非常重要的一项任务。

建议一：告诉女孩，成功不等于100分

引导女孩正确看待学习成绩，一位爸爸有妙招儿：

一天，爸爸故意愁眉苦脸地对10岁的孩子说："孩子，爸爸觉得自己很不成功，虽然爸爸的收入在同龄人中还算可以了，但与那些大老板、大富豪比，爸爸还差很远呢！"

听爸爸这样说，孩子像个"小大人"似的给爸爸讲道理："爸爸，我觉得你这种想法根本就不正确，所谓'天外有天，人外有人'，照你这样说，世界上成功的人就没有几个了。我个人认为，只要尽了自己的最大努力，即使挣的钱再少，也是成功的。更何况，在很多时候成功是不能用挣钱多少来衡量的。"

爸爸故意转移话题对孩子说："那你觉得对于你来说，最大的成功是什么？"

"当然是考一个好成绩了！"孩子想都不想地回答。

"你也错了，对于学生来说，成功不等于100分，而是等于你尽了最大努力！"

孩子一拍手，恍然大悟，不好意思地说："哎呀，我怎么忘了呢？成功不能用分数来衡量，而应该用努力程度来衡量。"

"成功不能用分数来衡量，而应该用努力程度来衡量"，当女孩自己悟出这样的道理时，她不但不会再"为分数而喜、为分数而忧"，更重要的是，她知道自己的努力是与成功直接挂钩的。在这种情况下，即使是考试出现失误，女孩也会认真地思考、分析原因，从而把这种不理想的学习成绩转化为自己更加努力学习的动力。也只有在这种状态下，女孩的学习能力才能最大限度地发挥出来。

所以，作为女孩的家长，当你发觉女孩看待成绩的态度出现了问题，不妨也用这样的方法告诉她，成功并不等于 100 分，而等于她尽了最大努力。

● 建议二：让女孩知道，成绩波动很正常

在一次家长会上，一位家长焦急地说：

我家孩子成绩波动很大，上次考全班第二，这次却一下子滑到中间；这次考倒数十几，下次又能考前几名。她的成绩就像正弦波一样，忽高忽低，总是不稳定。这该怎么办啊？就怕她在大考的时候考不出好成绩。

孩子成绩不稳定，这的确是一个困扰很多家长的普遍问题。

其实，对于现在的孩子来说，考试是最平常不过的事。对绝大多数的人而言，考试成绩始终保持在一个绝对的位置上是不可能的，所谓的"常胜将军"实际上是不存在的，每次考试成绩总会有升有降。

我们可以打这样一个比喻：孩子的学习就犹如万米长跑，成绩的波动就好比跑得快慢，一般情况下，再优秀的运动员也不会在万米长跑中每圈都处于第一位置。学习也是这样，孩子的成绩波动很正常。

然而，由于年纪还小，面对波动的成绩，孩子可能没有这么清楚的认识。因为这样，孩子很可能会因为成绩的忽起忽落而或喜或悲。

对于孩子这样的情况，家长该怎么办呢？

一位爸爸是这样做的：

最近一段时间，孩子的成绩很不稳定，忽升忽降的，着实让人担心，连孩子自己也苦恼不已。一天吃过晚饭，我把孩子叫到书房，对孩子说："你最近一段时间的学习情况，我大概有了一个了解，你很郁闷，爸爸也看出来了。其实，面对成绩的波动，你完全没有必要担心。上次开家长会的时候，你们老师也说，成绩波动是很正常的现象。"

说到这里的时候，我看到孩子的眼里忽然放出了光芒。我又接着说："事实上，成绩的波动并不等同于退步，而往往是上升的前奏。出现了波动，这对你而言，正是一个'天赐良机'。你尝试着分析一下最近几次考试，为什么这次考好了，下次却没有考好，是态度出了问题，还是学习方法不对；然后，根据分析的情况作总结，从而改正。这样，下次考试的时候一定能够取得好成绩。"

结果，下次考试孩子的成绩果然明显上升了。

一般来说，孩子成绩出现波动，并不一定是孩子出现了问题，更多时候是一种正常现象。对于这种"过山车式"的孩子，家长不要着急，你着急，孩子也会跟着着急，这样，孩子就难跨过难关。上面事例中爸爸的做法就值得我们借鉴：面对孩子波动的成绩，家长首先做到心态平稳，并告诉孩子成绩波动是一种非常正常的现象，从而给孩子吃了一颗定心丸。接下来，他又告诉孩子，成绩波动并不等于退步，反而是上升的前奏，对孩子而言是一个契机。最后，他引导孩子根据自身的情况，分析成功或失败的原因，好的继续发扬，不好的及时改正。这样一来，孩子又充满信心地上路了，往后的考试成绩自然出色。

第九章

为女孩补充"精神食粮"
——提升女孩的智慧,扩展女孩的视野

- 细节72:女孩教育,3岁不早,10岁不晚
- 细节73:右脑开发,培养聪明女孩的第一步
- 细节74:爸爸要做好女孩的"智慧开启者"
- 细节75:引导女孩去体验——给孩子自由发展的空间
- 细节76:送女孩一个地球仪,扩展她的视野
- 细节77:带你的女孩去旅行,开阔她的眼界
- 细节78:让你的女孩博览群书
- 细节79:引导女孩去表达——每天和孩子大声朗读10分钟
- 细节80:教育女孩,家长不该说的几句话

不娇不宠，富养女孩的100个细节

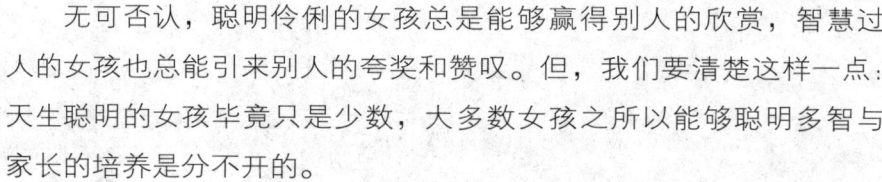

引 语

无可否认，聪明伶俐的女孩总是能够赢得别人的欣赏，智慧过人的女孩也总能引来别人的夸奖和赞叹。但，我们要清楚这样一点：天生聪明的女孩毕竟只是少数，大多数女孩之所以能够聪明多智与家长的培养是分不开的。

弄明白了这些，女孩家长在培养女孩的过程中就要多费些心了。

女孩教育，3岁不早，10岁不晚

女孩父母的担心

我们都知道教育是关乎孩子一生的大事，可对女孩的教育应该从什么时候开始呢？

法国教育家卢梭曾说："人的教育在他出生的时候就开始了，在能够说话和听别人说话以前，他已经就受到教育了。"

在实际生活当中，很多家长也常常被这个问题困扰："从什么时候对女孩进行教育最为合适呢？"

我们不妨看看这样一个故事：

100多年前，有个年轻的母亲带着孩子去请教大科学家达尔文。她问："先生，您觉得我要把孩子培养成一个伟大的人，应该从什么时候开始教育呢？"达尔文反问道："你的孩子多大了？"那位母亲说："她还小呢，才两岁半。"这时达尔文惋惜地回答："夫人，你已经迟了两年半了。"

之所以讲这个故事，是想向家长们传达这样一种观念：从打算要孩子的那一天起，你就必须作好教育孩子的准备；从孩子出生那一刻起，你就要着手对她进行教育。

周围很多的女孩家长都曾有过类似的教育感受：感觉孩子还小，但好像一眨眼的工夫，孩子就要上幼儿园了，就要上小学了……面对她身上呈现出的问题，常常束手无措或手忙脚乱。

为什么会有这样的感受呢？

是因为家长从一开始就没有做好教育的准备工作。作为成人我

们知道，开始一项新工作，我们必须要经过长时间的培训、摸索，才能熟练掌握其中的技巧。其实，教育也遵循着这样的原理，只是与普通的工作相比，教育更像一份高难度的工作，因为任何一份普通的工作或有培训的机会，或有练手的机会，获得上岗证书之后，你工作起来就会得心应手了。但教育这份"工作"却没有人给你培训，更不能拿孩子的前途练手，所以，作为父母，我们必须要通过自主学习来获得更多的教育技巧，最好是在孩子出生之前就获得了"上岗证书"，以避免因"技术"不娴熟而耽误了孩子的一生。

所以，如果你的女孩正处于1岁、两岁、3岁这些年龄段，请你一定要放弃"孩子还小"的想法，从现在开始就着手对她进行教育。

当然，有很多家长也曾担忧地这样问我："我的女孩都已经将近10岁了，从现在开始对她进行教育是不是为时已晚了？"

在这里，有类似想法的家长要注意了：**教育是一项潜移默化的长期工作，3岁开始不早，10岁开始也不晚。**

具体如何看待教育这件事，以下几种观点和做法供家长们参考。

● **建议一：3岁之前，作一个详细的教子计划**

在女孩3岁之前，家长的主要任务是满足她的温饱等生理需求，并适当地开发她的潜能，如视力潜能、听力潜能、语言潜能、行走潜能等。有经验的家长都知道，这一年龄段的孩子常常使家长身体劳累但心不累，因为她们的需求很简单，仅仅是吃饱、穿暖及满足好奇心就可以了。

所以，当女孩处于这个年龄段时，家长有足够的心力做一个小计划，从更长远的角度来思考孩子成长的那些问题。在这个时刻，家长就必须搞清楚这些问题：女孩的成长可以分为哪些阶段，每个阶段会出现什么样的坏习惯，应该培养她的哪种能力；在每一阶段都会出现哪些教育难题，自己应该如何应对……只有把这些问题提前搞清楚了，在女孩成长的过程中，家长遇到的困惑才会少一些，教育起孩子来才更加得心应手一些。

关于这一点，一位妈妈的做法非常值得借鉴：

每晚孩子睡着之后，她都会看几页有关家庭教育的书籍，不仅看，她还自己作总结。例如，她把孩子在3～6岁容易出现的坏毛病总结到了一张纸上，并把相应的对策写在后面。这位妈妈把这张纸贴在床头，等孩子到了3岁之后，真的出现了这些坏毛病，她就用上面的对策教育孩子。

另外，她又把孩子在各个年龄段需要具备的能力总结了出来，每当孩子具备了一种能力，她就分别给孩子和自己一个小奖励。在她的这种规划中，教育变成了一件非常有意思、非常有成就感的事情。

当孩子进入青春期之后，很多家长总是对孩子无能为力，一提到教育问题就头痛，这是为什么？就是因为他们从没有对教育进行过规划，更没有作过教育计划。教育的最高境界是做到未雨绸缪，只有提前弄明白孩子在下一阶段会出现什么问题，提前找到应对的措施，教育才不会轻易进入误区，孩子才不会轻易走入弯路。

当然，如果没有足够的时间和精力作一个长期的教育规划，你完全可以抽一小段时间作个短期的小计划。例如：

上网了解一下接下来孩子会步入哪个阶段；

去家教书中找一找那一阶段孩子的主要特征；

向专业的教育者请教一下如何做好这一阶段孩子的父母。

● **建议二：3～13岁，抓住可塑性最强的教育期**

凡事都讲究时机，教育也是如此。对孩子进行教育的最佳时机是什么？教育界普遍认同这样一个观点：在可塑性最强的时期对孩子进行教育，效果会事半功倍。

何谓可塑性最强的时期？

教育界的专家们这样指出，3～13岁这一阶段是孩子习惯、个性、能力培养的最佳时期。在这一阶段，孩子更易接受成人的观点，犯了错误也更易改正，所以被称为可塑性最强的时期。

相信家长们都听过这样一句俗语："3岁看大，7岁看老。"它的

意思是说，从一个孩子3岁左右时的行为就能看出他长大后的表现，从他7岁左右时的行为都能看到他的未来。这是古人的经验之谈，虽然有些许夸张，但它却揭示了这样一个真理：**越早对孩子进行教育，孩子的未来会越美好。**

一位小学教师讲了这样一件事情：

每年新生入学时，我会接触到各种各样的孩子。拿女孩来说：有的孩子表现得非常礼貌，而且在学校的事情几乎都能自理；有的孩子却仍然像个"小不点"，一会儿大声嚷嚷着要我帮她干这，一会儿又命令周围的同学为她做那。当时我就在思考这个问题：这些孩子入学时能力存在一定的差异，这些情况在小学毕业之后会有所改变吗？通过多年的观察，我发现能够改变的情况是少之又少。

这是为什么呢？因为孩子的成长在每一阶段有每一阶段的任务，比如，在入学之前，每个孩子都必须具备一定的自理能力及与他人相处的能力，但如果直到入学时孩子还不具备这一能力，这将会直接影响孩子在学校的正常学习。孩子在小学阶段的学习没有打好基础，这又势必对中学阶段的学习产生很大的影响……依此类推，一步落后，孩子的未来将会步步落后，所以，家长千万不能错过教育的最佳时期，让女孩输在起跑线上。

另外，我们提倡家长要在可塑性最强的时期对孩子进行教育，还是从这样一个方面进行考虑的：进入青春期后，任何一个孩子都会变得暴躁、叛逆，很难再静下心来听父母讲话，也很难再接受父母的建议，在这种情况下再想改正她身上的坏习惯，再想培养她的某种能力，将是非常困难的一件事情。所以，身为女孩的父母一定要接受以下几种观念：

13岁之前，一定要把女儿身上的坏习惯都祛除掉；

13岁之前，一定要让女儿多具备一些好的个性；

13岁之前，一定要让女儿掌握更多的能力。

● **建议三：只要用心，没有教不好的孩子**

要想教育起到积极的成效，家长自己首先要明白教育是怎么回事。

教育到底是怎么回事呢？

首先，教育是个耐心活儿，它需要做父母的拿出足够的耐心：

也许孩子身上有很多坏毛病，但她绝不可能受过一两次教育之后就能把坏毛病统统改掉，所以我们要拿出足够的耐心来等待她改变；

也许暂时孩子不听你的话，但我们绝不能灰心，而应该给予她时间，等待她慢慢成长；

也许现在孩子的成绩并不理想，但我们不能对她非打即骂，而应该拿出耐心给予她一定的指导，帮助她慢慢提升成绩。

其次，教育是个技术活儿，它要求做父母的我们要有意识地去总结教育的技巧。例如：

教育讲究防微杜渐，孩子身上的坏毛病再小，我们也要及时纠正；

孩子的脾气都很倔，不要在她心情不好的时候对她进行教育；

对孩子的教育不能"硬碰硬"，要利用生活中的小事潜移默化地进行教育。

再次，教育是个言传身教的活儿，在很多时候，我们需要做的就是用实际行动去影响她。例如：

睡前女儿总是忘记把玩具归位，没关系，一遍遍地做给她看，始终有一天她会记住这一行为；

要求女儿不能说脏话，我们在任何场合都不能让脏话脱口而出；

要求女儿具备的能力，我们自己首先要拥有这种能力。

如果家长能做到这几点，世界上就不会有教不好的孩子。

细节 73

右脑开发，培养聪明女孩的第一步

女孩父母的担心

和男孩相比，女孩的抽象思维能力、空间感和方向感似乎要弱很多。因此，女儿在学习一些理科知识时也总是会碰到许多困难。有什么方法可以弥补女儿的弱势，让女儿的学习变得不再吃力呢？

实际生活中，在女孩身上常常出现这样的状况：

女孩空间能力较差，常常看不出一些三维立体的图形；

女孩方向感较差，常常不认路；

女孩逻辑能力很差，做事往往颠三倒四；

……

很多家长都觉得奇怪，听话懂事的女孩，为什么总是这么迷迷糊糊？

这还要从男孩与女孩的大脑结构差异说起。

在一本生物学著作里这样描述男孩与女孩的大脑差异：

人类的大脑分为左右两个半球，这两个半球各司其职。其中，左半球负责语言和推理，右半球负责运动、感情以及对时空的定位。这两个大脑半球依靠神经纤维束相互联结。女孩脑内纤维束的体积要远远大于男孩脑内的纤维束体积。正因为如此，女孩左右脑之间的联系要比男孩多得多。

生物学家通过研究发现，男孩习惯用右脑思考问题，而女孩习惯用左右脑同时思考。正是这种思维习惯的不同，更促使了男孩与女孩的大脑结构差异越来越明显：因为男孩总是用右脑思考问题，所以男孩的右脑越来越发达；而女孩习惯用左右脑同时思考，所以，她们大脑中联结两个半球的纤维束体积越来越大。

女孩大脑的这个结构特征，一方面使其具有了语言能力强、形象思维好等优势，另一方面也造成了女孩抽象思维能力差、空间感和方位感不强等缺陷。

也正是从这点上来说，家长想要女孩变得更加聪明、思考问题有逻辑性、做事更有条理性，开发女孩的右脑就是当务之急。

对此一位从事教育工作的家长深有体会：

作为一名教育工作者，我知道，女孩的大脑结构和男孩有着差异，如果不能很好地帮助女孩开发出她的右脑潜能，女孩很可能就会平庸一生。所以，在女儿小的时候，我就很注重对她的右脑开发。

比如，我会让孩子重复自己的梦境；

比如，在带孩子去上学时，我会尝试走不同的线路；

比如，教孩子下棋，让她不断思考棋路变化，大脑不断运转；

……

在我这么做时，女儿因为对这些东西很感兴趣并充满着新奇感，也就非常配合。大概过了3个月后，我发现女儿的记忆力、思维力、逻辑推理能力都得到了很大的提高。

的确，当女孩的右脑得到充分开发的时候，女孩右脑所蕴含的潜力往往是不可预知的。右脑开发完全的女孩，学习能力甚至要比男孩强，思考问题往往也更全面周到，做事也更具智慧。

● **建议一：多带女孩做一些开发右脑的"游戏"**

科学研究表明，人类右脑的储存量是左脑的1万倍，而右脑的记忆潜能是左脑的100万倍。但是现实生活中95%的人只运用了大脑的3%～5%，其余的都蕴藏在右脑的潜意识之中。

日本著名教育家七田真教授在大量的实验研究中发现，人脑在3岁以前完成60%的发育，6岁以前完成90%，而右脑在3岁以前就

极其发达了。孩子的右脑潜能会在成长的过程中逐渐丧失,而0~6岁正是开发孩子右脑的黄金时期。

身为女孩家长,如果我们及时地采用正确的教育方法及灵活多样的游戏活动来促进孩子右脑的发育,那您的孩子将会具有超强的记忆力、创造力和想象力。

那么这些游戏都有哪些呢?

1. **下棋**。锻炼孩子努力记住棋盘上厮杀的局面,这对于女孩的右脑将产生很好的刺激,并且女孩在下棋的过程中因为一直处于思考状态,也能很好地刺激大脑运转,锻炼右脑思维能力。

2. **变路线**。在接送女孩上学,去爷爷奶奶家或是晚上散步时经常有意识地改变路线。因为第一次走过的街道,周围的景物全部都是新鲜的,这对右脑很有好处。过一段时间,再来"故地重游",走走老路,检验一下孩子把这些景物记住了多少。这样通过不断的花样翻新,刺激女孩不断地接受"新鲜"的事物,右脑也就会在相应的刺激下得到很好的开发。

3. **仰望云朵和星空**。在晴朗的天气里,带孩子观察天上的云朵可启发孩子将不同形状的云朵看成动物、仙女、天使等,调动她的想象力;带女孩仰望星空,讲述"牛郎织女"类的神话传说,引导女孩张开想象的翅膀,自己编织有关月亮或星星的故事。儿童教育专家认为,想象本身就是一种"右脑体操"。女孩在想象的过程中,也就在不断地刺激着右脑运转,开发着右脑潜能。

4. **"神奇的纸盒"**。把家里使用过的纸巾盒留下,往里面放进一些玩具、糖果、水果等,让女孩摸一摸,请她在拿出来之前说出名称,或者给她指令,请她按指令拿出东西来。对大一点的孩子,你可以给她否定的指令,比如"请你把不可以吃的东西拿出来""请你把不是圆的东西拿出来"等等。为了增加趣味性,也可以使用一些奖励的方法,比如:拿对了糖果,就把糖果奖励给孩子吃,拿错了,糖果就归妈妈吃等。

● **建议二：有意识地用"左"，刺激右脑功能**

家庭教育专家曾提出这样一个观点："经常使用左侧身体的人，右脑往往比较发达。"

与这些教育专家的观点不谋而合，科学研究显示，习惯使用左手的人比使用右手的人智商要高：每5个杰出人士中就有1个左撇子。在具有超感能力的人中，很多是左撇子。

这一现象表明，右脑功能开发是大是小，对人的成就和智慧影响重大。

右脑支配左半身，控制左手运动，而左手、左半身器官的运动也刺激右脑。有意识地活动左手、左腿、左眼及左耳，尤其是左手和左手手指的运动，对大脑皮层产生良性刺激，可有效地开发右脑功能。

所以，作为女孩家长，要开发女孩的右脑潜能，在日常生活中就要有意识地多锻炼女孩用"左"。

一位对此颇有研究的女孩家长是这样做的：

我曾看过几本关于人类大脑结构的书刊，对男孩与女孩的大脑结构差异也有一定的了解，所以，我很明白，在女儿6岁之前充分开发女儿右脑潜能的重要性。所以，在日常生活中，我不单经常和她做一些开发右脑的游戏，还有意识地让她用"左"。比如，刷牙的时候用左手刷，拿东西的时候用左手拿，擦桌子、开门、关灯等等生活中的琐事，都尽量使用左手；观察事物的时候，我也经常提倡让孩子使用"左视野"观察，听音乐的时候让她多用左耳倾听……

这些年下来，女儿的抽象思维能力、空间想象能力也确实比别的女孩要强很多。我心里明白，这正是女儿右脑得到开发的结果。

的确，由于身体左侧部位的活动主要是由右脑指挥的，多用左眼、左耳和左手就意味着锻炼了右脑。作为女孩家长，在日常生活中，可以像例子中的家长学学，有意识地让女孩用左手拿东西、刷牙、擦桌子、开门、关灯等。

相信坚持这样做的话，在不知不觉中，家长就能帮助女孩挖掘出右脑潜能，使女孩的思维更清晰，逻辑更严明，成长为一个聪明过人的女孩。

● **建议三：用图形代替语言，培养女孩的想象力**

教育学者研究发现，用图形代替语言，可以开发右脑，促进抽象思维和空间想象力的形成。

一位家长的成功经验可以说明这一点：

朋友都说我的女儿聪明伶俐。其实，这和我一贯的教育方式是分不开的。打女儿出生那刻起，我就立志要把女儿培养成一个有识见、智慧过人的女孩，而要达到这样的目的，就必须要全面开发孩子的大脑。所以，从女儿开始牙牙学语的那一天开始，我就注重对女儿的右脑开发。这个过程中，我最常用的就是用图形代替语言。

比如说女儿问我"2＋3＝？"时，我画上两个"△"，再画上3个"★"的符号，再进行计算，这就在女儿的小脑袋中形成了直观的图形印象，直接刺激大脑皮层，这些都是开发右脑的好办法。

在日常生活中，人们偏重用语言进行表达，渐渐地把图形表达忘掉了。也就是说，人们过分依赖左脑。因此，家长应该有意识地使用图形表达的方法，引导孩子让右脑也参加到日常生活中来。

此外，电脑、游戏机也是锻炼孩子右脑的好工具，家长可以为孩子选择一个以图形为主的游戏。游戏是孩子最喜欢的活动，玩电子游戏会使右脑在愉悦的气氛中得到锻炼。

细节 74

爸爸要做好女孩的"智慧开启者"

女孩父母的担心

现实生活中，女孩似乎总是不如男孩聪明，相同的一道题目，男孩很快就能得出答案，而女孩却半天都找不到思路，怎样才能扭转这样的情况，让女孩也从小就充满智慧呢？

一位妈妈曾这样讲述女儿的成长经历：

女儿宁宁小时候，最初是由我负责她的学习问题，每天我带着她一同朗读课文，一同做一些智力开发游戏，及时帮她解决遇到的一些问题……开始的时候效果很不错，宁宁的小脑袋瓜儿挺机灵的，可时间久了，我却渐渐感觉有点不对头：

受我的影响，女儿越来越爱学语文了，却对数学提不起一丝兴趣；即便是听故事，她也更爱听那些情感性较强的，对推理类故事则兴致不高；和我一同上街，女儿常常也会同我一样爱迷路……

后来意识到问题所在，我赶紧让孩子的爸爸参与到女儿的学习教育中来，一段时间过后，女儿的情况终于得到好转。在爸爸的带领之下，她变得好动手、爱推理、爱思考，也渐渐喜欢上了学习数学。

相信在养育孩子的过程中，很多家长可能都有和上述家长相同的感受：孩子的智力开发以及学习偏好等问题，是会受到家长的深刻影响的。就像上述家庭里的情境一样：很多时候，妈妈辅导孩子学习，呈现的是一种"静静地和孩子一起读书"的温馨场景，而爸爸辅导孩子学习，呈现出的却是一种"一起推理、一同动脑、动手

解决问题"的场景……

时间久了,差异也就会显现出来了。妈妈辅导孩子学习,可以做到细心细致、有耐心,但爸爸却能引导孩子多动脑思考、多动手去实践,潜移默化之间,爸爸的这种教育方式就把孩子的潜能最大程度地激发出来了。

一般来说,女性在掌握语言、丰富词汇、辨别概念、凭直觉迅速进入情况等方面的能力比男性强,她们一般情况下对人与人之间的微妙关系更敏感;男性则在数学能力、识别方位、分析问题的条理性、动手能力上比女性强,他们对事物比对人更爱动脑筋。

国外的一些教育学者就曾作过这样一个调查研究:

工作人员根据孩子是否愿意与父亲交往,把孩子分为两组。研究发现,第一组喜欢与父亲交往的少年,数学能力优于语言能力;第二组不喜欢与父亲交往的少年,语言能力优于数学能力,智力发展远不如第一组。

一位资深教师也曾在某小学作过一项相关调查,主要是调查一些孩子数学学习不好的原因。让她备感震惊的是,很多孩子竟然给出了这样的答案:

"在家都是妈妈辅导我学习,她自己对数学也是无能为力……"

"妈妈告诉我,数学是很难的一门课程,要学好不容易……"

深入探究,我们发现,在很多父亲疏于管教的家庭,孩子的各科成绩往往都不尽如人意,尤其是数学。孩子的学习成绩如何,虽然与多种因素有关,但无论如何我们都不能否认这样一个事实:如果有爸爸陪伴在孩子身边,做一些辅导孩子学习的工作、开发孩子智力的工作,那么孩子的智慧之门很可能会就此开启。

关于父母的教育分工问题,我们可以打这样一个比喻:**如果说孩子就像一棵亟待成长的小苗,那么妈妈就是小苗生长必不可少的阳光,而爸爸则是孩子健康成长的雨露,两相配合,孩子才能成长得更快、更健康。**

那么,父亲管教孩子的学习,到什么程度为好呢?是不是每天检查一下孩子的家庭作业，或者孩子遇到不明白的地方就给她讲一讲？不是的。事实上，管好孩子的学习问题，父亲只需要做好以下两点工作就可以了。

● **建议一：无论如何，都要说"孩子，你很棒"**

曾经见到过这样几个生活场景：

场景一：

每天早出晚归，周末也应酬不断的玲玲爸爸这个礼拜六难得待在家，于是和女儿在家下象棋。玲玲是个初学者，水平有限，没玩几局，爸爸就开始不耐烦了，一直不停地打击玲玲："你这小笨蛋，这么简单的棋招都看不出来，以后我不陪你这个臭棋篓子下棋了。"

场景二：

因工作性质要求，盈盈的爸爸经常出差，在家露面的机会很少，空闲之余想起孩子来了，就会要求检查盈盈的学习成绩，而只要盈盈考得不好，他就会皱起眉头，开始唉声叹气："你无可救药了！"

爸爸们说这样的话看似无心，但对孩子造成的影响却不小。

原本对象棋还算感兴趣的玲玲再也不碰象棋了，连"象棋"这两个字都不想听到。

盈盈对学习的自信心下降了很多，成绩也越来越差。

虽然女孩和繁忙的爸爸相处的时间少之又少，但相较于天天朝夕相处的妈妈，女孩更在意的却是爸爸对自己的评价。很多时候，父亲的一次肯定或否定其作用就是那么神奇。如果父亲认为孩子不行，那孩子就真的不行了；如果爸爸时刻都让孩子有"我很棒"的感觉，那孩子一定会表现得更出色。

作为孩子的家长，我们应该明白，孩子之所以优秀，很大程度上其实是爸爸"鼓励"出来的。所以，想要养育出一个智慧的女孩，父亲一定要注意：

教育孩子，一定要说这样的话：

在爸爸心目中，你是最棒的；

我相信你有这个能力；

爸爸永远做你的支持者；

……

不能说：

你太笨了；

你无可救药了；

……

如果您也想成为一个好爸爸、一位成功的爸爸，那么请在家里这样去对孩子说吧：无论孩子的表现怎么样，都对孩子说"孩子，你很棒"。爸爸这样的鼓励，就好比给孩子的内心注入了一种自信的力量，使孩子产生"我能行""我可以"的积极暗示，从而让孩子自如地面对学习以及生活中的各种困难。例如：

得到鼓励的孩子，不会因为考试没考好就垂头丧气，而是重拾信心，下次再来；

得到鼓励的孩子，不会因为打不好球就轻言放弃，而是刻苦训练，直到打好为止。

● 建议二：在生活中带领孩子学数学、认方位

作为女性，不得不承认这样一个事实：男性的逻辑思维能力往往比女性要强得多。我们可以回忆一下，在读书时代，通常学理科的男生要比女生多，究其原因，就在于男生在逻辑思维上更具优势，女生相对要弱一些。

在开启孩子的智慧方面，爸爸的这种男性优势也表现得特别突出。

一位深受其益的家长就这样说：

有一次到学校给女儿开家长会，班主任当着众多家长的面表扬了女儿，说她的数学非常棒，大脑运转的速度非常快，还说女儿认方位的能力也很强，班上组织到郊外玩，其他孩子都需要老师指点，

而女儿自己就能摆平。听到老师如此介绍，许多家长都向我投来羡慕的目光，仿佛在说："你把孩子教育得真好。"我当时虽然微笑以对，却在心里说：其实这完全是孩子爸爸的功劳。

我每天上班都很忙，常常是早出晚归，有时候周末还得加班，孩子的爸爸相对来说时间要弹性很多，因此在我们家，教育孩子的大部分责任就落在了他肩上。在培养孩子思维能力方面，他是这样做的：带领孩子在生活中学数学、认方位。

这项工作从孩子很小的时候就开始了：

每逢节假日，我们所有的亲戚都会聚在一起，摆碗筷的任务通常由女儿来完成，有多少个人吃饭，要摆多少双筷子和多少个碗，女儿事先得数数；

在看日历的时候，让女儿数数离特别的日期还有几天；

上下楼梯，带领女儿一级台阶一级台阶、一层一层地数楼梯的阶数；

和女儿去超市买东西，通常在结账前，都会让孩子先心算一遍；

坐公交车，让女儿记住窗外驶过的车辆的车牌号；

乘车旅行时，鼓励女儿认认路标的不同形状；

孩子开始学习地理后，父女俩就一起动手绘制地图，中国的、世界的；

……

从事教育工作这么多年，我始终认为，孩子的思维能力强弱，很多时候并非取决于天生，其实是在日常生活中通过一些小细节一点点培养起来的，比如在生活中学数学、认方位。这种寓教于乐的好方法，既让孩子收获了快乐，又在无形中提高了她的思维能力。

生活处处是教育，这样培养孩子能力的小细节也很多，如果爸爸们也为孩子创造这样的机会，那又何愁孩子的思维能力得不到提高呢？

 细节 75

引导女孩去体验
——给孩子自由发展的空间

女孩父母的担心

人们都说要见多识广,在养育女儿的过程中,我们就是这样做的,可是,我们为女儿付出了那么多的心血,女儿的见识好像并不比同龄人多多少,这是怎么回事呢?

孩子对外面的世界总是充满好奇的,在这种好奇心的驱使下,孩子总是能够不知疲倦地去探索和发现。如果家长在孩子成长的过程中,不去注意利用孩子的好奇心,不去善加引导孩子去对生活进行体验,那么,无疑是对孩子本身潜能的巨大浪费。因为,不管是体验自然界的万物,还是体验一些新鲜的事物,对于孩子眼界的开阔、知识量的积累,都有着不可估量的好处。

 建议一:放手让孩子体验新鲜事物

孩子拥有一双善于发现的眼睛,总是对这个世界充满好奇。放手让孩子体验新鲜事物,就能保证孩子时刻都能保持一颗好奇心,就能给予孩子更多想象的空间,让这双发现的眼睛长久地明亮下去。

关于这一点,一位家长为我们作出了表率:

我在养育孩子的过程中,从来没有对她进行过多的限制,她想要去做些什么,玩些什么,只要对她不会造成伤害,一般情况下我都不阻拦。比如说:孩子小的时候听录音机里面可以发出声音,觉得很新鲜,趁着我不注意就把录音机给拆了;她看到了小伙伴有人在玩滑板车，觉得滑板车很酷、很炫，吵着也要玩滑板车……孩子充满激情地做完这些之后，脸上总是会挂着兴奋的笑容，而我也只是问她，这么做收获了什么。孩子常常能够兴奋地告诉我，她在这么做的过程中发现了什么有趣的东西，得到了怎样的体验。

看着孩子兴奋的样子，我更加肯定，在孩子成长的道路上，家长对孩子适当地放手是正确的。

这位家长对待孩子的态度，就很值得我们借鉴。让孩子动手去尝试，让孩子亲身去体验，当孩子在自己动手的过程中，收获了一定的经验和知识，获得了一定的成就感，她的探索欲望就会越来越强。

孩子拥有了强烈的探索欲望，对其今后的学习、生活来说，都将是非常有利的。

● 建议二：多带孩子亲近大自然

大自然是最能增长见识的地方。作为女孩的家长，平时要多带孩子亲近自然，让孩子在和大自然亲密接触的过程中得到陶冶和熏陶，不单孩子的心胸能够得到开阔，随着走的地方越多知识也会越来越渊博。

当然，前提还得是家长的引导有方。

就好像公园里出现的这样一幕：

一位妈妈抱着孩子指着树上的小松鼠说："宝宝知道松鼠饿了吃什么吗？""它们在树上睡觉吗？会不会掉下来呀？"

当妈妈说这些话时，孩子的大眼睛一直忽闪着，似乎对妈妈的问题非常好奇，目光也被树上的松鼠深深吸引了过去。

我们可以想象，当孩子回家之后，小脑袋里回想的肯定也是松鼠在树上跳上跳下的每个细小动作，可能还会对松鼠的一些生活习性产生探索的欲望。

而这些意想不到的收获，都是妈妈简简单单的几句引导的话所带给孩子的。所以，作为女孩的家长，在带孩子亲近自然时，如果

能够细心对孩子进行引导，那么，我们带给孩子的，就是一个崭新的世界。

比如，孩子对植物感兴趣，家长不妨让孩子自己去种植一株植物，可以是蔬菜，也可以是鲜花。孩子在亲自动手体验的过程中，就能不知不觉掌握植物生长的奥秘，感到植物不断生长变化带来的惊喜，在潜移默化间懂得很多书本之中学不到的知识。

比如，孩子对自然现象感兴趣，家长就可以把自然界的风雨雷电、寒来暑往、日月晨昏……作为引导孩子观察、认识事物的突破口。孩子的天性总是好奇的，当家长将孩子引到了一个无限变化的世界，孩子所能看到和发现的东西，常常会让家长惊叹不已，孩子充满幻想的脑袋里也总会冒出智慧的火花。

送女孩一个地球仪，扩展她的视野

女孩父母的担心

现在的社会越来越发达，想要把女儿培养成智慧的女性，从小就拓展她的眼界显得尤为必要，但这项工作应该从哪里下手呢？

一位母亲在博客中这样记录自己的教育心得：

在孩子9岁生日那天，我送了她一台精致的小地球仪。因为礼物的特殊性，这个小小的地球仪给她带来了很多与众不同的快乐。那时她的学校还没有开设地理课，对地理一无所知的她先是缠着大人不停地问这问那，这个绿色的是什么，那个蓝色的是什么……每当这时，我们都会很耐心地为她讲解：绿色的是平原，蓝色的是河流、湖泊或海洋，看，这就是我们中国……

偶尔，我们还会与她热烈地讨论去世界各地旅游，孩子说她想去日本，因为她最喜欢的动画片《圣斗士星矢》就来自日本。但接下来，每隔一段时间，孩子的想法就会发生一次变化。我们刚给她讲述完埃菲尔铁塔的伟大，她便嚷嚷着要去巴黎看看；我们刚说完大笨钟的雄伟，她便告诉我，长大后一定要去伦敦转一圈；我们刚感慨完金字塔的神秘，她恨不得自己马上就能去开罗……站在同龄人之中，孩子总是滔滔不绝地演讲，显得那样与众不同，我知道，是小小的地球仪开阔了她的眼界，使她站在了高于大多数同龄人的成长高度。

智慧的女孩大多眼界开阔，开阔的眼界从何而来？就是从了解世界的过程中来。

小地球仪可以早些让孩子接触地理、形成世界的概念、了解世界各地的风土人情……但它给女孩带来的好处绝不仅限于这些。家有女孩的家长不妨也送孩子一个小地球仪，在潜移默化中提高她成长的高度。

● **建议一：用小地球仪激发女孩学英语的积极性**

一位家长这样讲述女儿由不喜欢学习英语到喜欢学英语的变化全过程：

刚开始，我家女儿很讨厌学英语，用她自己的话说就是："学英语没用，我又不打算出国！"不仅如此，她还常常发着感慨对我们说："外国人真可怜，整天记这些密密麻麻的字母和单词，他们的脑子肯定不够用。让外国人吃点苦也就算了，老师为什么还要用英语这一科目来折磨我们呢？"

我知道，要想让女儿爱上英语，首先要激发起她学英语的兴趣。女儿是个地道的"哈利·波特迷"，我拿着小地球仪对她说："哈利·波特来自英国，如果有机会可以去伦敦拜访他的创作者J.K.罗琳女士。"

女儿对美国大片充满了好奇，她想像电影中的男主角一样去别的星球旅行，我拿着小地球仪告诉她："有机会可以去美国的好莱坞转一转，所有的大片都是在那里产生的！"

总之，我总能把女儿喜欢的事物与小地球仪还有英语联系起来。终于有一天女儿自己总结出了这样的结论：看来不学英语还真不行！从那之后，她对英语的学习热情日益高涨。

在很多时候，对于年龄尚小的孩子来说，英语遥不可及，而且她们还觉得学它没有什么意义，在这个时候，小地球仪就能巧妙地派上用场。家长可以拿着小地球仪告诉她："世界其实并不大，多掌握一种语言，就相当于多掌握了一种生存的本领。"当然，如果你的女孩不能理解或听不进去，你可以把她喜欢的事物与小地球仪以及英语联系起来，这下她所喜欢的那些国际性的事物也会因为小地球仪而变得越来越清晰。

当然，更重要的是，当得知自己所喜欢的事物都与英语有着不可分割的联系之后，女孩自然会产生主动学习英语的欲望。

● **建议二：用小地球仪丰富女孩的梦想**

上海世博会期间，一位妈妈写下了这样一篇博文：

各家媒体都在用现场直播的方式带那些没有办法亲临上海的人们参观世博会。女儿对这些节目产生了极大的兴趣，她一边对照着地球仪，一边看这些节目。跟随记者的镜头游完《一千零一夜》的故乡伊拉克国家的展馆后，她信誓旦旦地对我说："妈妈，我长大后一定要到这个国家去看看！"我微笑着点头对她说："好呀！"

游完浪漫之都法国的展馆后，她充满向往地问我："妈妈，以后我可以到法国去生活吗？"我抚摸着她的头说："当然可以了。"

游完充满神秘色彩的埃及国家展馆后，她想了好一会儿，然后对我说："那些木乃伊是怎么做的呢？我长大后可以去研究它们吗？"我认真地告诉他："你很有想法，无论你作出什么样的决定，我都支持你。"

……

拥有这样丰富而伟大的梦想，这个女孩的未来会平庸吗？答案不言而喻。更重要的是，在这些绚丽多彩的梦想的激励下，她成长的质量和速度要远远高于同龄的孩子。而这一切都在因为一个小小的地球仪而发生着改变。

女孩的家长，您还在等什么，赶快送女儿一个小地球仪吧！把世界装在她心中，提高她成长的高度！

带你的女孩去旅行，开阔她的眼界

女孩父母的担心

每年的假期，我们都会抽出时间带孩子去各地走走。在这个过程中，是否有什么好的引导方法，可以更好地开阔孩子的眼界呢？

提到教育，很多家长常常持有这样一种观点："只有待在家里老老实实地读书学习，孩子才能学出成就。"

其实家长们的这种观点是非常不科学的。中国有句古话："读万卷书，行万里路。"对于正在成长的孩子来说，读书很重要，但实践才是他们获得真知的一种重要途径。所以，在很多时候，行万里路比读万卷书更重要。

更重要的是，"坐着不动"的学习方式并不适合那些天性充满好奇的孩子，他们好动，喜欢探索，他们更喜欢通过亲身经历和实践的方式获得知识，并且通过这种方式掌握的知识他们能够掌握得更加牢固。

所以，开阔女孩的视野也好，增长女孩的知识也罢，家长要学会把她"推"出家门，让她自己去感受外面的世界，这样女孩才能始终以巨大的好奇心看待周围的世界，才能以极大的热情去探索世界，在这一过程中，女孩会产生更高远的人生理想，进而实现更辉煌的成功人生。

● **建议一：鼓励女孩去接触大自然**

对于天性好玩、好动的孩子来说，大自然是最好的教科书、最好的老师、最好的课堂。丰富多彩、变化万千的大自然，不但可以赋予女孩无穷无尽的知识，还可以培养她们观察力、想象力和探索能力。正如前苏联著名教育家苏霍姆林斯基所说："大自然的美会使孩子的知觉更加敏锐，能唤醒其创造性的思维。"因此在节假日，家长一定要允许女孩走出家门，鼓励她到大自然中去。

对此，一对明智的夫妇是这样做的：

孩子在学校学习了5天，周末应该尽情地放松一下。因此，只要周末不加班，我们就会带她去动物园、植物园，或每隔一段时间开车载她去郊区，让她与大自然进行亲密接触。

在动物园中，我们与她一起观察大象的鼻子和牙齿；在植物园中，我们教她认识各种各样的花草树木；在郊区，我们与她一起追蝴蝶、躺在草地上看天空……在这一过程中，女儿不但变得越来越开朗了，学习能力也增强了很多。

对于喜欢探索的孩子而言，接触大自然也是非常好的学习机会。家长可以一边陪她玩耍，一边培养她的观察能力、理解能力、思考能力和动手能力，这些都是从书本中学不到的。

● 建议二：偶尔安排女孩出一次远门

一个一直在一个熟悉的城市进进出出、从没出过远门的孩子，眼界很难开阔，志向也很难远大，而一个从小足迹就遍步大江南北的孩子，不但懂得多、思维活跃，眼界也要开阔得多。所以，我们建议家长有机会就带女孩出趟远门。例如：

如果有亲戚居住在别的城市，利用寒暑假的机会带女儿去拜访亲戚，顺便在当地旅游一下；

如果女儿放长假的时候你正好要去比较远的地方出差，不妨带上女儿，对于她来说，这将是一个非常好的开阔眼界的机会；

如果你在农村有亲戚，不妨把女儿送到那里住上一段时间，那种与城市完全不同的生活方式会给她带来与众不同的体验和感受。

俗话说"见多识广"，当家长带女孩走的地方多了，女孩的见识多了，眼界自然也就会跟着开阔起来。

● **建议三：带女孩去各大高校走一走**

晨晨上小学高年级时，爸爸就带她去全市最好的中学转了一圈，并且告诉她："在这所学校读书的孩子都特别优秀！"在回家的路上，晨晨认真地告诉爸爸，小学毕业后，她也要来这所学校读书。

中学时，每逢放长假，爸爸也喜欢带女儿去旅游，只是他们不仅仅去游山玩水，而且每到一个新的城市，还要到那里的高校走一走。

现在晨晨读高中了，她的目标是考清华大学，因为她喜欢清华大学那种稳定、严谨而又浓郁的学习氛围。当然，这并不是她的最终目标，她曾悄悄地告诉爸爸，她要出国深造，并且要凭自己的实力赢得全额奖学金。

女孩眼界和志向由什么来决定？不可否认，这与家长带她走过的那些地方有很大的关系。试想一下：如果一个女孩在中考之前还不知道全市最好的高中是哪所，她会立志考最好的高中吗？如果一个女孩从没有感受过名校的氛围，她会坚持不懈地朝着名校努力吗？

答案当然都是否定的。如果你家也有一个女孩，不管她的年龄是大还是小，多带她去名校走走。这不但可以激发她的学习积极性，名校的神圣感和神秘感还会使她志向更加远大。

让你的女孩博览群书

女孩父母的担心

女孩懂的东西多了，才能智慧出众，这一点我们都知道，为此，我们给女儿买了很多的书，可是女儿就是不喜欢读，有什么办法可以让女儿喜欢上读书呢？

英国剧作家莎士比亚说："书籍是全世界的营养品。生活里没有书籍，就好像没有阳光；智慧里没有书籍，就好像鸟儿没有翅膀。"

的确，很多时候，书籍与智慧有着脱不开的关系。观察周围，我们会发现，那些才华出众、蕙质兰心的女孩大多也有着一个共通之处——博览群书。

一位教师在教学过程中的一个例子就很好地说明了这一点：

我曾教过这样一个女孩，她的作文能力非常出色，每次作文课后，我都会把她的作文当成范文。一次作文课上，我随机以"植物"为题让同学们写一篇作文，结果不到一节课的时间，这个女孩竟洋洋洒洒写了1000多字。在这篇作文里，她介绍了很多种树，有世界年龄最大的树、世界上最高的树、世界上最粗的树……也正是读了她的这篇作文我才知道，世界上竟然还有一种能吃人的树。

我当时就被她宽广的知识面折服了。也正因如此，她被同学们公认为是班上的"小博士"。

为什么这个年龄小小的女孩竟有如此惊人的知识量呢？

例子中女孩的妈妈给出了答案：

我家女儿所掌握了这些知识大部分都来自阅读。

我自己有一个非常好的习惯,那就是每周光顾一次书店或图书馆,女儿出生之后,我就带她一起去。在书店里,我常常忙着找自己想读的书,无暇顾及女儿,就在书店里找一本儿童图画故事书对她说:"这本故事书很有意思,很多小朋友都喊着妈妈给他们买,你看看这本书讲的什么内容,一会儿讲给妈妈听呀!"为了让我也把这本故事书买回家,女儿当然会非常"卖力"地阅读了。

在图书馆也是如此,我把她放到儿童阅览室,对她说:"你的借书卡只可以借两本书,你一定要用心挑选最经典的两本呀!"然后我就去成人馆找自己需要的资料了。很多时候都是这样,我的资料早就找完了,女儿还决定不了该借哪两本书呢,因为她想看的书实在是太多了!

书籍的力量是巨大的,它不仅可以给予孩子成长所必需的养料和智慧,还足以影响孩子一生。我们都知道,幼儿园及小学阶段是孩子人生观、价值观以及生活观的初步形成期。这时,一本充满"真善美"的幻想小说可以使孩子对世界充满美好的向往,一本优秀的名人传记可以使孩子形成伟大的理想,一本出色的励志童话可以使孩子的人生态度变得积极、乐观……

所以,家长引导女孩爱上了阅读,可以潜移默化地扩充着她的知识面,提高着她的写作水平,赋予了她更美好的人生。

◉ 建议一:让女孩把阅读当成生活的一部分

出于爱玩的天性,大多数孩子很难静下心来阅读。但如果在他们小时候,家长就给他们做出热爱阅读的榜样,那他们就会把阅读当成生活中必不可少的一部分。

就像上述那位妈妈的做法,几乎每周都带孩子去书店或图书馆,那女孩就会把光顾书店或图书馆看做是生活的一部分:文具用完了要到商店去买,同样的道理,家里的书读完了,就要去书店买或去图书馆借新的。

◉ 建议二:"诱惑"女孩去阅读

其实,在生活中,很多家长也经常会带女儿去图书馆或书店,但为什么这些女孩还是对阅读不"来电"呢？这就与家长是否了解女孩，以及懂不懂激发她的阅读兴趣有关了。

如果家长懂得"诱惑"女孩去阅读，结果就会大不相同。

例如家长这样对她说：

"很多小朋友都喜欢读这本书，不知道它是不是真的那么有意思！"

"图书馆有这么多好看的书，只是你的图书卡只可以借两本！"

……

孩子的好奇心是很重的：当她得知某本书是其他小朋友都想读的，她的阅读兴趣也会被极大地调动起来；当她得知自己的图书卡只能在图书馆借两本书时，她当然会很认真地阅读这两本书了……家长的"诱惑"会使女孩成为书店和图书馆的"常客"。

● 建议三：让女孩体验阅读的成就感

关于培养孩子的阅读兴趣，一位家长这样分享经验：

最近孩子在读儿童版的《三国演义》，读了一部分，突然深有感悟地对我说："爸爸，是书里的内容不科学，还是电视剧中内容不真实呢？书中展示的曹操非常奸诈，但电视剧中的曹操却是一个有宏图大略的人物。历史上的曹操到底是什么样子的呢？"

我非常激动地对她说："我也发现了这一疑点，小丫头真不简单呀！"

孩子也兴奋地回应我："咱们这是英雄所见略同！"

每次与孩子的交流产生共鸣之后，她的阅读积极性又会提升一大截。

作为成人，我们也常常有这样的感受：当与别人产生情感共鸣时，做事情的积极性就会日益高涨。孩子的阅读成就感也是这样产生的，家长及时与她沟通，经常与她产生情感共鸣，她的阅读积极性就会提升，而且还会养成边读边思考的好习惯。

● 建议四：引导女孩阅读经典名著和名人传记

教育家卡尔·威特曾说过："孩子对世界上的许多事物都充满着

好奇，博览群书可以使她的好奇心得到满足，同时增长她的见识，开阔她的视野。"纵观古今，很多名人小时候都是十分喜欢阅读的，并且他们的阅读多以经典名著为主。例如：顾炎武6岁便读完了《大学》，10岁开始攻读《孙子》《左传》《战国策》；周恩来6岁开始阅读《水浒》《三国演义》《西游记》……

如果你的孩子已经对阅读产生了兴趣，并且她已经具备了一定的阅读能力，你可以把一些经典的书籍，如"四大名著"推荐给她。当然，成人版的名著她读起来可能会有些困难，你可以先买一些儿童版或精华版的名著来让她读。

这些名著中包含了丰富、详实的各类知识，通过大量的阅读，能够开阔她的视野，使她受到潜移默化的熏陶和启迪，从而形成健全的人格、崇高的理想。

另外，在孩子的成长过程中，榜样的作用不容小觑。如果你的女孩有崇拜的偶像，如居里夫人、撒切尔夫人等，一定要找一本偶像的传记让她读，这会让她时刻以偶像为榜样，沿着偶像的成长道路成长。如果你的女孩还没有崇拜的对象，你可以给她讲一讲那些名人的故事，接着找一些对应的传记给她看，这对她的成长将会起到非常积极的作用。

 细节 79

引导女孩去表达
——每天和孩子大声朗读10分钟

女孩父母的担心

和同事聚在一起,看着人家的女儿说出许多甜言蜜语,哄得大家哈哈大笑,我常常就会想:怎么我家那个丫头就是个闷葫芦,一点机灵气儿都没有呢?

可能家长们都有这样的共识:那些聪明伶俐的女孩就像百灵鸟一样,能够流利地表达自己的思想,清楚地传递每一个信息;相反,那些看起来不太机灵的女孩,在表达能力上也稍逊一筹。

正因如此,在女孩成长之初,家长就着意锻炼女孩的表达能力,是女孩智慧培养过程中必不可少的一课。

作为家长,我们都曾有过当学生的经历,那么请你回想一下:在小学或中学的语文课上,那些热爱朗读的人,学习成绩怎么样呢?

相信我们的结论是一致的:他们的成绩优异,语文成绩好,作文写得棒,数学应用题、逻辑推理题做得顶呱呱;他们的表现令人羡慕,他们自信,善于交往,热爱学习……

这其中的原因何在呢?

恰恰是朗读在发挥着巨大的作用!

与此同时,很多语文老师在教学过程中也特别注重朗读能力的培养。语文课堂上,朗读时间所占的比例是最大的;欣赏文章时,朗读更是必需的。此外,很多教师还会组织朗读比赛,激发孩子们

的朗读热情。如此实施一段时间后，孩子们学习语文的热情很快就被激发起来，不仅语文成绩提升得快，其他科目的成绩也提升了一大截。

那么，家长应如何引导自己的女孩热爱朗读呢？

一位妈妈这样分享自己的经验：

女儿小的时候，就曾因表达能力不强而吃亏。有时候，孩子心里对某件事的看法、对某个问题的解答明明十分清楚、明白，但一说出来，别人却往往理解不了。孩子一度非常沮丧，觉得自己是不为大家所接受的，自己是笨的……看到女儿日渐消沉，我也是暗暗着急。女儿表达能力不强，该如何帮助她改善呢？

为了培养女儿的表达能力，我询问了许多资深的教育专家，查阅了许多教育书籍，最后总结出这样一个方法：每天和孩子大声朗读10分钟。

因为只是照着书本去朗读，并不需要孩子多做什么功课，孩子对这一方法也并不排斥。刚开始没见什么效果，坚持了大概3个月后，女儿的表达能力出现了很大的突破：不仅能够把事情说得条理清晰，还能言简意赅呢！

引导孩子很好地去表达，家长每天坚持和孩子大声朗读10分钟，显然是一个非常不错的方法。

长期的朗读能积累丰富的词汇，非常利于孩子语言表达能力的完善和发展。就像例子中的小女孩，小时候表达能力非常糟糕，甚至觉得自己很笨，是不受欢迎的。但在妈妈有意的引导下，她的表达能力突飞猛进。

每天带领孩子大声朗读10分钟，并不会占用家长多少时间，但长期坚持下来，效果却十分明显。女孩家长不妨尝试一下。

教育女孩，家长不该说的几句话

女孩父母的担心

我们深知女孩是敏感的，所以在养育女儿的过程中，我们一直都很注意自己的态度，可有时候还是在不经意间伤害了孩子的感情。作为父母，对女孩究竟哪些话该说，哪些话不该说呢？

也许家长对这样的场景并不会感到陌生：

孩子放学回家，脸上带着兴奋，从书包里掏出一张试卷递到妈妈跟前："妈妈，你看，我这次考了90多分呢！"

妈妈瞥了试卷一眼，不以为然地说："90多分有什么好高兴的，人家是不是有考100分的？"

孩子郁闷地从妈妈手里抽回试卷，哼哼唧唧没好气道："对，别人都是100分，就我90多分！"说完这话，蹬蹬地跑了。

看着孩子的背影，妈妈一脸苦笑："你看看，你看看，这孩子什么态度！"

是孩子的态度不好吗？不是。

孩子兴冲冲地来，怒冲冲地走，原因在谁呢？就在于妈妈说了不该说的话。

无可否认，每位家长都希望自己的孩子是最好的、最优秀的，总是对自己的孩子有严格的标准。正是因为这样，家长在和孩子相处的时候，难免就会急功近利，难免就会拿孩子和别人比较……在言语间伤害了孩子的心灵。

孩子的心灵一旦受到了伤害，往往会有两种表现：一种是消极

沉默地接受妈妈的批评，不作抗争地忍受；一种是积极地对抗，你越是批评她，她越是和你对着干。

我们可以想一想：当孩子出现这样两种情况时，对孩子今后的发展来说意味着什么？

消极沉默的孩子必定会越来越自卑，越来越没有自信，渐渐地远离优秀的行列；积极对抗的孩子必定会越来越叛逆，越来越逆反，到最后和家长之间关系越来越僵。这两种情况，想必哪一种都不是做父母的愿意看到的。既是如此，我们该怎么样来避免这些情况的发生呢？

这就要求家长在管教孩子的时候，一定要注意自己的说话方式，尽量不要对孩子使用一些否定词、限制词、挑剔词，尽量不要对孩子说这样几句话。

● **建议一：不说"你怎么这么笨"**

现实生活中，大多数家庭中经常会上演这样的场景：

孩子正在书桌前写作业，妈妈在她的身后不时地指指点点，脸上带着焦急的神色："你怎么这么笨啊！这么简单的题都不会做！"

孩子不说话，把头埋得更低了。

妈妈更是来劲，指着作业本上的题目说："这儿错了，这儿也错了，你脑袋想什么呢？这么简单的题都做错了？"

看到这里，作为家长，你是否意识到了自己犯了多么严重的错误呢？孩子在你一次次打击之下，就会彻底丧失信心。

家长说这话时，自己可能觉得没什么，但对孩子而言后果却是非常严重的。我们可以想一想：如果和孩子最为亲近的家长，都认为孩子是笨的、不聪明的，孩子心里会怎么想？她也就会认为自己是笨的、不聪明的。那她还怎么能够自信起来，智慧起来，优秀起来呢？

家长尤其是妈妈的话对孩子所产生的影响，往往是我们所不能预料的。

明白了这些，在家庭教育中，家长就要谨记：不要对孩子说"你怎么这么笨"这样伤害孩子自尊、打击孩子自信的话。相信，如果家长对孩子拿出更多的耐心和鼓励，每个孩子都能成长为非常优秀的孩子。

● 建议二：不说"你怎么不像人家那样……"

正像我们在第一点提到的那样，很多家长常常会无意识地拿自己的孩子和别人家的孩子比较，常常会不自觉地冒出这样的话来："你怎么不像人家那样……"

说者无心，听者有意。家长一拿自己的孩子和别人比较，孩子就会有这样的想法：爸爸妈妈是不喜欢我的，爸爸妈妈是欣赏别人的。

比如说，孩子考了80分，对她来说本来已经算是不错的成绩了，妈妈却偏偏要拿孩子和别的同学去比较。比如说，孩子比较贪玩，不喜欢做家务，妈妈就会这样说："你看隔壁家的孩子多乖，总是帮助妈妈做家务。"

在家长拿孩子和别人一次一次比较的过程中，孩子对家长开始越来越反感，越来越排斥，和家人亲密无间的关系，也随着家长这句"你怎么不像人家那样……"开始变得越来越疏远。

所以，作为家长，如果你既想让孩子健健康康成长，又想让孩子成为一个智慧优秀的人，那么，请不要总是对孩子说"你怎么不像人家那样……"，因为在你说这句话的时候，其实就隐含着这样一句潜台词：你的孩子是不优秀的，没有人家的孩子好。

试想一下：有哪个孩子总是愿意听到自己不如别人的话呢？如果家长总是这样说，那么孩子就会觉得父母是不爱她的，是对她不满意的。当孩子的内心装满对父母的意见，还可能听父母的话，服父母的管吗？肯定是不会了。

● 建议三：不说"如果做不到……"

在一次教育讨论会上，有一位妈妈这样说起自己的孩子："我的

"女儿佳佳7岁了,也不知道她到底怎么回事,干什么事都畏畏缩缩的,一点儿出息都没有,看着她那精神颓废的劲儿,我真是气不打一处来!"

7岁的孩子应该正是生龙活虎、上蹿下跳的时候,怎么会精神颓废,干什么都畏畏缩缩呢?

在这位家长生活中发生的一幕幕或许能够给我们答案:

妈妈下班回家,恰巧看到女儿和小伙伴们在一起玩耍。这位妈妈一下就急了:"佳佳,你不好好看书,怎么又跑下来了?老是这么贪玩,下次考试又考不好怎么办?"

本来玩得兴高采烈的孩子,一见到妈妈,蔫了,闷闷不乐地跑上了楼。

上楼之后,这位妈妈严厉地对孩子说:"光知道贪玩,这次考试如果不能考到90分以上,以后再也不许你玩了。"

孩子看了妈妈一眼,默不作声地坐到书桌前学习起来,然而,精神状态却很不好。

现在,你是不是明白了孩子为什么会精神不振,干什么都没有精神呢?原因其实并不在孩子,就在于家长的这句"如果做不到……"带给了孩子太多负面的影响。

我们可以分析一下,"如果做不到……"这句话到底包含着怎样的意思:

首先,是对个人能力的假设,有怀疑的意味;

其次,是对问题后果的预知,有威胁的意味。

家长总是把"如果做不到……"挂在嘴边的时候,其实就是在对孩子的能力进行质疑,就是在对孩子进行潜意识的威胁。孩子的心理就会相应地产生一系列的反应,或是对自己的能力产生怀疑,或是对家长的教育产生反感。

明白了这些,家长在和孩子接触时,就一定注意不要说"如果做不到……",只有这样,孩子才能感受到父母对她的信任和爱,才能在爱的基础上快乐成长。

第十章

女孩常见问题及解决方法

- 细节 81：学习动机不足——让女孩知道学什么、怎么学、为什么学
- 细节 82：课堂上的"隐形人"——鼓励她积极发言，紧跟老师思路
- 细节 83：记忆力不好——让女孩掌握"U 形记忆规律"
- 细节 84：学习成绩止步不前——有效应对"高原现象"
- 细节 85：不思进取——让女孩尝到赢的甜头
- 细节 86：害羞、怕生——让女孩向陌生人问一次路
- 细节 87：害怕独自睡觉——了解原因，帮她弱化恐惧
- 细节 88：冷漠——对女孩进行"移情"教育
- 细节 89：没有毅力——教女孩学会坚持
- 细节 90：孤僻——善加利用女孩的"从众"心理
- 细节 91：不劳而获思想——注重引导，帮助女孩摆脱认识误区
- 细节 92：以自我为中心——让女孩懂得角色互换原理
- 细节 93：虚荣，盲目攀比——让女孩知道钱是怎么来的
- 细节 94：过分挑剔——让女孩学会不苛求
- 细节 95：选择盲目——既要尊重，也要引导
- 细节 96：意志力薄弱——让女孩接受一些挫折教育
- 细节 97：不爱劳动——让女孩抱着"捡大便宜"的心理去干活儿
- 细节 98：对父母的批评不买账——巧用"三明治效应"
- 细节 99：定位不准——帮助女孩找准"女性社会角色"的平衡点
- 细节 100：青春期的女孩——让女孩不再做迷茫的小天使

▶▶ 引 语

女孩容易小心眼怎么办？
女孩自卑怎么办？
女孩学习吃力怎么办？
女孩没有主见怎么办？
……

女孩在成长过程中，总会出现这样那样的问题。面对女孩身上层出不穷的问题，家长需要采取哪些对策呢？在本章中我们将找到答案。

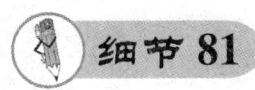

学习动机不足
——让女孩知道学什么、怎么学、为什么学

女孩父母的担心

女儿最近一段时间很没精神,经常嚷嚷着学习没意思,对作业也是敷衍了事,我们说她,她也全然不往心里去。真不知道该拿她怎么办了!

动机好比是引擎,动机充足,引擎功率才更大,前进得才更快。在学习上,同样也是如此,孩子学习动机充足,才能学得更好,进步更快,取得更好的成绩。

然而,现实的情况却是,随着年级的升高,年龄的增长,孩子学习的动机反而是越来越不足了。

一位老师就曾这样说起自己的教学经历:

给七年级新生没上几次课,我就发现一个明显的现象:很多孩子在上课时,常常注意力不集中,不是盯着窗户外面"神游",就是和同学说话,更有甚者还在课堂上看起了课外书。

为此,我也没少说他们,但是这些孩子还是照旧不改。

课下的时候,我曾找他们聊过天,询问他们不好好听课的原因,孩子们给了我这样的回答:

"学习好累啊,我已经学够了。"

"我已经听懂了,还听什么啊!"

"老师,我也没办法啊,我就是管不住自己啊!"

不娇不宠，富养女孩的100个细节

听着孩子们的回答，我终于知道了问题的根本原因所在，那就是孩子的学习动机不足，学习处于一种迷茫和困惑状态之中。

看到这里，相信家长已经心急了："孩子小小年纪就出现这样的情况，以后还怎么能学得好？"

的确，学习动机不足带给孩子的负面影响，将伴随孩子的整个学习生涯。正因如此，作为家长，及时帮助孩子作好心理辅导，就显得举足轻重。

有什么样的方法可以解决这个问题呢？在这里有一个很好的建议，就是让孩子知道学什么、怎么学、为什么学。

对此，一位家长是这样做的：

女儿娟娟今年上七年级了，最近一段时间，我发现这孩子学习总是不在状态，看着看着书，就会莫名其妙地不耐烦。孩子的这些举动，俨然是学习动机不足的表现。

如何纠正孩子这种不良的学习心理呢？我开始动起了脑筋。

接下来的一段时间，我带女儿参观了一些名校，了解名校的历史，感受名校的氛围，并带女儿接触、认识了一些杰出的朋友。女儿非常喜欢这样的活动，不时发表自己的看法，哪所学校更漂亮，哪所学校历史最悠久，哪位叔叔非常有风度，哪位阿姨学识非常渊博……

我问女儿："你想不想入读名校，想不想通过自己的努力，成为让大家都欣赏称赞的优秀人才呢？"女儿回答我："当然想。""那你想过用什么办法没有？""没想过。""妈妈倒是有个办法能让你逐步实现自己的梦想。"

看我故弄玄虚的样子，女儿露出几分好奇，"什么办法？"

"从明天起，你照妈妈的要求做，妈妈保证你能很快在班上崭露头角。"

女儿半信半疑地看着我，点了点头。

自那天之后，我把孩子的学习任务分解成了很多小步骤、小目标，每天陪着她学习。因为我把女儿的学习目标明晰化、具体化，任务量又不是很多，加之我又在她旁边陪伴着，女儿常常就能坚持着学下来。就这样通过对学习任务的分解，女儿每一阶段都有每一阶段的学习目标，学习也就有了方向，学习不在状态的情况得到了极大的改善，成绩也慢慢提上去了。

看，这位家长的妙招，对于激发孩子的学习动机是不是很奏效呢？其实，年纪还小的孩子之所以会学习动机不足，大多是因为他们不知道自己到底要学什么、怎么学、为什么学。

所以，作为家长，我们只有帮助孩子把这些问题搞清楚，孩子才可能找到学习的动机，用心去学习。这一点，例子中的家长就做得很好：先是挑起孩子想学好的意识（为什么学）；然后在和孩子一起学习的过程中，教给孩子怎么学、学什么（订立目标、学习任务分解）。在家长有意识地培养之下，孩子也就能慢慢找到了自己的学习动机，在学习的过程中，就积极主动得多。

 细节 82

课堂上的"隐形人"
——鼓励她积极发言,紧跟老师思路

女孩父母的担心

我家那个小丫头干什么都不积极,尤其是在课堂上,老师一提问题,她总是恨不得把脑袋塞进桌洞里……女儿总是甘于当个隐形人,这可怎么办呢?

由于受体内雌性激素的影响,女孩大多安静、顺从。这在刚刚入学的小女孩身上表现得最为明显。她们会安静地坐在座位上遵守课堂纪律,会集中精神地听老师讲课,会按时完成老师安排的作业……

然而,随着年龄的增长,女孩的这些性格给她带来的弊端也越来越明显。

很多老师就这样抱怨:

"女孩上课太死板了,从来不知道主动回应我们。"

"女孩总是那么胆小,不敢举手回答问题。"

"如果没有男孩,我真不知道课堂气氛会有多沉闷!"

……

事实的确如此,在小学高年级阶段,女孩不愿参加课堂互动的趋势越来越明显,对于课堂上老师提出的问题也常常采取"不理会"的态度。

是什么原因造成了女孩在课堂上不踊跃、不积极呢?

一个小女孩给出了这样的回答：

那些男生总是喜欢出风头，老师一提问就把手高高地举起来，仿佛就他们知道答案似的。然而，老师似乎很喜欢这样的男生，每次提问都会把目光集中到这些人身上，完全无视我们女孩的存在。既然这样，就让那些男孩回答好了。况且万一我回答错了，那该多难堪呀？

造成女孩课堂表现不积极的原因，主要有三个方面：**一是老师对她们的忽视，二是对男孩在课堂上"抢风头"不满，三是不够自信。**

有的家长或许会对此持"无所谓"的态度："女孩子小心眼、不自信是很正常的，这有什么大惊小怪的？"

家长要是这么想，就危险了。试想：如果女孩在课堂上一直不发言，或总是把自己置身于课堂气氛之外，甘于当"隐形人"，那她们永远也感受不到听课的乐趣和回答问题的自豪感，久而久之，也就会失去了学习的兴趣，听课时就很可能出现思维"跑野马"的现象，跟不上老师的思路。尤其是数学，往往是差之毫厘失之千里，如果总是跟不上老师的思路，长此以往，还怎么可能学得好呢？

那么我们应该如何敦促女孩踊跃发言呢？

一位资深的数学教师给我们讲过这样一件事：

我刚参加工作的时候，接手了一个班。由于班上大多数是女生，所以上课时，仅有几个男生能够配合我回答问题，课堂气氛十分沉闷。

有一次，我在课堂提问后，故意不去看那些跃跃欲试的男生，而是把目光集中到那些欲言又止的女生身上，并让一个女生回答我的问题。当那个女生红着脸把问题回答完以后，我及时地鼓励了她，从那以后，这个女生也开始在课堂上举手发言了。

后来的日子里，我经常会采取这样的方法，让那些不敢和我对视的女生回答问题。久而久之，她们习惯了主动回答问题之后，也就能够跟着我思路听课，并大胆喊出自己的答案了。

教育学专家普遍认为，老师对孩子的鼓励往往要比家长的鼓励有用得多。所以，想要女孩在课堂上积极发言，家长就要做好与老师的沟通工作，请老师在课堂上多给女孩一些关注和回答问题的机会，并适时地鼓励她。当女孩在课堂上大声喊出自己答案的时候，就说明她已经能够紧跟老师的思路，进行积极主动的学习了。积极性和主动性一旦被调动起来时，她对学习的兴趣也就会变得越来越浓。当女孩的学习兴趣越来越浓，成绩越来越出色时，她还会甘于做课堂上的"隐形人"吗？

记忆力不好
——让女孩掌握"U形记忆规律"

女孩父母的担心

女儿上小学的时候成绩还算可以,可是自从升入初中,记忆力是越来越差,经常跟我们抱怨很多知识记不住。我们该怎么帮帮她呢?

日常生活中,我们可能经常会听到孩子们这样抱怨:"我怎么这么笨呢?总是记不住那些知识,本来费了力气背诵一篇课文,但到最后只记住一两句。你说该怎么办呢?"

如果你问她们:"你在背诵时,哪一两句记得比较准、比较牢呀?"

孩子们一般都会这样回答你:"开头和结尾。"

的确,不管是孩子还是成人,记忆一篇文章或一件事情,一般都是开头和结尾部分记忆得比较牢固。其实,这是人的一种记忆规律。

1962年,加拿大的一位学者做了这样一项实验:

把一系列不相关联的词,如"肥皂、柏树、雪茄、啤酒、蝴蝶、水星"等,呈现给被测试者,要求他们按顺序把这些词回忆出来。

结果发现,在这些不相关联的单词之中,位于最前面的和最后面的,被回忆出来的次数最多,而位于中间部分的单词,被回忆起来的几率很小。

据此,心理学家绘制出了一张关于记忆的曲线图,因为这个曲线呈"U"形,这种记忆规律就被称为"U形记忆规律。"

"U形记忆规律"告诉我们,可以根据记忆材料的重要程度、难易程度等来安排记忆的顺序。例如:如果孩子需要记忆10个英语单词,家长可以引导孩子把字母比较多的、比较难记的单词,放在开始和结尾部分,这样有助于达到最佳记忆效果。

另外,科学家还通过实验发现:不仅记忆材料的开端和结尾最容易记忆,就时间来讲,在开端时刻和结束时刻,记忆的效果也是最佳的。例如,在一天之中,早晨起床后和晚上睡觉前的记忆效果,要比平时好很多倍。

一位被誉为"记忆神童"的孩子这样分享经验:

我很喜欢早睡早起,早晨我们7:30上课,我6:00起床,这样,我就有足够的时间晨读了。其实,对于我来说,晨读的目的不在"读",而在"背"。早晨早起半个小时,前一天所学的知识,基本上都是在这一时刻记牢的。

晚上我喜欢早睡,但在睡觉之前,我会把白天老师所讲的内容在脑子里过一遍,然后把记忆不牢固的知识点记下来。这样,早晨起床后,我就可以有重点地进行晨读了。

其实,很多科学家一致认为:在没有经过特殊训练的前提下,人们的记忆水平是不相上下的。由上面的事例可以得出,案例中的孩子之所以会成为"记忆神童",无非是因为他掌握了科学的记忆方法。只要掌握了科学的方法,任何一个孩子都会成为"记忆神童"。

综上所述,根据"U形记忆规律"等记忆规律,我们总结出了以下几种科学的记忆方法,可供家长和孩子借鉴:

其一,根据"U形记忆规律",在记忆学习资料时不要平均用力,中间部分要进行强化记忆,重要部分放在开始和结尾处记忆,记忆的效果最好。

其二,每次记忆的时间不宜过长,以免影响记忆效果。

其三,在记忆学习材料时,为了避免学习材料之间的相互干扰,家长可以引导孩子采用交叉记忆的方式。例如:文理科交叉记忆,即学习文科一段时间之后,可以适当地学习一下理科的内容,这样,记忆效果会更好。

学习成绩止步不前
——有效应对"高原现象"

女孩父母的担心

女儿上中学以后,学习成绩飞流直下,每次考试成绩都不理想。有什么办法可以帮帮她,让她学习有所进步呢?

"高原现象"是人们在登山过程中经常遇到的一种现象。人们在登山时,一开始速度很快,随着高度的不断增加,速度会逐渐减缓。当人们到达 5000 米以上的高度时,由于体力不支和高原缺氧等原因,往往会出现止步不前的现象。在这个时候,再要求登山者达到一个新的高度就十分困难,这就是登山运动中的"高原现象"。

由于大脑结构的发育不同于男孩,女孩在学习过程中遇到"高原现象"的情况更为普遍。当女孩的成绩到达一定程度后,提高的速度就会逐渐减慢,甚至出现停滞不前或者倒退的现象。

一旦发现孩子的学习出现"高原现象",家长千万不要着急,同时要告诉孩子不要急躁。一般来讲,"高原现象"是孩子在学习过程中必须经历的四个阶段之一。

科学研究表明,孩子在学习新知识的过程中,一般要经历以下四个阶段:

一是开始阶段。在这个阶段,孩子要了解新事物,熟悉新规律,学习比较费力,因此成绩提高的速度会很慢。

二是迅速提高阶段。在本阶段,孩子已经初步掌握了知识学习

的重要规律或"窍门",学习成绩会有明显的提高且成绩提高的速度会比较快。

  三是学习高原期。在这一阶段,孩子已经完全掌握了基本知识,剩下的多是难点。在本阶段,由于受到精力、心理等多种因素的影响,孩子成绩提高的速度会变得十分缓慢。尽管孩子依然会用心学习,但成绩总是提高不大,总体上处于一种停滞不前的状态。

  四是克服高原现象期。遇到"高原现象",孩子如果不断地改进学习方法,克服学习过程中的各种困难,就会摸索出新的学习规律和技巧,到那时,孩子的成绩又开始逐渐上升。

  所以,当女孩的学习进入高原期后,家长和孩子最需要做的就是保持冷静,不要乱了阵脚。然而,在现实生活中,大多数家长的做法却恰恰相反:因为孩子的学习高原期多出现在考试之前,此时如果家长发现孩子的学习处于一种停滞不前的状态,一般都会表现得比孩子还要急躁。因此,他们往往会"病急乱投医",给孩子买大量的辅导资料,鼓励孩子大搞"题海战术"。

  其实,家长们的这种做法非但不科学,反而对孩子的危害性极大。进入高原期的孩子,本来就处于急躁状态中,如果家长再要求孩子做大量的习题,往往会剥夺了孩子思考、总结的时间和机会,更不利于孩子走出高原期,而且还会使孩子的情绪和心理变得越来越急躁。

  因此,要克服"高原现象",家长首先要保证孩子的心情处于平静状态,然后再给她足够的时间去思考和总结。

  引导孩子走出高原期,一位家长是这样做的:

  女儿今年读三年级,在期中考试的前几天,她突然着急地对我说:"妈妈,我好害怕呀,我觉得自己的成绩很难再提高了,怎么办呀?"

  我猜想孩子是进入学习高原期了,于是安慰她说:"你感觉自己的成绩无法提高,其实并不会这样,你已经掌握了大部分的知识,你只是需要进一步提高灵活运用所学知识的能力而已。在考试之前,每个孩子都会有这种感觉的。"

"那如何才能让这种感觉消失呢?"

看到孩子还是有些疑惑,我就继续说:"这样吧,妈妈帮你分析一下你到底哪些知识还没掌握。就拿数学这一科目来说吧,课本上的例题、最基本的原理你掌握了吗?"

孩子点点头。

我继续问:"你能够深入理解并灵活运用那些基础知识么?"

孩子考虑了一下说:"这方面我做得不好。"

我接着说:"课本内容和老师讲课时的笔记是最基本的知识,你已经掌握得很好了,并不是什么都不会,只是缺乏对基础知识的灵活运用。把基础知识完全掌握之后,再学会灵活运用,你就什么也不怕了。"

听了我的分析,孩子明确了努力的方向。

利用考试之前的这几天,孩子努力在打好基本功的基础上,开拓思维,保质保量地做了一些题。果然不出我所料,孩子在这次考试中取得了很好的成绩。当然,更重要的是,孩子学会了思考和总结,并顺利走出了学习高原期。

其实,在孩子的学习过程中,她们会遇到很多个"高原现象",家长不可能一个一个地帮助孩子解决。因此,上述事例中那位家长的做法就很科学,她不仅帮助孩子顺利解决了"高原现象",而且教会了孩子一种全新的学习方法:在学习中遇到困难,先不要慌,要分析,后总结,根据结论再去与困难作斗争。

不思进取
——让女孩尝到赢的甜头

作为家长,谁都希望自己的孩子是成绩最棒的那个,谁都希望自己的孩子能成为万人瞩目的焦点。但孩子若是没有进取心,甘于平庸,这一切也只能是痴人说梦。

常听到家长们这样抱怨:

"我家那个丫头一点上进心都没有,人家考个八九十分都不满足,我家孩子考到60分就高兴得不行。"

"我家那个丫头也是,考个七八十分就乐得找不到东南西北了!"

容易满足、不求上进,是很多正处于成长阶段的孩子的通病。这样的心态用到学习上来,就会造成孩子成绩的停滞不前,甚至倒退。

女儿晓优是个活泼的小姑娘,就是学习不求上进,考个六七十分就心满意足了。起初我也没有特别要求女儿,总是认为她还小,过多的要求对她的发展不利。结果,现在这个孩子不仅成绩一塌糊涂,做其他事也是得过且过,不求进取。和别的孩子比起来,我总感觉这个孩子身上似乎是少了点什么。

无可否认,很多家长都存在和上述家长一样的想法,总认为孩子还小,不认学、不上进是很正常的,"树大自然直",长大就会好了。然而,事实果真如此吗?不是的。很多有经验的老师都认同这样一个观点:那些不求上进的学生,取得成就的可能性也比较低。

一些教育专家也认为，小时候是孩子行为和习惯渐渐形成的时期。在这个时期，如果家长不能帮助孩子树立良好的行为习惯，那么孩子的一生都会受到影响。

进取心，作为一个人获得成功的必要条件，不仅关乎孩子小时候学习成绩的优劣，更关乎孩子以后是否能够实现自己的追求和理想。

也正是从这个意义上说，作为女孩的家长，想要让自己的孩子优秀，及时激发孩子的进取心就显得尤为必要。

那么家长该怎么做才能激发女孩的进取心呢？

一位聪明的妈妈是这样做的：

发现女儿婷婷学习不求上进之后，我和先生开始商量对策，在生活中培养女儿的上进心。

晚饭过后，我们经常会和女儿一起做一些益智游戏，像成语接龙、填字游戏，赢的人就会给予奖励：比如不用做家务，可以多吃一些水果、零食等。刚开始时，女儿因为懂的知识比较少，总是要承担一定的后果：做一些家务，少吃一些好东西。每每这个时候，女儿总是嘟着嘴一脸不高兴，我便故意刺激她："婷婷要想不做家务，多吃零食，下次就要赢了我们啊！"女儿听我说这话，气鼓鼓地应道："我下次一定会赢的！"从那以后，女儿放学之后就躲进书房看书或抱着词典翻。没过多长时间，女儿的词汇量大增，跟我们做游戏的时候便时常能赢。尝到了赢的滋味，加上我们的适时引导，女儿渐渐开始把这股劲儿用到了学习上。半个学期后，女儿的成绩得到了极大的提升……

上述家长的做法就是非常科学的。当孩子不思进取的时候，家长用做游戏的方式，引导孩子慢慢寻找到成功的乐趣，进而产生了对成功的渴望，也就能够渐渐形成上进心。家长在这样做的时候，一定要注意这样的细节：不要刺激过度，以免孩子丧失赢的信心；在游戏过程中，要给她一点甜头，她就不会因为受到打击而轻易放弃。这样孩子一直坚持下来，就能形成比较强烈的上进心。

 细节 86

害羞、怕生

——让女孩向陌生人问一次路

女孩父母的担心

都说女孩内向，我的女儿就是一个典型。跟我们还好一点儿，平时也能说上一些话，可一旦我们带着她去一些公众场合，她就会非常不安，有时候还会哭闹不止。女儿这么怕生，以后怎么融入社会啊？

在一次家长交流会上，一位妈妈这样说起自己的女儿：

"女儿7岁了，却不大爱讲话，在家的时候挺活跃，可一到外面就表现得十分胆小怕生，有时玩得好好的，见到陌生人朝她走来，就吓得躲到我身后，有时还大哭不已，弄得别人很尴尬，我也很难为情。"

"其实，她还很小的时候，我们就经常带她到外面玩，现在也经常鼓励她和小朋友一起玩，可她还是很孤僻害羞，这是为什么呢？我该怎么办呢？"

这位妈妈的话一说完，立刻引起很多家长的附和："我家的女儿也是这个样子，和我一起出门，看到我的一些朋友或同事，从来不敢打招呼，总是往我怀里钻……""女儿从来不敢主动和新同学一起玩，女儿这么害羞，以后可怎么办？"

害羞、怕生，在女孩身上表现得似乎特别明显，而这些特质也被家长作为女孩胆小的典型表现挂到了嘴边。

那么，女孩为什么会出现害羞、怕生的情况呢？

主要有下面两个原因：

其一，与喜欢冒险、争斗、当孩子头儿的男孩相比，女孩更喜欢摆弄洋娃娃、听妈妈讲故事。这些性格中喜欢安静的成分，也就决定了女孩更喜欢一种依赖于亲人身边的安全感。当女孩和陌生人接触的时候，一种出于本能的自卫心理使她产生了抵触情绪，从而不愿面对生人，选择了逃避。

其二，在父母眼中，女孩总是柔弱、单纯的。父母因为担心孩子被拐骗或受到伤害，在平时就给孩子灌输了这样一种思想：不要和陌生人说话。这在孩子心里就形成了这样的思维：陌生人是危险、可怕的。

基于这两点，很多女孩会怕生、害羞，也就不足为奇了。

看到这里，家有女孩的家长或许会着急了："那么，女孩的怕生到底能不能改变呢？"

答案是肯定的。只要方法正确，女孩就能够慢慢地克服怕生、害羞的心理。

一位成功帮助女儿克服怕生心理的爸爸，这样分享他的经验：

女儿小雪今年6岁。不知道从什么时候开始，女儿开始变得沉默寡言，害怕和生人接触。周末，我带女儿到郊外野餐，到一个十字路口的时候，我故意把车停下来，对女儿说："小雪，爸爸忘了附近的小公园怎么走了，你去问问前面那个阿姨好不好？"

女儿看了看我，露出为难的样子。

我见势急忙道："小雪，阿姨要走了，快去问问啊。"

女儿看我真的着急了，虽然不情愿，却只得"蹬蹬"地跑到前面问路去了。

看着女儿和前面的女士交谈起来，我满意地笑了。过了一会儿，女儿兴高采烈地回到我身边，告诉我说："爸爸，原来陌生人并不那么可怕，那位阿姨不仅告诉我怎么去公园，还夸奖我呢！"

我露出感兴趣的样子，继续问道："夸奖你什么呢？"

女儿仰着小脸说:"她说我是个勇敢的小姑娘!"

从那以后,再碰到什么"迷路"的事,女儿总是积极地跑去问路,似乎有些乐此不疲了呢!

瞧!这位聪明的爸爸只是让女儿问了一次路,女儿的怯生表现就改观了很多。家有女孩的家长,当你的女孩也出现怕生的情况时,你不妨也为你的孩子创造一个与生人接触的机会,带她向陌生人问问路,或者用其他方式让她和外界多接触一下。比如:让她参与会客,帮忙照顾客人;带她走亲戚,教她认人。女孩与外界接触多了,认识到外界并非想象中那么可怕和复杂,就会慢慢克服怕生心理了。

害怕独自睡觉
——了解原因，帮她弱化恐惧

女孩父母的担心

女儿已经8岁了，可是她仍然不敢独自睡觉，说是怕黑。作为家长，我们心疼女儿，现在可以守着她，护着她，可我们心里明白，谁也不能陪她一辈子啊！要是她这么一直怕黑，以后她一个人的时候该怎么办？

说起女孩不敢独自睡觉的问题，一位家长可谓是苦恼无限：

女儿刚满7岁，6岁前睡觉都是大床小床拼在一起，和我们在同一个房间睡觉。后来让她单独睡时，她会一直害怕，不能入睡。如果我陪她睡着后再走开，她又会在半夜或凌晨起来尿尿时，因为害怕，非要再跟我一起睡，而且半天才能睡着，早上醒得也很早，醒来后就再也睡不着了。

问她为什么不敢自己睡觉，她就说怕鬼……您说我该怎么办？继续让她这样每夜折腾，还是干脆我陪她睡好了？

这位妈妈道出了很多家有女孩家长的心声。女孩害怕独自睡觉，已经成了家长们颇为头疼的一个难题。在家长们看来，女孩对黑暗的恐惧似乎是与生俱来的，她们不敢走夜路，不敢一个人上厕所，不敢走阴暗的巷子，在黑夜中会感觉害怕和孤单。

为什么女孩会有这样的表现呢？很多家长往往将其简单归结为胆小，这其实是很片面的。

实际上，女孩真正恐惧的不是黑暗，而是那种在黑暗中被抛弃、无依无靠、彷徨无助的感觉。这种和黑暗伴生的感觉，深印在女孩的心灵深处，也就导致了孩子在独自面对黑暗时会产生恐惧。就像一开始我们提到的那位妈妈，在6岁之前一直是陪伴女儿睡觉的，显然女孩已经习惯了妈妈的陪伴。当有一天，妈妈忽然不再陪着自己睡觉时，女孩觉得自己心里好像失去了依靠，当她自己处在黑暗之中，感受不到妈妈的温暖时，自然而然就会产生很多莫名其妙的甚至让自己感到恐惧的想法。

作为家长，当你的女儿不敢独自睡觉的时候，你要做的不是强迫孩子独自面对黑暗，也不是粗暴地斥责她的胆小，而是要尊重和认同她的感受，通过讨论她在黑暗中的情景了解她真正害怕的原因，然后和她商量可以保护自己的方法，陪着孩子一起演习。

一位明智的爸爸是这样做的：

女儿依依很怕黑，更害怕自己睡觉，总说晚上有鬼。每到要睡觉的时候，她就赖在我们屋里不走，说要和我们一起睡。依依已经不小了，不能总是和父母一起睡啊，于是我把女儿抱到她的屋里，问她："依依能告诉爸爸为什么害怕自己睡吗？"女儿委屈地说："我怕鬼。"我耐着性子问："那依依告诉爸爸，鬼是什么样子的呢？"女儿支支吾吾说不出来，我乘机又问："如果依依看到鬼一定要告诉爸爸，爸爸捉他回来给咱们打扫房间，做家务……"看我说得一本正经，好像鬼真是很怕人的样子，女儿似乎觉得鬼也不是那么可怕了，于是在我怀里拱了拱，嘀咕道："鬼原来是怕人的呀！"

从那以后，就很少听到女儿说怕鬼了，偶尔提起时她的神色也不再是那么恐惧了。

听了这位爸爸的经验之谈，家有女孩的家长是不是从中学习到了什么呢？

的确，女孩不敢独自睡觉，对黑暗充满恐惧，作为家长，最应该做的，就是清楚她到底怕什么；在了解孩子心理的基础上，对孩子所怕的事物进行弱化，甚至可以作一些有意思的"曲解"。就像例子中的爸爸一样，当孩子说怕鬼的时候，就风趣地告诉孩子，可以捉鬼来给自己做家务，这就把孩子脑中恐惧的"鬼"变得人性化、具体化了；同时因为爸爸说会捉鬼，这也就告诉孩子，鬼并非那么可怕，相反，鬼还是会怕人的。

此外，作为家长，为帮助孩子将恐惧感降到最低，你还要给予她心理上的依靠和安全感，抱抱她、用眼神鼓励她等等。她不再觉得自己无依无靠、孤单无助并没有强烈的恐惧感时，也就能够独自面对黑暗，独自睡觉了。

 细节 88

冷 漠
——对女孩进行"移情"教育

女孩父母的担心

女儿小的时候，还会在我们下班到家时兴高采烈地扑到我们怀里撒娇，关心我们累不累。可随着年龄增长，她跟我们反而越来越不亲了，有时候我们累了一天，她还会要求我们给她干这干那……真不明白，孩子越大怎么反而越不懂事了呢！

一位女孩的妈妈曾经这样说起过：

我的女儿真是任性，一点都不知道体贴人。就拿我们上楼梯的事来说吧：我抱着她上了好几层，都走不动了，想让她下来自己走，可是这孩子就是抱着我的脖子不下来；硬把她放下来，她就一个劲儿地哭，仿佛受了天大的委屈似的。她怎么一点儿都不知道心疼人呢？

有的时候，女儿在小区和小朋友们一起玩，稍不如意就抢别人的玩具，推倒别的小朋友，对此我没少批评她，可就是不管用。

平时工作的时候，她跟爷爷奶奶住。孩子的爷爷奶奶都一把年纪了，有时候她半夜想吃冰激凌，非得吵着要老人去买。

不都说女孩体贴、细腻吗？怎么我家这个丫头这么"冷血"呢？……

面对这样的女孩，很多人都会无奈地摇摇头，似乎这样的女孩就代表着不知道心疼人、关心人，跟她们说什么都没用。

真的是这样吗？其实不然。

一位同样有着任性女儿的妈妈给出了这样的回答：

任性是女孩的心理特质之一，所以在日常生活中，对于女孩的任性，我们不能简单理解为不心疼人、不关心人、没有爱心，那样不仅对女孩的成长没有任何益处，反而可能会真正抹杀了她的爱心。

在我女儿开始任性的时候，我是这样做的，比如：

前天下班回来，我已经很累了，但是女儿非要吵着要我给她讲故事。我就跟她讲："妈妈上了一天班，很累了，乖女儿自己去看书好吗？"

女儿不依，赖着我不让我休息。我抱了抱她，说："乖女儿，你说上次跟妈妈一起打扫卫生累不累啊？"

女儿想了想点点头，"累得我都爬不起来了。"

"那妈妈现在就已经爬不起来了，女儿乖，自己看书好吗？"我"阴谋得逞"地拍着女儿的脑袋。

女儿低头想了想，似乎知道我是真的累了，晃着小脑袋说："那好吧，我自己去看书。"

看到这里，你是否已经明白，女孩的不知道关心人、心疼人，并不是刻意为之，而是不懂得站在他人的角度来看待问题而已？但是家长若是不能正确对待，就会在不知不觉间误解了女儿。

如何才能避免这种情况的发生呢？案例中的妈妈给了我们很好的答案：对孩子进行移情教育。让孩子把自己痛苦时的感受与别人在同样情境下的体验加以对比，从中体会别人的心情，就可以让她学会理解别人。当看到别人生病疼痛时，家长可以让孩子结合自己的疼痛经验来体会、感受他人的痛苦，从而为他人提供力所能及的物质上或精神上的帮助。例如：看到小朋友摔倒了，家长就应先启发孩子："想想你摔倒时，是不是很疼？小朋友一定很难受，快去扶起他，帮他擦擦脸。"

通过移情，孩子便逐渐能学会关心他人，替他人着想。家长通过这种方式对孩子进行爱心教育，常常能取得良好的效果。

没有毅力
——教女孩学会坚持

女孩父母的担心

和男孩相比,女孩似乎做什么都没常性,做事总是"三天打鱼,两天晒网",今天干一件事情还干得热火朝天,明天就没有半点儿兴致了。女孩做事总是这么不能坚持,以后可怎么办呢?

一位从教多年的教师曾这样感慨:

日常教学过程中,我们总是能够看到这样的现象:每到一个新学期开始,总是会有许多学生制定一系列的学习计划,然而过不了十天半月,这些计划就被搁置起来。这些学生之中,尤其以女生居多。

的确,女孩善变,意志力不够坚强,这些特点常常会造成女孩在计划实施过程中不能贯彻到底,半途而废。

一位妈妈就曾这样说起过自己的女儿:

要说列计划,我女儿的计划比谁的列得都好。学习计划,每科都能眷顾;运动计划,每项运动都有所涉及;周末计划也安排得合情合理。但有一点,她就是不能坚持实施。就拿学习计划来说,她计划上午8:00~10:00学英语,可看不了多久就会厌烦,丢开英语去看小说;比如,她的运动计划,晨起跑步,常常因为睡懒觉而不去实施……

制定了计划而不去实施,在女孩身上表现得非常明显。究其原因,一方面是因为女孩的毅力和决心相较于男孩要弱一些,另一方面，女孩对同一事物保持新鲜感的时间往往较短，且易受情绪的影响。在短时期内，因为某种情绪的刺激，女孩可能会对某件事情感兴趣，但随着情绪的逐渐消退，女孩的动力也就随之消退了。比如，某学习计划的制定和实施，可能就是因为女孩受到一次考试失败的刺激，想要考出好成绩而制定的，但随着女孩考试失意情绪的消退，学习计划也就可能无疾而终了。

很多家长为此苦恼，再好的计划如果不能坚持，也只能见效甚微。面对女孩的善变和意志的脆弱，家长该怎么做呢？

一位睿智的父亲是这样做的：

女儿很小的时候，我就注意对孩子坚持力的培养。比如她小时候看漫画书，常常是看着一本还不时瞅瞅另一本，这时我就要求她必须看完一本才能看另一本；画画的时候，她常常画着画着就开始走神了，这时我就会要求她画完以后才能做别的事情。女孩小的时候大多比较听话，会根据家长的要求照做，等习惯成自然，她也就能够坚持了。

女儿大点以后，对外界各种各样的新鲜事物总是充满好奇。因此在做某件事的时候，难免会被别的事情吸引，不能坚持。这个时候，我最常用的一招就是成果激励法。比如，女儿画画没了兴致，我就会装作漫不经心地夸奖她两句："宝贝儿画的花鸟可真像，栩栩如生呢！"不仅如此，我还会请来一些画技精湛的人来"鉴赏"女儿的画作，评点一下女儿画作有哪些出彩的地方，让女儿感受到成功的喜悦。在这种成功感的刺激下，她往往能够坚持下去。

除了这两种方法，平时我还留意给女儿布置一些辅助训练，比如，每天让她叠被子，洗手绢、袜子等。

这些年下来，成效也很显著，女儿的坚持力较同龄人不知要强出多少……

家有女孩的家长，当你还在为自己的女孩没有毅力、不能坚持而烦恼的时候，不妨试一试上述家长的方法，从孩子成长的不同阶段入手，采取不同的方法，培养女孩的坚持力。相信当你的女孩拥有持久的毅力之后，再配合一定的计划，所取得的成就也将是同龄人所不能及的。

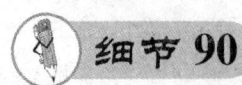

孤 僻
——善加利用女孩的"从众"心理

女孩父母的担心

不知道从什么时候开始,女儿渐渐成了一个小小"独行侠":上学放学自己一个人走,平时小伙伴做游戏她也不参与……我们该怎么做,才能改变女儿孤僻的性格呢?

不知道家长有没有注意过孩子们玩游戏时的场景:

一场游戏开始的时候,参与的孩子或许很少,但随着新成员的加入,就会有越来越多的孩子参加到游戏当中去。

从这个场景中,我们可以得出这样的结论:小孩子做事比大人更容易跟风。

再举个简单的例子,第一天有个孩子背着漂亮的书包去上学,第二天你就会发现有别的孩子也背着同样的书包去上学;比如说,有个女孩第一天穿了一件非常特别的衣服出现在班级里,第二天就会有别的小伙伴也穿着同样的衣服。

跟风现象,在孩子小时候表现得十分明显。在心理学上,跟风其实是"从众"心理的表现。看别人做什么,自己也会不由自主地去做什么。

在对待女孩孤僻问题上,如果家长能够善加利用这种"从众"心理,往往能够取得意想不到的收获。

一位女孩家长对此可谓深有体会:

女儿盈盈性格内向，平时也不见她怎么带朋友回家来玩。但女儿却总是喜欢跟别人学，比如：看到别人去学舞蹈了，她就嚷着也要学；看到别人剪头发了，她就嚷着也要剪；看到别人买新衣服了，她也要买……

看着女儿这么喜欢"跟风"，我暗想：能不能从女儿的这个"毛病"入手，来改变她孤僻的性格呢？

暑假时，我跟女儿说："盈盈，你们班的同学都去参加夏令营了，你怎么不去呢？"

女儿一脸纳闷地看着我："是吗？"

我点点头说："是啊，隔壁张阿姨家的孩子刚刚才下楼。"

女儿"哦"了一声，对我说："爸爸，我也去参加夏令营，还来得及吗？"

我故作思考地想了想："应该来得及吧！"

女儿"嗯"了一声，急急忙忙跑进屋里收拾东西去了。在我的"安排"之下，女儿顺利参加了小区孩子们的夏令营。而且，在夏令营活动中还认识了不少新朋友，孤僻的性格得到了一定程度的改变。

家有女孩的家长，如果你的女孩身上也或多或少地存在一些孤僻问题，不妨也向例子中这位家长学学，好好利用女孩的"从众"心理，让她多参加一些集体活动，比如学校组织的运动会、诗歌比赛等等。

孩子大多有一种从众心理，家长如果能够用好这个"秘密武器"，就能够很好地引导女孩走进集体，让她逐渐变得开朗、活泼起来。

不劳而获思想
——注重引导，帮助女孩摆脱认识误区

女孩父母的担心

或许是平时我们对女儿太呵护了，生活当中总是给她最好的，现在女儿的脑袋里竟然装满了享受思想，还经常跟我们说："以后我要嫁给有钱人，这样以后我就不必太辛苦了……"女儿小小年纪，脑袋里就装着这些东西，真是让我们啼笑皆非！

在面对《我的理想》这个命题进行作文时，一个女孩这样写道：我在班级的学习成绩不好，父母总是批评我。虽然我的学习成绩不好，但我有我自己的理想，我将来一定能当上一个大官。听说许多大官、科学家和有钱人在学生阶段，学习成绩都不好，也没有考上大学、研究生，大发明家爱迪生就是一个很好的例子。我将来要挣很多钱，最好先买一张彩票，中上大奖500万，然后用这些钱买一个大官……

孩子由于处于一个对外界事物了解和认识的初级阶段，因此树立的"理想"自然容易存在误区和偏见。

比如，有的女孩说："我将来要嫁一个有钱的老公，要什么有什么，我自己还奋斗什么！"有的女孩说："什么事都有爸爸给我顶着呢，我还费什么事！"

然而，女孩有这样的想法并非好事。一个事事依赖别人的人，将来如何在社会上立足？也正是在这个意义上，那种投机取巧甚至不劳而获的理想更是要不得。那么作为女孩的家长，如何对女孩这样的思想进行纠正，并防患于未然呢？

对此，一位聪明的家长给我们分享了她的经验：

女儿小优聪明可爱，就是有时候想法有点不可思议。比如，她说："妈妈，长大后我要做一个坏人，抢很多很多钱，想买什么买什么！"

听到女儿这样说，我大吃一惊。平时女儿想要什么，我也没有委屈过她啊，她怎么生出这样的想法呢？

仔细想了想，我对女儿说："宝贝，做坏人可不好啊！"

女儿仰着小脑袋问我："为什么啊？"

我蹲下身子，摸着女儿的小脑袋说："优优，你想想平时爸爸妈妈上班多辛苦啊，老百姓中比爸爸妈妈还辛苦的人还有很多。优优长大之后，要好好帮助这些人，怎么能抢劫他们的钱呢？"

女儿忽闪着大眼睛，似乎在思考着什么，过了一会儿说："爸爸妈妈工作很辛苦，优优不做坏人了……"

的确，在小孩子的眼中，想法并没有好与坏的差别，他们也不会意识到自己的想法正是"不劳而获"的代名词。作为家长，在女孩产生这样想法时就该及时纠正她，不要让这种错误思想蔓延下去。只有这样，才能保证孩子在成长过程中不会误入歧途。

 细节92

以自我为中心
——让女孩懂得角色互换原理

女孩父母的担心

在家里女儿就像个女王一样：自己喜欢吃的东西，没吃够之前绝对不许别人动手；想做什么就做什么，丝毫不顾及别人的感受……看着女儿越来越不像话，我们可真是"一个头两个大"了。

现在很多独生子女习惯在家里吃"独食"，根本不懂得与人分享。然而，孩子的这种表现很容易转化为自私的性格。

一位家长伤心地讲述了这样一件事情：

我们家女儿都8岁了，还不知道什么叫孝敬老人。前几天，母亲来我们家住了一段时间，我就让女儿把零食拿出来招待奶奶。没想到的是，女儿却说："奶奶年纪大了，不喜欢吃这些小孩吃的东西。"

刚开始我没有理她，拿出了一些蛋黄派来让母亲吃。没想到女儿竟然跟我大发脾气："谁让你动我的零食的？我的零食谁也不能随便乱动！"

女儿的表现让我们很尴尬，为此我好好地教训了她一番，但效果很不明显。每次让她与别人分享东西时，她都非常不情愿。

按理说一个8岁孩子的思想中，应该有孝敬老人的观念了，但上述事例中的女孩却"唯我独尊"，连小小的零食都不愿意与奶奶分享。我们暂且可以给她下这样一个结论——自私。

一个自私的孩子，无论做什么事情，出发点永远是自己，永远会以自我为中心，长久下去，长大之后会发展成什么样子，也就不言而喻了。

然而，追究孩子自我为中心的根源所在，却不能完全怪孩子，这与家长的教育也有很大的关系。孩子两三岁左右时，会产生一定的私有观念和占有欲，这时候，如果妈妈抱一抱别的宝宝，他们就会不高兴；如果妈妈把他们的食物分给别的宝宝一些，他们就会用哭闹来表示反抗。其实，在这个时候，家长就应该有意识地教孩子走出自我的小圈子。

一位爸爸这样分享他的育女经验：

3岁的女孩茵茵跟爸爸在公园玩。刚开始，孩子坐在公园的小椅子上，听爸爸给她讲故事。

听到有人在讲故事，旁边一个正在玩耍的孩子也立刻停止了玩耍，跑到茵茵的旁边，跟茵茵一起听故事。

看到别的孩子也来听故事，茵茵不愿意了。她指着旁边的小朋友说："你走开，不许听我爸爸讲故事。"

小朋友仍然站在那儿不动，茵茵没办法，只好生气地对爸爸说："他不走，爸爸，我们走，我们去那边讲故事。"

爸爸对女儿摆了摆手，做了一个禁止的动作，并俯在女儿的耳边小声地说了一句话，茵茵便不再禁止旁边的小朋友一起听故事了。过了一会儿，她竟然邀请那个小朋友坐在椅子上与她一起听。

家长朋友一定很好奇，茵茵的爸爸到底说了什么，让茵茵变得愿意与别人分享了。其实，他只说了这样一句话："如果讲故事的人是这位小朋友的爸爸，你希望他如何对待你呢？"

国外一位知名企业家说过这样一句话："你希望别人怎么待你，你就怎样待别人。"当然，这对于几岁的孩子来讲，这些道理有些不太好理解，但家长要把这句话的精髓传达给孩子，让孩子通过角色互换，去体会其中的道理。

对于几岁的孩子来说，如果家长能够引导孩子设身处地地体会

别人的感受，他们一般都是愿意把自己的东西与他人分享的。

当然，有些孩子的自私心理有些重，即使通过角色互换理解了他人的感受，仍然不肯心甘情愿地与他人分享，这时候，家长可以通过家长的权威，让孩子知道分享的重要性。

一位父亲是这样利用权威来教育女儿的：

女儿想吃苹果，冰箱里正好还剩一个苹果。她拿起来正想吃时，爸爸却说："我突然也特别想吃苹果，要不然咱俩分开，一人一半怎么样？"

女儿很不情愿地对爸爸说："爸爸，你知道我最爱吃苹果了，冰箱里还有其他的水果，要不你去吃个桃子吧？"

爸爸有些不高兴地说："我也爱吃苹果，而且今天只想吃苹果。"

女儿没办法，只好把苹果一分两半。

事后，妈妈埋怨爸爸说："平常没见你爱吃什么水果，今天怎么突然跟女儿抢起苹果来了？"

爸爸一本正经地说："平时是平时，但今天的苹果我一定要吃，我不能惯得孩子太自私。"

对于独生子女来说，一方面家长能够为他们提供充裕的物质条件，另一方面没有兄弟姐妹与他们争夺，在这种情况下，家长更应该培养孩子的分享意识。因此，我们要向上述事例中那位爸爸学习，要主动要求孩子分享自己的物品。例如：要求孩子把自己的零食贡献出来，大家一起吃；要求孩子把自己好玩的玩具拿出来，与好朋友一起分享……长久如此，孩子体会到与他人分享的好处和乐趣之后，其性格中的自私成分就会一点点地消失。

虚荣，盲目攀比

——让女孩知道钱是怎么来的

女孩父母的担心

女儿今年13岁了，长得十分招人喜欢。随着年龄的增长，我们发现这孩子越来越虚荣。吃要吃好的，穿要穿名牌，看到同学之中谁有个流行的玩意儿，回头儿一准儿就跟我们要……女儿这样成长下去，谁能一直为她的虚荣埋单呢？

女孩不同于男孩，对美好事物有着天生的好感和追求，这也就造成了女孩间一种常见的心理：攀比。

生活中我们不难听到这样的声音：

"妈妈，小薇的蝴蝶结真漂亮，你给我也买一个好吗？"

"妈妈，同学的铅笔盒可好用了，明天也给我买一个吧？"

……

女孩家长看到这里，可能会摇头苦笑："就是这样，我家那个宝贝女儿，经常是看见别人有什么，回头儿就跟我要什么……"

一位妈妈就曾为此懊恼不已：

女儿今年上小学四年级，学习不错，人也乖巧。很多朋友都夸这孩子懂事，可惜美中不足，这个孩子小小年纪竟然学会了攀比，别人有什么，就吵着让我给她买什么。比方说吧，邻居家的小英这两天背了个新书包，女儿看见了，回家就吵着让我给她买，不给买吧，她还振振有词："我成绩比小英好，小英都有新书包，为什么我

不能要一个呢？"

开始我不同意给她买，可是这孩子居然"威胁"我说："不给我买我就不去上课了！"

真是让我哭笑不得。无奈之下，我只好满足了她。一次两次，我还能接受，但女儿如果一直这样下去，可怎么得了呢？

是啊，一次两次，我们可以满足孩子，但如果这些"小祖宗"无休止地攀比下去，谁能受得了呢？小时候，孩子要求的或许并不是十分贵重的东西，我们有能力满足，但是长大之后呢？吃要好的，穿要好的，住要好的，行要好的……面对这样的情况，我们该怎么办呢？

攀比心理若是长期存在，慢慢就会发展为虚荣。虚荣更是惹祸的苗子，家里经济条件好的还好说，至多父母跟着受累；家里经济条件不好的女孩，很可能因为虚荣做出一些出格的事情，甚至走入弯路……

那么，作为女孩的家长，我们该怎样智慧地纠正女孩的攀比心理呢？

大多时候，女孩之所以会提出这样那样的要求，原因就在于，她们不知道金钱的获取是需要付出辛劳的，更不清楚父母为这个家庭需要承担的压力……

所以，家长应及时地对女孩灌输这样一种思想：挣钱很辛苦。这对于防范女孩的攀比虚荣之心，十分有效。

一位爸爸是这样做的：

一天，女儿对我说："我们同学都有电动车，不到2000块，爸，你也给我买一辆吧，要不我那老土的自行车太没面子了。"听完女儿的话，我惊诧无语：怎么在她的口中，钱就像大风刮来的似的呢！妻子每月工资不到1000，劳动强度特别大，我决定带女儿到妻子打工的工厂，让孩子感受一下妈妈挣钱的辛苦。

到了工厂，我问："妈妈工作苦不苦？"女儿没说话，只是点点头，看得出她有所感受。我又问她："妈妈一天挣不到30块钱，你却一张口就要一辆上千元的豪华电动车,妈妈要干多少天这样劳累的活儿,才够买你要的那辆电动车?"女儿虽然没说话,但眼眶里含满了泪水。

另一位爸爸是这样做的:

漫长的暑假开始了,第一天,爸爸一早就把还在床上呼呼大睡的女儿喊了起来,吃过早饭,父女俩就出门了。不一会儿,两人来到女儿经常吵着要来吃饭的餐馆。令孩子不解的是,爸爸对餐馆老板说:"这个暑假就让孩子在你这干点活儿吧,就像普通员工一样对待她,不用搞特殊。"结果,孩子真在餐馆里打了一个暑假的工。

还有一位爸爸是这样做的:

晚上,爸爸把女儿叫到书房,递给女儿一个小本子,封面上写着"账本"两个字。看到女儿丈二和尚摸不着头脑,爸爸忙解释说:"从今天起,你负责记我们家的账,每天的收入和支出都要详详细细地记下来……"

这几位爸爸的做法非常值得我们借鉴,他们虽然采用的方式不同,让孩子了解大人挣钱的方式、让孩子打零工、让孩子负责记账,但收到的效果却是一样的,那就是,孩子知道了挣钱的辛苦!

没有亲眼看到,没有亲身经历,孩子根本感受不到金钱的来之不易,也因此不懂得珍惜,只会一味地向大人索取。只有经过亲自实践和感受,孩子才会懂得感恩,并合理地去消费。

细节 94

过分挑剔
——让女孩学会不苛求

女孩父母的担心

生活中女儿很容易产生不满情绪,一会儿对这里不满,一会儿对那里不满,几乎看哪里都不顺眼,非常挑剔。如果女儿一直这么挑剔下去,未来的她又怎么能够感知到幸福?

一位老师曾这样说起自己教学过程中的一件事:

期末考试过后,班上一个女孩满脸沮丧地找到我:"老师,这次我本应该考满分的,却考了70多分……"

"嗯,老师也相信你有实力考100分,但你却没有做完试题,不是吗?"我望着一脸委屈的女孩柔声劝说道。

"可是我前面的题目都答得很工整啊!我不想我的试卷上面脏兮兮的,所以,我总是先在草纸上演算好,才誊到试卷上,谁知道时间不够用了……"

女孩的回答让我哭笑不得:"考试答题,工整一些固然是好,但若是题都答不完了,还在想着每道题都要工整,未免就有些因小失大了。"

的确,与男孩相比,女孩心思细腻,做事追求完美。然而也正是这一性格特征,往往导致结果变得不完美。就像上述例子中的学生,她本来有能力拿到100分,可因为过分苛求试卷的整洁性,使自己答题的时间都不够用了,结果自然是与100分无缘。如果她不知道改正这个毛病，我们不难想象，下次考试，她依然会做不完。长此以往，当她再面对考试的时候，或许就会产生这样的想法：这次又做不完了。

当这种想法产生的时候，女孩已经开始不自信了。消极的情绪占据上风，会对女孩的成长极为不利。

所以，家长要注意了，你在养育女孩的过程中，教导她努力做到最好并没有错，但请记住，不要让她过分挑剔，尤其是面对自己难以改变的不足时。

过分挑剔，往往会使自己产生不满情绪。不满虽然有可能成为前进的动力，但更多时候会成为自卑产生的温床。

就像下面这位家长所言：

你看看我家那个小丫头，小小的年纪，总是抱怨自己这不好、那不好的，什么鼻子大了，眼睛小了，皮肤不白了……因为总是对自己不满意，女儿经常很没精神，不愿意参加集体活动，不愿意和我一起出门……

我真不知道该拿她怎么办！

不错，女孩天性追求完美，这造成了她们总是带着挑剔的眼光看待周围的一切，一旦发现自己看到的事物和自己的心理预期不符，就会产生不满。作为家长，对待女孩的不满与挑剔，你是怎么做的呢？是粗暴地说一声"别胡闹"？还是和善地坐到她的身边，然后告诉她到底该怎么做呢？

一位爸爸是这样做的：

我的女儿优优是一个健康活泼的小精灵，最近不知道为什么，她总是盯着镜子问我："爸爸，我怎么这么黑啊？"

望着女儿一副苦大仇深的样子，我"敏感"地捕捉到，女儿可能是对自己的外表太过挑剔了。于是，我拍着她的小脑袋说："是吗？比爸爸还黑吗？"我边说着，一边把头凑到了女儿的小脑袋旁边和她一起照镜子。

看着镜子里我那张"包公脸"，女儿止不住笑了，"我比爸爸白

多了。"

趁此机会，我教育女儿道："优优，一个人无论长成什么样子，都有她美丽的一面，我们不能太过挑剔。爸爸就很黑，但是爸爸健康啊，能把优优举过头顶了；爸爸还有一肚子的故事，能讲给优优听……难道因为爸爸黑，优优就不喜欢爸爸了吗？"

女儿连连摇头，于是，我接着说："优优，每个人都有缺点和优点，不可能尽善尽美的。对于我们能够改变的东西，我们自然要努力做好；对于我们不能改变的东西，我们也不必苛求。"女儿似懂非懂地看着我，歪着的小脑袋似乎想到了些什么。从那以后，我再也听不到女儿抱怨自己的不足了。

这个爸爸的做法，无疑是非常明智的。对于我们不能改变的东西，我们再怎么挑剔也没用，但小女孩不会明白这些。作为家长，就该及时地告诉她，我们能改变什么，不能改变什么，不让她在不必要的地方挑剔下去、自卑下去。

总是揪住自己外在的不足，无休止地挑剔下去，不仅不能改变什么，反而可能因为不断重复自己的不足而变得自卑起来，十分不利于女孩自信心的培养。所以，家有女孩的家长，要想你的女孩自信起来，就不要让孩子过分挑剔。

选择盲目
——既要尊重，也要引导

女孩父母的担心

都说女孩做事比较盲目，这一点在我家的小丫头身上得到了充分的体现。生活当中，无论做什么事情，她都是脑门一热，想起什么是什么，干什么都非常盲目。女儿要一直这样下去，以后还能成什么大事呢？

很多家庭教育专家都会反复提到这样一点：在养育女孩的过程中，对于她自己能够解决的问题，家长最好不要包办。

现实生活中，为数不少的家长也确实是这么做的。比如，这些家长就这样说：

"女儿要报才艺班了，为了显示我对她的尊重，女儿想学什么我就让她学，没有掺和一点儿。"

"生活中，我给了女儿充分的自由，她想做什么就去做什么，我从来没有约束过她！"

……

培养女孩，家长诸事包办固然有其弊端，但一味地大胆放手就是好的吗？也不见得。

养育过女孩的家长都有这样的经验：女孩似乎对什么东西都充满好奇心。就比如学习才艺，面对各式各样的艺术特长班，女孩往往是看着这个也新鲜，瞧着那个又觉得有趣。因此在作选择时，要

么犹豫不决，要么意气用事，难免会作出错误的决定。

一位家长对此可谓是深有体会：

女儿晓旭5岁时，我想让她学舞蹈，可是她就一门心思地想学音乐。我想孩子想学什么就学什么吧，强扭的瓜不甜，硬要她学舞蹈可能会挫伤她学习的积极性。于是，我就给女儿报了音乐班。

开始的时候还好，女儿能够坚持每次都去。可后来，女儿慢慢不愿意去音乐班上课了。问她原因，她说小伙伴们都嘲笑她，说她唱歌不着调，弹钢琴不识谱……

就这样，女儿再也不去音乐班了。

不错，女孩身上大多存在这样一个问题：做事太过感性，总是凭着感觉去做事。在这个性格特质影响下，女孩在选择过程中难免会冲动行事，她所选择的东西也不一定适合她。

这个时候家长该怎么办呢？

上述例子中的家长是这样扭转局面的：

女儿不再去音乐班后的很长一段时间，我都不跟女儿提起报才艺班的事儿。然而，我心里清楚，女儿其实更适合学舞蹈。于是，周末我就经常有意无意地带女儿到小区下面的舞蹈特长班，看别的小朋友跳舞。开始时，女儿对此并没有特别上心，次数多了，女儿开始小声嘀咕："当初我也学舞蹈就好了。"看着女儿动了心，我仍不露声色，也不说让女儿说舞蹈，只是偶尔给她制造一些欣赏别人舞姿的机会。

到后来，女儿实在忍不住想和别人一样"翩翩起舞"的冲动，找到我说："妈妈，我还是学舞蹈吧！"

我故作迟疑地说："宝贝儿，你确定你想学舞蹈吗？"

女儿点点头。

我又故意作出为难的样子说："可是宝贝儿，如果你又中途放弃了怎么办？"

女儿小脸一仰，道："妈妈，这次我不会放弃的，我会坚持下去的！"

我伴装思考了一下，才"勉强"点点头："那好吧。"接下来的日子里，女儿非但没有放弃，反而因为深知自己能够获得舞蹈学习机会的"艰难"，而比别人更用心呢！

这位妈妈的做法无疑是非常明智的。我们都有这样的经验：当一件事情特别容易达到，一件东西特别容易得到时，我们往往就不会懂得珍惜。引导女孩作出选择也是如此。当女孩选择了要做某件事情或者想要某些事物时，家长轻而易举地满足了她，她也就不知道好好珍惜了。

所以，家长在引导女孩作选择的时候，不妨向例子中的妈妈学习，在清楚哪种选择更适合女孩之后，再引导她对该事物产生兴趣，然后故意给她设置障碍，不要让她轻易达到目的。如此一来，女孩便感受到机会的来之不易。家长一旦再次答应了她的请求，她就会对自己的选择倍加珍惜，不会轻易放弃。

意志力薄弱
——让女孩接受一些挫折教育

女孩父母的担心

女儿的意志力很薄弱,生活当中遇到一点儿困难和挫折,就会哭鼻子,打退堂鼓……有没有什么办法可以让女儿更坚强一点儿呢?

生活中总会有这样一些女孩让我们印象深刻:

她们做事常常依赖别人,她们遇到一点困难就会退到别人身后,她们总是不能自己完成一项任务。

无一例外,这样的孩子意志力都很薄弱。

为什么习惯依赖别人的孩子,意志力会薄弱呢?这还要从中国传统的家庭教育说起。中国家庭教育最大的一个弊端就是溺爱,并且这种溺爱,不会随着孩子的成长而减少,而是在每个阶段都有着不同的表现形式,比如:

孩子上小学时,家长包办了孩子所有的事情,穿衣,吃饭,甚至是日常作息;

孩子上中学后,家长怕孩子为生活琐事耽误了学习,几乎帮孩子扫清了生活中的所有障碍;

孩子上大学时,家长因为担心孩子离家在外吃苦,为孩子准备了充足的经济资源;

……

正是因为家长总是时时处处给孩子提供便利，凡事都不用孩子动手，孩子的主要任务就成了学习。结果，孩子的成绩可能得到了提高，但是他们的意志力却在无形之中慢慢弱化。家长的爱，却恰恰成了孩子成长道路上的阻碍。

也许，有的家长会感到很委屈："我们的出发点全是爱孩子啊，怎么可能会害她呢？"试想一下：家长把孩子将要面临的困难和挫折全部扫平后，孩子便习惯于顺风顺水的生活，一旦需要自己面对困难时，结果会怎么样？这个结果不难猜到。不错，孩子会手足无措，会感到压力。对没有任何应对挫折经验的孩子来说，选择逃避是情理之中的事。

作为女孩的家长，当你的教育方式还停留在传统的"溺爱"方式时，你也就不得不提醒一下自己了：这种方式对孩子的成长没有半点益处，只能让孩子越来越软弱。想要孩子意志坚强，就要从转变教育方式做起，让孩子适当接受一些挫折教育，增强孩子独立面对挫折的能力。

一位女孩的家长是这样做的：

我对女儿从不溺爱。从她小的时候，就注重对她进行挫折教育。她摔倒了，我和爱人并不会马上将她扶起来安慰，而是鼓励她自己爬起来；她和小朋友发生了矛盾，我们也不会轻易替她出头，而是鼓励她自己再去和小朋友沟通；在家里，也不让她衣来伸手、饭来张口，而是让她做一些力所能及的家务；另外，我们还经常一起阅读一些名人传记，引导她体会榜样不怕困难、不怕挫折的精神。

女儿上小学时，成绩一直都很棒，经常是年级前几名。可是升入初中之后，女儿有段时间垂头丧气的，做事无精打采。跟老师一沟通我才知道，女儿升入初中之后的学习状况并不理想。在小学时，女儿的作文经常被当成范文在班上读，而现在她的作文分数却只有中等水平。不仅如此，女儿以前的数学本上总是挂着红红的"优"，可现在却换上了惹眼的红叉叉。一直顺风顺水的女儿，面对这样的打击，明显接受不了，精神状态也就不好了。

看到女儿整天闷闷不乐的样子,我也是暗暗着急。但很快,女儿又有了精神。我好奇地问她怎么那么快就战胜了自己的坏情绪,女儿说:"爸爸不是从小就告诉我,在哪里跌倒就在哪里勇敢爬起来吗?"听到女儿这样说,我觉得非常欣慰。

确实,一旦能够独立面对挫折,女孩的意志力就能够变得坚强,也就更加接近成功了。

因此,在日常生活中,家长可以尝试对孩子进行这样一些挫折教育:比如,让孩子独立过一个周末,解决自己的吃饭问题;比如,让孩子独自进行一次旅行,独立解决旅行中遇到的困难……

不爱劳动
——让女孩抱着"捡大便宜"的心理去干活儿

女孩父母的担心

女儿是个地道的小懒虫,如果你想让她做点家务,她就趴在沙发上,推说自己身体不舒服。这孩子这么不爱劳动,真怕她长大了会成为一个真正的"寄生虫"。

对于正在成长中的孩子而言,多做一些力所能及的"力气活儿",如洗碗、擦地、擦桌子等,不仅有利于其身体发育,而且还能培养他们吃苦耐劳的精神。然而,在日常生活中却有很多家长生怕孩子"吃亏",经常这样教育孩子:

"学校大扫除的时候,千万不要抢着去擦玻璃,太危险了,你不干别人会干的!"

"值日时别那么积极,别总是抢着去干那些'重活儿'!"

……

是的,当孩子在学校值日中表现得非常积极时,大多数家长对孩子的评价都是"傻",并常常劝孩子"偷奸耍滑"。家长的这种教育方式,会对孩子产生什么样的影响呢?

对此,很多教育学家的观点都是这样的:一个习惯于"偷奸耍滑"的孩子不可能具备吃苦精神。所以,家长的这种教育方式不仅会使孩子养成懒惰的恶习,而且也不利于其良好品质的形成。

这一点在孩子对待家务的态度上,就能明显地表现出来。例如,

当家长要求孩子去做家务时,他们常常会这样斤斤计较地与家长"讨价还价":

"今天我已经倒过一次垃圾了,这袋垃圾不归我管了!"

"我的房间没有玻璃,所以擦玻璃不是我的任务!"

"我今天饭吃得最少,碗不该让我来洗!"

……

培养孩子热爱劳动的品质,家长最常用的方法就是让孩子去做家务,培养他们承受劳累的能力。然而,遇到这种"讨价还价"的情况,家长不但没有办法赢得孩子的合作,而且还常常因此而与孩子发生冲突,使亲子关系陷于紧张的境地。在这种情况下,培养孩子良好品质的初衷也就成了一句空谈。

然而,正是家长矛盾的教育方式,使孩子产生了"讨价还价"的行为:一方面教孩子在学校值日时偷奸耍滑,另一方面又要求他替家长分担家务。殊不知,孩子一旦学会了偷奸耍滑的"本事",就会运用在任何场合中,如学习中、工作中。当然,在这种偷奸耍滑思想的影响下,孩子自然就会在做家务时跟家长"讨价还价"了。

那如何才能让这些孩子放弃"讨价还价",心甘情愿地去做家务呢?

对此,一位聪明的家长这样分享经验:

孩子经常跟我讲她在学校里的那些"吃亏"事:大扫除时,她自己一个人把整个教室里的桌子擦了一半;值日时,就她一个人摆全教室的桌椅……每当这时,我都会故作惊奇地问她:"你有吃亏吗?我看你是捡了一个大便宜!"

看到女儿迷惑不解,我便神秘地向她解释:"你想想,班级大扫除的机会很少,轮到每个人值日的机会也很少,在非常有限的机会中,那些力气活儿你自己干了一大半,你的表现别人都看在眼里,都会认为你是个勤劳的小姑娘呢!……你就能得到老师和同学的认可,成为一个优秀的班干部。你说你是不是捡了一个大便宜呢?"

女儿很快就认同了我的说法。为了能让自己捡到更多的"便宜",不管是在学校还是在家里,她都会非常积极地去干些力所能及的活儿。

这位家长的方法是非常科学的。如果孩子总是抱着"吃亏"的心理去干活,就容易让自己陷入消极状态中,很快就会感到劳累,进而选择放弃;但她如果能抱着"捡便宜"的心态去干活,干起力气活来就会十分积极,在这种积极状态下,很快就会培养出热爱劳动的品质。

所以,不管是在学校值日,还是在家里干家务,家长都要向女孩灌输"捡便宜"的心理,鼓励她去干那些力所能及的活儿。这样,在积极的状态下,女孩既不容易感觉劳累,又不会轻易放弃,极有利于她良好品质的形成。

对父母的批评不买账
——巧用"三明治效应"

女孩父母的担心

女儿上中学了,成绩经常就像是过山车一样忽上忽下,我们一说她不认真、不努力,她就一脸不服气:"我这成绩怎么了?比班上很多人强多了!"这孩子,怎么一点儿都不知道接受批评呢?

一般来说,孩子的自控能力都比较差,常常会犯这样那样的错误。因此,在家庭教育中,批评的教育方式是很难避免的。但粗暴的批评又往往会使孩子的自尊受到伤害,性格变得叛逆,这在女孩尤其严重。

那么,家长应该如何处理好批评与女孩自尊之间的矛盾呢?

教育学家表示,在教育犯错误的孩子时,如果家长换个方式批评她,往往会起到事半功倍的教育效果。例如,家长用温和的语言提醒女孩,让她在轻松的氛围内认识到自己的错误,从而主动去改正自己的错误。

在批评心理学中,有一种"三明治效应",能使孩子在短时间内接受家长的批评,并认识到自己的错误。

所谓"三明治效应",指的是把批评的内容夹在两个表扬之中,从而使受批评者愉快地接受批评的现象。人们把这种"三明治"式的批评方式所引起的现象,称为"三明治效应"。

在三明治效应中,第一层总是认同、赏识、肯定对方积极的方面，中间一层夹着批评或不同观点，第三层总是鼓励、希望、信任等语言。这种批评方法，不仅不会挫伤受批评者的自尊心和积极性，而且会使其积极地接受批评，并努力去改正自己的不足。

例如，女孩没考好，一位家长是这样批评她的：

在学习方面，你一向很努力，这些妈妈是看在眼里的。但最近一段时间，你有些松懈，所以这次成绩才没有考好，为了使这次的教训更加深刻，妈妈要批评你两句。当然，妈妈也相信你，只要你肯努力，你的成绩会以火箭的速度向前突飞猛进的。

听到家长这样的话，相信每个孩子都会尽自己最大的努力去学习，这就是"三明治"式批评方式的神奇功效。虽然是批评，但对于女孩来说，这种方式非常"可口"。与粗暴的批评方式来比，她更乐意接受后者。

其实，"三明治"式的批评方式之所以会产生如此大的功效，主要有以下两点原因：

1．这种批评方式有祛除防卫心理的作用。家长在批评女孩之前，先说些亲切、关怀、赞美之类的话，可以营造一种友好的沟通氛围，便于女孩安下心来与家长进行对话。如果家长一开始就对女孩进行严厉批评，那么，女孩就会条件反射似的进入自我防御状态。一旦进入这种状态，即使家长的意见很正确、很合理，她也很难接受。由此可见，"三明治"的第一层功效很明显，它祛除了女孩的防卫心理，使得她乐于与家长亲近。

2．这种批评方式以肯定和关爱结尾，给女孩留下了足够的面子。我们都知道，批评并不是目的，而是教育孩子的一种手段，目的在于改善孩子的行为。因此，这种以肯定和关爱结尾的批评方式，在使女孩认识到自己错误的同时，一般不会对女孩的心灵造成伤害，而且不会像粗暴式的批评方式那样令女孩没有面子。因此，对于女孩来讲，它是一种"可口"的教育方式。

这种"三明治"式的批评方式虽好，但家长在运用它时，还应该注意："三明治"层与层之间的过渡要自然，不要有明显的界限。

家长在运用这种批评方式时,如果女孩觉察不到"三明治"层与层之间的界限,效果会更好,否则,就会产生消极的影响。

要实现"三明治"层与层之间的自然过渡,家长可以这样做:

在使用"三明治"第一层时,不能过于赏识、肯定、关爱,而是要自然一点,不要带有明显的夸张或突出,以免引起孩子的警觉;

在使用中间一层批评时,除非是原则问题,家长不要对孩子过于严厉,点到为止即可,即把问题点明,指出其危害性即可;

在使用最后一层时,也不要过于迁就,对孩子寄予盲目的信任,而是要给出诚恳的希望,使她有信心去改正错误。

如果做到这几点,这个"三明治"就会变成女孩十分乐意接受的精神食粮。

定位不准

——帮助女孩找准"女性社会角色"的平衡点

女孩父母的担心

女儿今年上初中了,小小年纪就经常会问我这样的问题:"等我长大了,究竟是应该看重事业,还是应该看重家庭?"面对女儿的问题,我真有些不知所措了。

一位女孩家长说起过这样一件事:

女儿今年12岁,她有两个姑姑:一个是全职太太,生活优裕;另一个是精明强干的律师。在与两位姑姑的接触中,她感受到做全职太太的清闲与自由,也感受到做一名职场精英的荣誉和自豪。

一天,女儿突然问我:"妈妈,你说我将来做一个全职太太,还是做一名律师呢?"我当时一惊:女孩这么小,就开始考虑这些问题了。我知道她已经开始思考"女性社会角色"的问题了,我需要采取行动了。

什么是"女性社会角色"呢?就是女性在社会中应该扮演的角色和地位。从女性发展的自然模式上看,女性理所应当扮演母亲的角色;从经济型社会的角度看,女性也应该在工作中获得与男人同等的地位。

心理学家指出,女性在对于事业和履行家庭责任的选择过程中,容易产生矛盾心理,很多女性会思想混乱,甚至会产生错误的角色定位。

讲到这里，一定会有家长朋友说："这是女孩步入社会以后才需要考虑的问题，到那时再帮她决定就行，现在我们谈的是如何养育女孩的问题。"

是的，这个问题看上去似乎与养育女儿并无多大关系。但不可否认的是，女性观念的形成，其实在幼年时期就已经根深蒂固了。等到女孩长大成人，父母再想矫正她的某些想法，就将难上加难，甚至会令女孩走很多人生弯路。

社会学家指出，现在的女性在面对自身社会角色定位时，通常会有两种观点：她们一方面要求女性更加独立，甚至是脱离家庭、婚育的独立；一方面，碍于物质文化的吸引，一些女性自愿放弃作为知性女性的权利。这两种文化倾向，已经逐渐地渗透到年龄偏小的女孩身上。

生活中，细心的家长会发现我们身边的一些女孩会这样说：

我以后不想生孩子，我要做个事业型女性；

我长大要做个全职太太，找个有钱的老公，在家相夫教子；

……

这已不再是成熟女性的感言，而确确实实是出自十几岁的女孩之口。面对这样的一个现实，家长在惊叹之余，有必要把"女性社会角色定位"作为一项教育重点纳入到养育女儿的日程中。

而在帮助女孩找准"女性社会角色"的平衡点上，妈妈无疑起到立竿见影的榜样作用。生活中，不仅年幼的女儿，就连妈妈自己也面临这样的选择压力：一方面，一些妈妈因为工作的繁忙，不得不放弃大量教育孩子的时间；另一方面，妈妈因为要照看女儿，不得不放弃一些工作的机会，而把心思放在孩子身上。

某些事业心强的妈妈由于放弃了对孩子的照顾或减少了与其相处的时间，造成孩子永远的情感缺失。

心理学家指出，亲密的母子关系有利于增强孩子的亲密感和感受性，使他感受到更多的社会支持和友谊。反之，妈妈因为工作的原因，牺牲照顾孩子的时间，会让孩子缺失更多感知情感的能力。

然而，对于家庭型的妈妈来说，过多时间照顾孩子，或多或少会给自身工作带来一定影响。我们常常听到职场妈妈这样抱怨：

我本来应该有更好的工作业绩，但没有办法，我要照顾孩子；

我本来有去国外进修的机会，但为了年幼的女儿，我放弃了；

……

是的，在职业女性和家庭女性两种角色的定位上，很多女性面临着两难的选择。既然妈妈深知，这是一个女性不可避免的问题，那么在教育女儿的过程中，妈妈应该怎样为女儿做好榜样呢？

心理学专家就这个问题，为我们提供了一点建议：妈妈为女儿找准"女性社会角色"的平衡点。即

职业女性：告诉女儿，工作令你快乐；

家庭女性：告诉女儿，做母亲令你快乐。

究竟是做职业女性好，还是做家庭女性好？其实，对于这个问题，妈妈必须有一个正确的认知：任何一种角色，都是值得自己骄傲的，都是令自己快乐的。职业令自己感受到了被社会认同的快乐和生命充实的快乐，家庭则令自己体味到了做妻子的快乐和做母亲的幸福。这才是女孩妈妈应当持有的正确观念。

当母亲将这样的观念传达给女儿的，她就能够准确定位自己的"女性社会角色"，同时找到一个很好的平衡点。对女孩而言，这样的人生才会是完整的，这样的生命才是最有价值的。

现实生活中，大部分母亲都是具有职业、家庭双重身份的女性。她们既要抽出时间照顾好子女和爱人，又要在工作中表现得出色和优秀。这对母亲来说确实是一种责任，也是一种挑战。

那么，妈妈要如何扮演自己的"女性社会角色"呢？

一位妈妈和我们分享了她的育女经验：

有时候我确实感到生活很累，因为我既要照顾好孩子，又要把工作做好。但是面对幼小的女儿，我从来不表现出工作的忙碌或家务事的辛劳。每当女儿问我："妈妈，你工作累不累啊？"我都会一脸骄傲地对女儿说："不累，妈妈很棒的，工作做得很好，同

时也在工作中找到了快乐……"然后,通过与同事的沟通交流,让女儿感受到工作使我充满了活力。比如,我经常和同事聚餐、郊游。我把工作能够带给我的所有积极、乐观的东西,一一展现给女儿。这样,女儿可以感受到工作带给人的不仅是快乐,还有积极的人生态度。

与此同时,我把作为母亲的幸福感和使命感也毫无保留地传达给女儿。我时常对她说:"妈妈因为有了你,真的好幸福。每天只要看到你的笑脸,那就是妈妈最快乐的时候。"在生活中的很多细节上,我都让女儿感受到:作为母亲,能够抚养她,是我的职责,也是我的荣幸。比如,我特别主动地去开家长会,并对女儿的成绩感到由衷的高兴……

是这样的,作为女孩的妈妈,要时刻让女孩感受到做母亲的快乐,让她从小在妈妈的影响下,感受到抚养孩子是神圣的职业。

如上面例子中的妈妈一样,母亲的身份让她感到快乐和荣幸。当她把这种感动用语言的形式传达给女儿时,不仅让女儿感受到来自母亲的爱,更让她觉得作为一名母亲是如此的崇高。

同时,在生活中,妈妈也要把自己对待工作的态度、工作方式以及工作中的感受,以正面形式传递给女儿。

就像上面例子中的妈妈一样,她将工作使人快乐的意义,通过语言告知女儿,给女儿第一印象是"工作是快乐的";然后,在工作中表现得活力四射,生活因此变得异常精彩。

在妈妈的感召下,女孩从小感受到工作能使人变得美好,也能够体现一个人的价值和能力。不仅如此,她得到更多的是来自生活本身的积极力量,这无疑是一种无形的生命张力。

我们说妈妈是女孩的第一榜样,在职业女性和家庭女性两种角色上体现得淋漓尽致。而如何让女儿准确找到这一平衡点,就看妈妈如何做榜样了。

青春期的女孩
——让女孩不再做迷茫的小天使

女孩父母的担心

女儿今年13岁了,以前总是跟我黏在一起,现在好像一下和我们变得生疏了,不仅不再主动跟我们亲近,还有意避免和我们接触。但是,对于身边一些异性,女儿却表现出异乎寻常的好感。她是不是早恋了?

13~16岁的女孩看起来像个大姑娘了,无论是从体态相貌上,还是在言谈举止间,都已透露出了成熟女孩的信息。也正是在这一时期,她们的思维、心理及身体结构都发生了巨大的变化。然而,大多数的青春期女孩好像并不能在短时间内适应这些变化。

一个正处于青春期的女孩曾在日记里这样记述着自己的迷茫和困惑:

我生病了吗?我的身体怎么会突然变成那样……我感觉自己很矛盾,很压抑,很想自由地释放自己,却又找不到一个合适的出口……身边没有一个人能理解我,父母的爱也似乎距离我越来越遥远了。

的确,随着青春期的到来,女孩的身体在悄然变化着。她们的胸部开始隆起,隐私部位长出体毛,并出现月经周期……这一切都表明女孩的身体在日趋成熟。但与此同时,女孩的心理发育却并没有跟上身体发育的节奏。对此,儿童心理学家明确表示:女孩在进入青春期时,其身体的发育程度远远快于其心理的发育程度。

细心的家长都会发现，很多青春期的女孩还一直沉浸在小女孩的状态中。她们渴望父母能像小时候那样关心她们，照顾她们。但现实的情况却是，女孩身体和心理的发育，让父母不再把她们当成一个小孩子，而是当做一个大姑娘来看待。尤其是爸爸，女儿身体的发育，使爸爸不好意思再像小时候那样拥抱她们，亲吻她们；妈妈也会像对待大人一样来对待女儿。父母对青春期女孩态度的忽然变化，常常会使女孩产生这样的心理：爸爸妈妈不像以前那样爱我了！我是不是做错了什么？如何才能重新得到爸爸妈妈的爱呢？

另外，面对自己身体的突然变化，再加之心理上缺乏充足的准备，女孩往往一时间不能接受崭新的自我。在这种情况下，很多问题也就随之产生了：

因为胸部的隆起，她总是含着胸走路，生怕别人会发现她的这一变化。

生理周期让她感到害羞、难堪，又不知所措。

不知从什么时候开始，她会很在意某个男孩，她希望和他偶遇，与他说话时会脸红，也会心跳加速……她喜欢这种感觉但又觉得很可耻，像做了贼似的。

……

以上的种种迹象表明，女孩已经进入了其成长的关键时期——青春期。

当女孩进入青春期之后，月经初潮来袭，受体内荷尔蒙变化的影响，女孩的情绪也会开始出现极大的波动：她变得闷闷不乐、喜怒无常、神神秘秘、敏感自尊……

以前家里那个甜蜜温和的小公主好像一下子不见了，她变得刁蛮任性，不可理喻，成了最让父母头疼的人。

对每一位家长来说，教育好青春期的孩子都绝非易事，对于女孩的家长来说更是如此，因为青春期的女孩最容易出现心理问题。

有时，她会莫名其妙地感到压抑、迷茫、困惑，但又不知如何表达自己。

有时，她总会觉得自己的想法荒唐，行为让人难以接受，但又不知道如何才好。

有时，她觉得所有的人都不喜欢她，都不理解她，她会觉得自己像是一个被全世界遗弃的人。

……

这些莫名其妙的感觉困扰着青春期的女孩，使她们常常会陷入迷茫、困惑的状态。因此，她们常常会为一种矛盾、复杂、压抑的情绪所控制。当然，如果女孩的这一情绪没有得到及时疏通，就很容易形成一种叛逆心理。在这种叛逆心理的影响下，女孩常常会做出一些过激的行为，例如暴躁、早恋、偷盗、打架等。

因此，如何帮助女孩安全度过青春期这个黑暗期，是值得所有女孩的家长高度重视的问题。

● 建议一：妈妈应提前给女孩上堂青春期的课

当女孩迈进青春期，当她的身体开始发生变化，她的心里充满了迷茫：为什么我的身体会有变化？我会变难看吗？别人会不会觉得我很奇怪？我该怎么办？

面对这种变化，有的女孩可能会是兴奋的，有的女孩可能会是甜蜜的，但大多数女孩却会认为这是一件羞耻的事情。这真是一种糟糕的情况！女孩感觉这是一件羞耻的事情，就很可能会有一系列的反常行为，这也正是家长最为担心的事情。

为了预防这种情况的发生，聪明的家长就要提前给女孩上堂青春期的课。当然，这个工作由妈妈来做是最适合不过了。

菁菁11岁的时候，妈妈对菁菁说，她最近有点儿不太舒服，并告诉菁菁这叫"月经"，成熟的女人每月都会经历一次，等菁菁大一些之后，也会有的。然后妈妈趁此机会给菁菁看了她的卫生用品和一些女性方面的书。妈妈的介绍非常细致，菁菁渐渐明白了很多。一年之后，菁菁意识到她和以前有点儿不一样了，一切都像妈妈所描述的那样发生了。因为妈妈已经让她作好了充分的思想准备，所

以菁菁并没有感到慌乱。当同龄的女孩还在不知所措时，菁菁已经能够很好地面对身体的变化了。

当然，除此之外，随着身体的成长，女孩的第二性征也开始出现了：乳房隆起，骨盆宽大，身体开始变得玲珑有致。这时候，妈妈就要懂得适时教给女孩如何修饰自己，引导她发现女性之美，让她能够以自身的变化为傲，而不是以此为耻。

 建议二：理解她，而不是埋怨她

青春期的女孩极其敏感，情绪也极易出现变化。作为女孩的家长，我们应在女孩发脾气的时候理解她，而不是埋怨她。渐渐地，我们就能发现，女孩每次发脾气的背后，其实都有让她情绪出现波动的原因。

就像菁菁成长中的一个小插曲：

一天菁菁放学回家，一脸的不高兴，看到桌上摆着炒青椒，对着妈妈就开始嚷嚷："你知道我最不爱吃炒青椒，怎么又是炒青椒！"

看到女儿莫名其妙地发脾气，妈妈并没有批评她，而是关心地问她："你看起来好像不高兴，是不是遇到了什么不快乐的事情？"

菁菁嘟囔了一声，满腹委屈总算找到了突破口："今天课上我问题没有回答好，老师批评了我。"

"嗯，你积极回答问题，老师还批评你，你一定觉得很委屈吧？"

"就是，要知道别人一见提问，躲都来不及呢。我还不是为了配合老师讲课……"菁菁的语气和缓了不少，脸上的阴云也渐渐散了。

说到这里，菁菁吃了一口妈妈炒的青椒，有些不好意思地对妈妈说："妈妈，其实你炒的青椒还是挺好吃的。"

一场可能出现的争吵，因为妈妈的理解和关爱被无声地化解了。其实，现实生活中，很多时候就是这样。当女孩莫名其妙发脾气的时候，家长越是对她进行指责或批评，她越是觉得委屈，好像全世界的人都不理解她，都不关心她一样。相反，如果我们能够给予女孩一定的理解和关心，让她心中的不快得以宣泄，她的坏脾气也就会消失得无影无踪了。

● 建议三：教女孩设立警戒线

青春期的女孩开始对男孩、自己的身体，以及"生命的真相"感兴趣。她们虽然已经具有明确的性别意识，但在很多时候，并没有自我保护的意识。

这一阶段的女孩都非常单纯，正因如此，她们常常会成为犯罪分子眼中的"羔羊"。如果在这一阶段，女孩遇到了"性骚扰"或"性侵犯"，这无疑会给女孩稚嫩的心灵留下无法抹去的阴影。

13岁的萌萌在放学回家的路上，碰到了哥哥班上的同学，17岁的王海。

"我送你回家吧！"王海热情地说。

毫无心机的萌萌跟同伴们说了一声"再见"，就高高兴兴坐上了王海的单车。但是王海却并没有将萌萌送回家，而是将她带到了一个偏僻的地方，对她进行了性侵犯。

据美国有关部门统计，每年至少有25%的女孩和10%的男孩在16岁前受过性骚扰，其他西方国家报道的性骚扰发生率也与此大体相近。近年来，我国青少年中性冒险行为也逐渐增多，少女怀孕以及感染性病、艾滋病的事例屡见不鲜。大多时候，我们常常将其归罪于混乱的信息时代，但家长就没有一点儿责任吗？懵懂单纯的女孩就像是一张白纸，对世界没有一点儿防范意识，所以作为女孩的家长，我们还有一个重要的责任，就是教女孩设立警戒线，在必要的情况下说"不"。

这些警戒线可以包括：

当陌生人要求女孩跟她走的时候、当男孩要带你单独外出或回家并且不让你告诉家长的时候、当男孩要你脱衣服的时候、当你必须单独行动的时候、当男孩要跟你做让你觉得好笑和奇怪的"游戏"的时候……

这样的警戒线还有很多。女孩家长要做的，就是教会女孩及时说"不"，让她懂得离开现场或者告诉家长。